연인인가
사이코패스인가

연인인가
사이코패스인가

잭슨 맥켄지 지음 | 이나경 옮김

문학사상

차 례

가장 멋진 모험

사이코패스를 만나 사귀게 되는 것은 어쩌면 무모한 모험과 같다. 그것은 우울과 분노, 외로움을 번갈아 느끼는 어두운 여정이기 때문이다. 하지만 사이코패스와 사귀는 동안 당신은 인간의 본성에 대해, 망가진 우리 사회에 대해, 그리고 어쩌면 가장 중요한 자신의 영혼에 대해 눈뜨게 될 것이다.

그리고 당신은 당신이 상상했던 것 이상으로 강해질 것이다. 자신의 진정한 가치를 이해하게 될 것이다. 더 나아가 그런 일이 있었던 것을 기뻐하게 될 것이다.

기뻐하게 되리라는 이 마지막 부분에 대해서는 아무도 내 말을 믿지 않는다. 적어도 처음에는 그렇다. 하지만 장담하건대, 이 모험은 해볼 만한 가치가 있다. 치유의 과정을 잘 거치면 삶을 아름답게 변화시킬 여정이 될 것이다.

그렇다면 사이코패스란 무엇인가? 나르시시스트나 소시오패스는 또 무엇인가? 그들은 타인을 조종하며, 공감 능력이 전혀 없고, 후회나 책임감을 조금도 느끼지 않으면서, 의도적으로 남을 해치는 이들이다. 그리고 기본적으로 그들이 맺는 인간관계의 사이클은 정확히 예측 가능하다. 이상화Idealize, 평가절하Devalue, 폐기 Discard가 그것이다.

오래전, 이 사이클을 겪은 나는 다시는 행복해질 수 없으리라고 생각했다. 연애로 인해 나는 자아를 완전히 잃어버리고 말았다. 나는 즐거움과 신뢰를 잃고 불안과 염려로 뒤죽박죽이 된 삶을 살았다. 다시 말해 이전의 내 모습을 좀처럼 찾아볼 수 없는 사람으로 변해버렸던 것이다.

하지만 요즘은 삶이 매우 재미있다. 방구석에서 뒹굴고만 있어도 모든 것이 다 즐겁다. 이건 모두, 구글에서 '사이코패스'를 검색해 나의 삶을 구해준 친구들을 운 좋게 만나게 되고, 그들과 함께 조그만 온라인 회복 커뮤니티를 결성한 덕분이다. 그리고 이 커뮤니티에는 매달 수백만의 사람들이 찾아오고 있다!

PsychopathFree.com에는 절망적인 사연을 지닌 신입 회원이 날마다 가입한다. 만신창이가 되어 길을 잃은 것처럼 느끼는 그들은 행복을 되찾을 수 없을 거라고 생각한다. 하지만 1년이 지나면 그랬던 사람은 어디에서도 찾을 수 없다.

대신 자신의 위치에 당당히 서서 다른 사람들이 어두운 그림자 속에서 나올 수 있도록 돕는 아름다운 사람이 있다. 자신이 가진 능력, 공감과 동정심, 친절함을 자랑으로 여기는 사람이 있다.

그렇다면 그 한 해 동안 무슨 일이 있었을까?

여러 가지 좋은 일이 있었다. 그리고 너무나 많은 일이 있었기에 나는 책을 써야 했다. 어쩌면 내가 편견을 가지고 있을 수도 있지

만, 아니, 사실 분명히 편견을 가지고 있지만, Psychopath Free.com
은 이 세상에 존재하는 치유의 과정 가운데 가장 멋진 곳에 속한다
고 생각한다. 우리는 교육과 대화, 확인validation, 자아 발견이 지닌
가치를 믿는다. 우리 사이트에는 회복력과 진실한 우정으로 가득
한 사람들이 모여 있다.

그렇다, 우정. 이 여정은 개인적이면서도 굉장히 보편적이기 때
문이다. 제멋대로의 연인이든, 속임수를 쓰는 직장 동료이든, 학대
하는 가족이든, 혹은 인생을 갉아먹는 외도이든, 사이코패스와의
관계는 항상 똑같다. 머릿속이 빙빙 돌고 어지럽다. 자신이 아무
가치도 없고 방향 감각도 없는 사람처럼 느껴진다. 예전에 행복을
느꼈던 일에도 무감각해진다.

(해로운 사람들은 변하지 않으므로) 해로운 관계를 고칠 수는 없지
만, 새로운 출발점을 제시할 수는 있다. 그리고 다시 기쁨을 느끼
게 될 거라고 약속할 수 있다. 여러분은 자신의 직관을 다시 신뢰
하는 법을 배우게 될 것이다. 세상을 보는 지혜와 꿈꾸는 사람의
경이감을 지니고서 살게 될 것이다.

하지만 먼저, 사람들에 대해 안다고 생각한 모든 것을 잊어야 할
필요가 있다. 사이코패스에 대해 이해하려면 본능적으로 느끼는
기본적인 감정을 버려야 한다. 그들은 용서를 이용하는 사람들임
을 기억해야 한다. 그들은 관계의 끝을 원하는 당신의 욕구를 이용
한다. 그들은 동정심을 조종하고 공감을 착취한다.

사이코패스들은 언제나 심리전을 통해 선량하고 의심 없는 사람
들에게 굴욕감과 수치심을 준다. 이때 피해자들은 이런 상황을 끝

날 때까지 전혀 알아채지 못한다.

하지만 이런 일들은 곧 끝날 것이다.

다시는 사랑하는 사람의 메시지를 기다리며 절망에 빠져 있는 자신을 발견하는 일은 없을 것이다. 다시는 '완벽한' 상대를 잃게 될까 두려워 자신의 영혼을 검열하지 않을 것이다. 다시는 반드시 분석해야 할 일에 대해 과잉분석하지 말라는 말을 듣는 일도 없을 것이다. 다시는 사이코패스의 머릿속 게임에서 장기판의 졸이 되지도 않을 것이다. 당신은 자유다.

그리고 이제 당신의 모험을 시작할 시간이다.

해로운 사람들을 골라내는 법

조종하는 사람으로부터 스스로를 보호하려면 직관을 강화해야 한다. 이 기술은 절대 부당하게 이용할 수 없는 것이며, 한 번 배우면 평생 도움이 된다.

30가지 위험 신호

사이코패스의 기질과 성격에 관한 획기적인 연구는 대단히 많다. 인터넷 검색을 잠시만 해봐도 무수히 많은 그 연구 결과들을 찾아볼 수 있다. 이 책에 정리한 위험 신호들은 그 자료를 보충하기 위한 것이다.

그렇다면 이 목록은 어떤 점이 다를까? 우선 이것은 인간관계에 관한 것이다. 그리고 당신 자신에 관한 것이기도 하다. 이는 모두 성찰과 자아 인식을 요구한다. 해로운 사람들을 골라내기 위해선, 그들의 행동에만 집중하고 있으면 안 되기 때문이다. 그런 행동들은 그 싸움의 절반밖에 되지 않는다. 당신은 자기 마음속에 생겨나는 위험 신호 또한 알아볼 수 있어야 한다. 그러고 나면 어떠한 상황에도 대처할 수 있게 된다.

1. **그들은 가스등 효과**(피해자가 자신의 기억이나 이성적 판단을 의심하도
   록 조종하는 심리적 학대를 가리키는 용어—옮긴이)**와 미친 사람 만들기
   의 대가들이다.** 그들은 남을 조종했다는 사실을 뻔뻔하게 부인하
   고 증거를 대도 무시한다. 그들이 사실을 조작했다는 걸 증명하
   려고 하면, 그들은 그 말을 무시하며 비판한다. 부적절한 행동을
   했다고 인정하는 대신, 항상 당신이 지나치게 '예민'하거나 '미친'
   소리를 한다는 비난을 받도록 만든다. 그들은 학대 자체가 아닌
   그들의 학대에 당신이 보이는 반응이 문제라고 남들로 하여금 믿
   도록 상황을 몰아간다.

2. **그들은 당신, 또는 이 세상 그 누구와도 입장을 바꿔보지 못한
   다.** 이런 식으로 대한다면 기분이 어떻겠냐고 당신이 아무리 열
   심히 설명해도, 그들은 멍하니 쳐다볼 뿐이다. 당신은 서서히 소
   통하지 않는 법을 터득하게 된다. 애써 봐야 침묵이나 짜증만 맞
   닥뜨릴 뿐이니까.

3. **그들은 최악의 위선자들이다.** "내가 말하는 대로 해. 내가 행동
   하는 대로 하지 말고." 그들은 상대의 신의와 존중, 애정에 대해
   굉장히 높은 기대치를 갖고 있다. 이상화 과정이 지나가면, 그들
   은 절대 당신의 이런 행동에 보답하지 않는다. 그들은 바람을 피
   우고, 거짓말하고, 비난하며, 조종할 것이다. 하지만 당신은 완
   벽한 존재로 남아야 한다. 그렇지 않으면 곧바로 교체되고 불안
   정한 사람으로 간주된다.

4. **그들은 병적인 거짓말과 변명으로 일관한다.** 변명이 필요없는 것 까지, 모든 일에 항상 변명이 존재한다. 그들은 당신이 묻기도 전에 거짓말을 지어낸다. 그들은 끊임없이 남의 탓을 하고, 자기 잘 못은 아니라고 한다. 그들은 자신의 행동을 고치기보다는 합리화 하는 데 더 많은 시간을 보낸다. 거짓말을 하다가 걸릴 때에도 후회하거나 창피해하는 모습을 보이지 않는다. 그들은 자주 당신에게 거짓말이 들통나기를 바라는 것처럼 행동하기도 한다.

5. **그들은 당신의 실수에만 집중하고 자신들의 실수는 무시한다.** 자신들은 2시간 늦고서, 예전에 당신이 첫 데이트 때 5분 늦은 것을 잊지 않는다. 당신이 그들의 부적절한 행동을 지적하면 그들은 항상 대화의 흐름을 바꿔 당신을 비난한다. 조그만 실수도 악용될 수 있으므로 당신은 완벽주의자의 자질을 갖게 되기도 한다.

6. **다 큰 어른에게 인간을 존중하는 법을 설명하는 자신을 발견하게 된다.** 보통 사람들은 정직과 친절 등의 기본 개념을 이해한다. 하지만 사이코패스들은 그런 기본 개념 자체를 이해하지 못한다. 그들은 어린아이 같고 순진해 보이기는 하지만, 이런 겉모습에 속아서는 안 된다. 성인이라면 타인에게 어떤 감정을 느끼게 하는지 설명해줄 필요가 없는 거 아닌가.

7. **그들은 이기심과 관심에 대한 욕구로 똘똘 뭉쳐 있다.** 그들은 당신

의 에너지를 고갈시키고 인생을 완전히 망가뜨린다. 그들은 끊임없이 애정을 요구한다. 그들을 행복하게 해줄 수 있는 사람이 당신뿐이라고 생각하지만, 지나고 보면 맥박이 뛰는 사람이라면 누구나 그 역할을 해낼 수 있다는 느낌이 든다. 하지만 사실, 그 누구도 사이코패스의 영혼의 빈자리를 채워줄 수는 없다.

8. **그들은 고의적으로 짜증을 유발해놓고, 당신의 그런 감정을 비난한다.** 그들은 이전 배우자나 연인과 내놓고 어울리고는 당신이 질투가 심하다고 한다. 심지어 온 세상 사람들이 다 볼 수 있도록 SNS를 통해서 그런 행동을 하는 경우도 많다. 그들은 의도적으로 당신을 며칠씩 무시하고는 오히려 당신이 안달을 부린다고 한다. 그들은 당신의 반응을 이용해 다른 사람들의 동정심을 일으키고, 당신이 '히스테리'를 부린다고 한다. 예전에는 당신이 매우 어울리기 쉬운 사람이라고 생각했지만, 사이코패스와 만나면 (일시적으로) 그런 생각이 틀렸다고 느끼게 된다.

9. **당신은 언젠가부터 탐정 노릇을 하게 된다.** 이런 일은 다른 누구와의 관계에서도 없었지만, 갑자기 당신은 무조건적으로 믿었던 사람을 조사하게 된다. 그들이 페이스북을 사용하고 있다면, 그들의 포스팅과 앨범을 몇 년 차씩 뒤져보게 된다. 그들의 예전 배우자나 연인에 대해서도 마찬가지다. 도저히 설명할 수 없는 감정에 대한 해답을 찾고 싶어져서 그렇다.

10. **그들의 본모습을 보는 건 당신뿐이다.** 그들이 무슨 짓을 하든 언제나 그들에게 환호하는 팬클럽이 있는 것 같다. 사이코패스는 돈과 자료, 관심을 얻기 위해 이런 사람들을 이용한다. 하지만 사이코패스는 얄팍한 칭찬으로 팬클럽을 교란시키기 때문에, 그들은 사실을 알아차리지 못한다. 사이코패스들은 피상적인 우정을 진지한 관계보다 훨씬 더 오래 유지할 수 있다.

11. **싸우기만 하면 두 사람의 관계가 끝날 것 같은 두려움을 느낀다.** 정상적인 커플은 문제를 해결하기 위해 논쟁을 벌이지만, 사이코패스들은 부정적인 대화, 특히 그들의 행동에 관한 대화가 관계를 위태롭게 할 것임을 분명히 해둔다. 의사소통을 증진시키고자 하는 시도는 늘 침묵시위로 끝난다. 당신이 사과하고 용서하지 않으면 그들은 당신에 대한 관심을 버릴 것이다.

12. **서서히, 그리고 꾸준히 당신의 경계를 잠식한다.** 그들은 잘난 체하며, 농담인 척 당신을 비판한다. 당신이 자신을 표현하려고 하면 그들은 비웃는다. 둘 사이의 의사소통은 주로 놀리는 방식으로 이루어진다. 그들은 당신의 지능과 능력을 교묘하게 비하한다. 당신이 이를 지적하면 그들은 당신이 예민하며 미쳤다고 한다. 당신은 증오심을 느끼고 화가 나지만, 평화를 유지하기 위해 그런 감정을 밀어내는 법을 배우게 된다.

13. **그들은 갑자기 관심을 딱 끊고 당신의 자존감을 깎아내린다.** 끊

임없이 관심과 애정을 퍼붓던 그들은 갑자기 당신에게 완전히 질려버린 것처럼 행동한다. 그들은 당신에게 아무 말도 하지 않고, 당신이 자신의 관계에 흥미를 갖는다고 짜증을 낸다. 당신은 그들에게 성가신 존재가 된 것처럼 느끼기 시작한다.

14. **그들은 당신이 그들의 마음을 언제나 알아주기를 기대한다.** 그들은 당신과 사나흘 동안 연락하지 않은 뒤, 알려주지도 않은 계획을 모른다고 당신을 탓한다. 그들에게는 항상 이런 상황에 대한 변명거리가 있고, 그래서 자신을 피해자로 만든다. 그들은 둘 사이에 관한 중요한 결정을 혼자 내리고 당신만 빼고 모두에게 알린다.

15. **이 사람 옆에 있으면 마음이 불편하지만 그래도 여전히 그들이 당신을 좋아하기를 바란다.** 당신은 그들의 관심과 칭찬을 놓고 항상 남과 경쟁하게 되므로 그들의 이상한 행동을 우연이나 자신이 둔한 탓으로 돌리게 된다. 당신이 그들의 곁을 비워도 그들은 상관하지 않는다. 그들은 쉽게 다른 에너지원으로 옮겨갈 수 있기 때문이다.

16. **그들의 과거에는 '미친' 사람들이 유난히 많았다.** 그들에게 사과하지 않고 헤어진 예전 연인이나 친구들은 모두 질투심이 많거나 조울증이거나 알코올중독자라는 평가를 받는다. 실수를 해서는 안 된다. 그들이 당신도 똑같이 취급할 테니까.

17. **순진한 척하면서 질투와 경쟁을 조장한다.** 당신에게 모든 관심을 쏟아붓던 그들이 다른 사람들에게 집중하기 시작하면 당신은 매우 혼란스러울 것이다. 그들의 행동은 당신의 위치를 끊임없이 의심하게 만든다. 그들이 SNS를 한다면 예전 연인에게 노래나 사진, 자기들만 아는 농담을 올릴 것이다. 그들은 '경쟁'을 조장하며 당신을 무시한다.

18. **그들은 엄청난 애정 과시와 칭찬으로 신뢰와 흥분을 일으키게 만든다.** 처음 만났을 때는 상황이 굉장히 빨리 진행된다. 그들은 당신과 공통점이 너무나 많고, 당신이 완벽한 존재라고 말한다. 마치 카멜레온처럼 당신의 소망과 꿈, 불안을 모두 흉내 내어 신뢰와 흥분을 일으킨다. 끊임없이 대화를 시작하고 모든 면에서 당신에게 반한 것처럼 보인다. 당신에게 페이스북 계정이 있다면 그들은 거기에 노래와 칭찬, 시와 서로만 아는 이야기를 도배할 것이다.

19. **당신을 그들 인생의 모든 이들과 비교한다.** 그들은 예전의 연인이나 자신이 아는 사람들과 당신을 비교한다. 이상화할 때는 당신이 그런 사람들보다 얼마나 더 좋은 사람인지를 늘어놓아 당신이 특별한 존재라고 느끼게 해준다. 평가절하할 때는 그런 비교로 당신이 질투심과 열등감을 느끼도록 만든다.

20. **그들이 당신에게서 발견한 훌륭한 자질이 갑자기 결점이 된다.**

처음에 그들은 당신이 가지고 있는 허영심과 약점을 이용해 당신이 듣고 싶어 하는 말을 그대로 읊어준다. 하지만 일단 당신을 낚고 나서는 이런 것들을 역이용힌다. 당신은 자신이 한때 완벽하다는 말을 들었던 바로 그 사람임을 증명하기 위해 점점 더 많은 시간을 보내게 된다.

21. 어느 순간 가면이 벗겨지고 냉혹한 그들의 일면을 보게 된다.
매력적이고, 귀엽고, 순수하던 사람이 전혀 다른 사람으로 바뀌는 순간이 있다. 이상화 과정 동안에는 한 번도 드러나지 않던 그들의 일면을 보게 되는 것이다. 거기에는 냉혹하고, 남을 생각하지 않으며, 상대의 마음을 조종하는 사람이 있다. 또한 그들의 성격이 전혀 앞뒤가 맞지 않는다는 사실을 알게 된다. 당신이 사랑에 빠졌던 사람은 사실 존재하지 않는 것처럼 보인다.

22. 그들은 쉽게 지루해한다. 그들은 끊임없이 다른 사람들에게 에워싸여 자극과 칭찬을 받는다. 그들은 장시간 혼자 있지 못한다. 그들은 긍정적이거나 자극적인 방식으로 직접 영향을 주지 못하는 상대에게는 곧바로 흥미를 잃는다. 처음에 당신은 그들이 흥미진진하고 사교적이라고 생각하며, 친숙함과 일관성을 바라는 자신을 열등하게 느끼기도 한다.

23. 그들은 끊임없이 삼각관계를 만든다. 그들은 예전의 연인, 친구들, 그리고 관심을 가져주는 모든 사람들에게 에워싸여 있다.

여기에는 사이코패스가 예전에 무시하면서 당신이 더 낫다고 칭찬했던 사람들도 포함된다. 이로 인해 당신은 혼란스럽고 그들을 원하는 사람이 항상 많다는 느낌을 받게 된다.

24. **그들은 은밀한 학대를 즐긴다.** 우리는 대부분 어린 시절부터 육체적, 언어적 학대가 무엇인지 배우지만 사이코패스를 상대로 할 때는 그것이 그렇게 분명하지 않다. 그들과 맺은 관계가 끝나고 한참이 지나서야 당신이 상대에게 학대당했음을 깨닫기도 한다. 이상화와 미묘한 평가절하를 통해 사이코패스는 선택한 대상이 누구든지 그들의 정체성을 잠식할 수 있다.

25. **그들은 동정심 유발의 귀재들이다.** 그들의 나쁜 행동에는 항상 슬픈 사연이 있다. 그들은 예전의 연인이나 부모, 심지어 고양이에게서 학대를 당했기 때문에 이런 식으로 행동한다고 주장한다. 그들은 오로지 마음의 평화와 고요함을 원할 뿐이라고 말한다. 그들은 드라마처럼 격정적인 관계를 싫어한다고 하지만, 그들 주위에는 아무도 알지 못하는 드라마가 진행되고 있다.

26. **그들은 냉정과 다정을 수시로 반복한다.** 가끔 그들은 당신에게 관심을 쏟아붓다가, 다시 당신을 무시하고 비난한다. 단둘이 있을 때 당신을 대하는 태도와 사람들 앞에서 당신을 대하는 태도가 다르다. 오늘 결혼하자고 이야기했다가 다음 날 깨버린다. 당신은 그들과의 관계에서 당신의 위치를 도무지 알 수가 없다.

나의 친구 리디아Rydia는 이렇게 말한다. "그들은 최대한 아무런 노력도 기울이지 않다가 당신이 헤어지려고 하면 조금 더 노력한다."

27. **그들이 당신의 인생 전부가 되어버린다.** 당신은 그들을 포함한 그들 친구들과 점점 더 많은 시간을 보내면서 당신 자신을 지지해줄 사람들과는 점점 더 보내는 시간이 적어진다. 당신이 생각하고 말하는 것은 그들뿐이다. 당신은 그들이 원할 때면 언제든지 만나주기 위해 당신 자신의 친구들과 멀어진다. 당신은 계획을 취소하고 전화기만 바라보며 다음 연락을 기다리게 된다. 어째서인지 이 관계에는 당신의 희생만 많이 필요한 것 같다.

28. **그들은 오만함을 대놓고 과시한다.** 그들이 초기에 보여주었던 겸손하고 다정한 이미지는 어느 순간 사라지고, 당신은 그들의 다분히 우월한 태도를 느끼기 시작한다. 그들은 당신이 지적으로 뒤떨어지고 감정적으로 불안한 사람이라는 듯 무시하며 말한다. 그들은 헤어진 뒤 당신 없이도 얼마나 행복한지를 증명하기 위해 새로운 상대를 대놓고 과시한다.

29. **그들은 변덕스러운 험담을 즐긴다.** 그들은 사람들을 면전에서는 칭찬하고 뒤에서는 욕한다. 이로 인해 당신은 만나지도 않은 사람들을 싫어하거나 증오하게 된다. 당신은 그들이 이런 이야기를 해주는 상대가 자신이라는 것에 특별한 존재가 된 것처럼

느끼기도 한다. 하지만 사이가 틀어지기 시작하면 그들은 당신에게 이야기하며 욕했던 모든 사람들에게 달려가 당신이 얼마나 미쳤는지를 한탄한다.

30. **당신은 서서히 패닉과 불안으로 제정신이 아니게 된다.** 당신의 자연스러운 애정과 동정심은 패닉과 불안으로 바뀌게 된다. 당신은 그 어느 때보다 더 자주 사과하고 울음을 터뜨린다. 잠도 제대로 잘 수 없고 아침에 눈뜰 때마다 불안하고 갈피를 잡을 수 없는 느낌이다. 예전의 편안하고 재미있고 느긋하던 자신은 어디로 갔는지 알 수가 없다. 사이코패스와 사귀고 나면 자신이 제정신이 아니라는 생각이 든다. 또한 아무 쓸모없는 텅 빈 존재처럼 느껴진다. 돈을 쓰고, 친구와 절교하고, 왜 그러는지 이유를 찾느라 삶이 망가진다.

정상적이고 진심으로 사랑하는 사람들은 이런 위험 신호를 전혀 보이지 않는다는 것을 알게 될 것이다. 사이코패스와 만난 뒤, 대부분의 사람들은 상대를 지나치게 의심하게 된다. '누굴 정말로 믿을 수 있을까?' 변덕스러운 저울추처럼 한동안은 기준이 멋대로 흔들릴 것이다. 오랜 친구나 새로운 데이트 상대가 좋은 사람일 거라고 믿다니, 자신이 완전히 미친 것은 아닐까 의아해지기도 한다. 그들이 상대를 조종하는 행동을 시작할 거라고 생각하게 되므로 함께 시간을 보내면서 불안해지기도 한다.

직관을 개발하는 것은 자기 스스로 하는 작업이지만, 이 점만은 확실히 해두고 싶다. 세상은 대체로 선량한 사람들로 가득하며, 상처를 받았다고 해서 그 사실을 잊어서는 안 된다. 자신의 감정을 살피며 시간을 보내라. 각성과 신뢰 사이에서 편안한 균형을 찾을 때까지 고민하라. 마음속을 들여다보고, 당신을 학대하는 파트너와 함께 있었을 때 왜 그렇게 느꼈는지, 그들을 만나기 전에는 어떻게 느꼈는지 이해하도록 하라. 이전의 관계를 여러 차례 곱씹어 생각할 필요가 있다. 그러면 해로운 사람들과 맺는 관계를 버리기 전에, 더 좋은 관계가 나타나기 시작할 것이다.

오랜 회원이자 친구인 피닉스의 말을 빌자면, 당신은 "그들이 나를 좋아할까?"라는 질문을 중단하고 "내가 그들을 좋아하는가?"라고 묻기 시작할 것이다.

> ## 정상이란 무엇인가?
>
> 당신의 '소울 메이트soul mate'가 마음을 사로잡힌 상태에서 눈 깜짝할 사이에 지루한 상태로 변한다면, 이는 정상이 아니다. 당신을 속이고 바람을 피운 상대가 도리어 당신이 질투심이 강하고 미쳤다고 한다면, 이는 정상이 아니다. 한때는 몇 분마다 연락을 해오던 상대에게서 메시지나 전화가 오기를 간절히 기다리고 있다면, 이는 정상이 아니다. 그들의 예전 연인이 모두 '조울증'이거나

'미친 듯이 사랑에 빠졌다'면, 이는 정상이 아니다. 사이코패스들은 남에게 기생하고, 감정적으로 미성숙하며, 변하지 못한다. 이런 사람이 인생에서 사라지고 나면 당신은 모든 것을 다시 이해할 수 있게 된다. 혼란이 사라지고 제정신이 돌아온다. 모든 것은 다시 정상으로 돌아올 것이다.

"

먹잇감을 노리는 독수리들을 조심하라

당신은 사이코패스와의 해로운 관계로부터 회복하기 위한 첫 걸음을 떼고 있다. 그것은 대단한 일이다! 앞으로 하게 될 일은 사이코패스의 손아귀에서 당신을 벗어나게 해줄 뿐 아니라, 그들이 짓밟고 주먹질하고 딴사람으로 바꾸어놓은 당신 자신을 되찾게 해줄 것이다. 당신이 찾게 될 진실 가운데에는 직면하기 어려운 것들도 있음을 알고 있지만, 그것이 또한 힘을 북돋아 줄 수도 있다. 당신이 살아남았음을, 참 강한 사람임을 깨닫게 될 것이기 때문이다.

이 작업을 시작할 때, 회복을 도와주는 전문가나 커뮤니티의 도움을 받기를 권장한다. 그들의 지지도 필요할 것이고, 올바른 길을 가고 있다는 격려도 받아야 할 것이다.

회복을 시작하는 이들에게 특별히 강조하고 싶은 것이 있다. 사이코패스와 사귄 뒤, 당신은 매우 연약하고 상처 입기 쉬운 상태가 될 것이다. 상황을 파악하게 되면서 당혹스럽고, 비참하며, 분노한 상태가 될 것이다. 이러한 감정은 압도적이다.

아마 당신은 감정을 억누르고 상황을 혼자서 감당하는 데 익숙할 것이다. 하지만 이번에는 모든 것이 통제 불능이다. 당신은 갓난아기처럼 누군가에게 의존하고 있고, 누구든지 당신이 겪고 있는 일을 이해해줄 수 있는 사람을 찾고 있다.

일반적으로 자기 감정에 솔직한 것은 중요하다. 하지만 가장 불안정한 순간에는 자신도 모르게 더욱 학대받는 상황을 만들기도 한다.

그러므로 사이코패스와 사귄 뒤 상처를 입은 이들이, 마치 자석처럼 병적인 사람들을 끌어들이는 것은 불가사의한 일이 아니다. 당신의 사연을 마구 공유하다 보면 이해한다고 말해주는 사람과 가까워지게 마련이다. 문제는 이런 사람들이 항상 당신을 위하는 것은 아니라는 사실이다.

당신이 사이코패스를 사귀며 겪은 일을 몇 시간씩 들어주는 사람들은, 불행하게도, 당신의 회복을 진심으로 바라는 사람이 아닐 가능성이 높다. 그들은 남의 불행을 이용하는 '독수리'일 확률이 높다.

독수리들은 처음에는 몹시 상냥하고 따뜻하게 보이는 경우가 많다. 그들은 당신을 사로잡아 당신의 문제를 모두 듣고자 한다. 그들은 당신의 고통에 마음을 빼앗긴다. 하지만 얼마 지나지 않아 당신은 또 다른 악몽을 발견하게 될 것이다. 그들은 원치 않는 조언을 퍼붓기 시작한다. 그들은 끊임없이 칭찬과 관심을 요구한다. 그들은 다른 의견을 허용하지 않는다. 그들은 드라마를 먹고 살며 타인에게 인정받고자 하는 끊임없는 욕구를 갖고 있다.

당신이 더 행복해질수록 그들은 견디지 못한다. 그들은 당신이 앞으로 나아가면 자신이 지닌 통제권을 잃게 된다고 여긴다. 그들은 당신이 계속해서 의존하기를 바란다. 그들은 당신이 다른 사람에게 도움을 구하는 것을 원하지 않는다.

이미 겪은 일도 힘든데, 이런 인간들까지 상대할 필요는 없다.

사이코패스에게 상처를 입은 사람들은 적어도 서너 달 동안은 새로운 친구나 연인을 사귀는 것을 피하라고 조언하고 싶다. 더 이상 당신을 학대한 상대에 대해 이야기할 필요가 없어지고, 그것을 이야기하길 원하지도 않는 시기에 도달해야 한다.

정말로 도움이 필요하다면 전문 심리 상담이나 회복 커뮤니티를 찾아야 한다. 이들은 당신이 어떤 일을 겪었는지 알고 있으며, 그들 모두가 아무런 조건 없이 기꺼이 도움을 줄 것이다.

밖으로 나가 새로운 사람을 만나고 싶은 유혹은 나도 이해한다. 새로운 삶을 시작하고 싶을 것이다. 더욱 상냥하고 진정한 친구들에게 에워싸이고 싶을 것이다.

그리고 그렇게 될 것이다.

하지만 진정한 친구들은 당신의 심리치료사 노릇을 하지 않을 것이고, 공감하고 관심을 갖는 능력에 대해서 주절주절 늘어놓지도 않을 것이다. 그들은 말보다는 행동으로 보여줄 것이다.

더욱 건전한 관계를 형성하기까지는 긴 시간이 필요하다. 오래된 습관을 버리고, 새로운 습관을 형성하고, 직관을 개발하고, 이 세상에서 자신이 원하는 것이 무엇인지 이해해야 한다.

그러므로 독수리들을 주의해야 한다. 글 쓰는 사람들 사이에는

'말하지 말고 보여주라'라는 보편적인 규칙이 있다. 이 규칙은 사람에게도 적용된다. 계속해서 자신이 어떤 사람인지 말하고, 당신을 돕고 싶다고 말하고, 당신을 위해 상황을 바꿔주고 싶다고 말하는 사람을 만나면 한 걸음 물러나서 그들의 실제 행동을 보라. 남을 조종하는 사람들은 보여줄 좋은 점이 없으므로 항상 '말'만 한다. 그들의 부적절하고 부정직한 행동이 말과 일치하는 일이 없으므로, 그들을 믿는 사람들에게 엄청난 인지부조화를 일으킨다.

점잖고 겸손한 사람들은 자신이 어떤 사람인지, 무슨 일을 해줄 수 있는지 말하지 않는다. 그저 일관된 애정과 상냥한 행동으로 보여줄 뿐이다. 그들의 의도는 순수하므로 의문을 가질 필요가 없다. 반대로 독수리들은 자신의 이익을 위해서 움직인다. 칭찬과 애정을 받고 싶은 것이다. 논쟁이 있을 때 '말하는 사람'은 대놓고 상처를 준 뒤에도 당신에게 얼마나 잘해주었는지를 곧잘 말할 것이다. '보여주는 사람'은 자기에게 유리하도록 대화를 왜곡시키지 않고도 자신의 관점을 공유할 것이다. 자신이 얼마나 선량한지, 얼마나 관대한지, 얼마나 성공했는지, 얼마나 정직하며 중요한 사람인지 말하는 사람들을 피하라. 대신 이런 자질을 언제나 행동으로 보여주는 과묵한 사람들을 찾도록 하라.

변함없는 친구

당신은 사이코패스에 대해 알고 있다. 위험 신호를 파악했다. 그렇다면, 당신은 정말로 사이코패스와 사귀고 있는 것인가?

과학이 이렇게 발전했지만 여전히 누군가에게 양심이 있는지를 확실히 알 수는 없다. 사실, 100퍼센트 확실하게 사이코패스를 찾아낼 수 있는 방법이 있을 거라고는 생각하지 않는다.

다행히 자신을 안전하게 지키는 방법은 있다. 자신의 내면을 들여다보는 것이다. 이것은 상대와 장소, 시간을 막론하고 효과가 있다. 여러 가지로 대답할 수 있는 질문을 해보면 된다.

"오늘 기분은 어떤가?"

정말로 묻는 것이다. 왜냐하면 대부분의 사람들은 막연히 '좋다'고 하고 이어서 주말에 한 일, 직장에서의 승진, 좋아하는 텔레비전 프로그램 같은 평범한 대답을 할 것이기 때문이다.

하지만 당신은 어떤가? 공허한 느낌을 받고 있는가? 망가진 느낌을? 절망적인 느낌을? 자다가 계속 가슴이 아파서 깨어났을지도 모른다. 하루 종일 괴로운 문제를 생각하는 것을 피하려고 노력하지만, 그것이 자꾸 떠오른다. 예전에는 정말 커다란 기쁨을 주던 기억이 이제는 생각만 해도 메스껍다. 어느 쪽이 덜 아픈지 알 수 없기에, 분노와 우울 사이를 끊임없이 오간다.

그것이 바로 대답이다.

그러므로 누군가를 사귄 뒤 그런 느낌을 받는다면, 그 상대가 사이코패스이든, 소시오패스이든, 나르시시스트이든, 혹은 그저 나쁜 놈이든 무슨 상관이란 말인가? 그들을 부르는 이름이 무엇이든 당신의 감정이 가장 중요하다. 당신의 감정은 절대적이다. 어떤 결론을 내리든 그 감정은 사라지지 않을 것이다.

그리고 그런 감정으로부터 당신이 알게 된 것은 바로 이것이다. 누군가 당신의 삶을 송두리째 뿌리 뽑고, 전에는 느낀 적 없는 새로운 종류의 불안을 초래했다는 것. 그들은 하루하루를 견딜 수 없이 만드는 끔찍한 감정을 알려주었다. 그들을 사귀는 동안 당신은 끊임없이 불안하고 어쩔 줄 몰라 했으며, 조그만 실수라도 저질러 꿈같은 관계를 끝내게 될까 봐 두려웠다. 자신을 남들과 비교하며 연인 옆의 제자리를 되찾으려고 애썼을지도 모른다.

그렇다면 다시 묻겠다. 그들이 사이코패스의 정의에 부합하는지가 중요한가?

당신은 이미 알아야 할 것을 다 알고 있다. 그들 옆에 있으면 끔찍한 느낌이 들지 않았는가? 그러니 그들과 사귀는 동안, 당신의 삶 속에서 그들의 자리가 없다는 것을 충분히 확인하지 않았는가?

당신이 그루밍grooming되고 이상화되었기 때문이다. 당신은 속아서 사랑에 빠졌다. 그리고 사랑은 인간관계 중에서 가장 강력한 것이다. 그래서 그들은 사랑에 빠진 당신을 더 쉽게 조종할 수 있었다.

해로운 사람들은 우리의 직관을 무시하도록 만들기 때문에, 우리는 직관을 신뢰하는 법을 다시 배워야 한다. 겉모습으로 판단하는 대신, 내면을 인식해야 한다. 우리 자신의 감정에 집중하기 시작하면 이 간단한 진실에 동의할 수 있게 된다. 선량한 사람들은 당신을 기분 좋게 만들고 나쁜 사람들은 당신을 기분 나쁘게 만든다.

그 밖의 모든 것은 거기서부터 제자리로 돌아간다.

감정이 주위 환경으로부터 완전히 무관해야 한다는 이들의 말에 귀 기울이지 말라. 열린 마음을 갖고 있는 사람에게는 이것이 불가능하다. 인간으로서, 우리에게는 다른 사람을 기분 좋게 하는 훌륭한 능력이 있다. 말 한마디, 동작 하나, 소리 없는 미소가 바로 그것이다. 그리고 그것이 세상을 아름답게 한다. 어떤 사람들은 이것을 사랑이라고 부른다.

하지만 당신은 고통을 주기 위해 이런 재능을 이용하는 사람을 겪었다. 그리고 이제 다시는 이런 일이 일어나지 않도록 이런 사람들을 피하는 법을 배우고자 한다. 당신은 주위의 모든 존재를 의심하는 사람이 된 것은 아닐까 염려스럽다. 당신에게 뭔가 작지만 특별한 것이 필요하다고 느낀다. 직관 너머의 어떤 것이.

바로 이때 나는 '변함없는 친구'라는 개념을 소개하고자 한다. 그것은 이 책을 읽는 동안, 그리고 남은 평생 동안 당신을 위로하고 지켜줄 것이다.

사랑하는 사람을 생각해보자. 항상 영감을 주고 당신을 실망시키지 않는 사람. 엄마나 친한 친구, 자녀, 고양이, 세상을 떠난 친척 등 누구나 그런 존재가 될 수 있다. 정말 누구나 될 수 있다. 당신에게는 변하지 않는 존재가 없다고 느낄 수도 있지만 그렇지 않다. 상상해낼 수도 있다. 마음속에 자리 잡고 있는 영적인 존재를 상상해보라. 마음속에 평화를 가져올 존재. 다채롭고, 빛나며, 생명으로 가득한 존재. 공감, 동정심, 상냥함 등 당신이 우러러보는 모든 자질을 구현한 존재. 당신을 언제나 안전하게 지켜줄 부드러운 영혼. 보라, 그것이 바로 '변함없는 친구'다.

이제 마음속에 (실재하든지, 상상한 것이든지) 그런 '변함없는 친구'를 떠올렸으니 몇 가지 질문을 던지겠다. 그 '변함없는 친구'가 당신을 불안하게 하는가? 초조하게 하는가? 질투심을 느끼게 하는가? 그들이 당신에게 말을 건넬 때 떨리는가? 당신이 그 '변함없는 친구'와 함께 있지 않을 때, 당신은 그들의 행동을 분석하고 말다툼을 상상하며 당신 자신을 변호하면서 시간을 보내는가?

물론 그럴 리 없다.

그렇다면 왜 그럴까? 어째서 한 사람이 당신으로 하여금 좋은 모든 것에 의문을 가지게 하는가? '변함없는 친구'와 당신 자신을 쓰레기처럼 느끼게 하는 사람들 사이의 차이는 무엇인가?

이런 질문에 아직 대답할 수 없다고 해도, 당신만의 문제는 아니다. 당신이 어떤 사람 곁에 있고 싶지 않은 이유를 반드시 이해할 필요는 없다. 당신에게는 '변함없는 친구'가 있으며, 지금은 그것만 알면 된다. 자존감은 나중에 생겨날 것이다.

온 세상과 맞서는 것처럼 느껴질 때도, 그 '변함없는 친구'는 당신이 미치지 않았다는 사실을 확인시켜준다. 시간이 지나면 당신의 기분을 나쁘게 하는 사람들을 걸러낼 수 있을 것이다. 당신에게서 최선을 이끌어낼 수 있는 '변함없는 친구'가 있는데, 굳이 부정적인 것들을 견딜 필요가 없다는 것을 깨닫게 될 것이다.

이 개념에 좀 더 적응하면 가장 중요한 질문이 떠오를 것이다. 내 인생의 모든 사람들에게 이처럼 평온한 느낌을 받아야 하는 것이 아닐까?

물론이다. 그러니 시작해보자.

1부
날조된 소울 메이트

사이코패스의 모든 폐해 중에 가장 은밀한 것은, 그들이 사람을 사귀는 동안 피해자의 정체성을 체계적으로 빼앗는다는 것이다. 그것이야말로 냉혹하게 계산된 감정적인 폭행이다.

1장
마음대로 길들이기

　사이코패스는 당신이 완벽한 파트너가 되도록 길들인다. 그들은 몇 주 만에 당신의 삶을 송두리째 빼앗고 전에 없던 즐거움으로 몸과 마음을 장악한다. 결국 당신은 그들의 끝없는 찬사와 애정을 이끌어낸다. 하지만 먼저 당신이 사랑에 빠져야 한다. 그러면 당신의 마음은 그들이 제안하는 모든 것을 받아들이게 된다. 이 과정에는 이상화, 간접적인 설득, 상황 파악이라는 세 가지 요소가 있다.

이상화理想化

　사이코패스와의 관계에서 이상화 과정은 당신이 여태까지 경험한 그 어떤 것과도 다를 것이다. 감정적으로나 성적으로나 모든 방면에서 당신을 흥분시키는 사람과의 판타지에 빠져들어 현실 감각을 잃게 될 것이다. 눈을 뜨면 그들이 가장 먼저 떠오르고, 그들의 명랑하고 재미있는 메시지를 받으며 하루를 시작할 것이다. 당신은 곧바로 그들과의 미래를 계획하면서 지루한 현실을 잊게 될 것이다. 더 이상 아무것도 중요하지 않다. 여생을 함께 보내고 싶은 사람은 바로 그들이다.

당신이 이런 생각을 하는 동안 그들은 전혀 다른 생각을 하고 있다. "좋아. 효과가 있군."

사이코패스들은 겉으로 보여주는 감정을 진심으로 느끼는 법이 없다. 그들은 당신을 관찰하고 당신의 모든 감정을 미러링(타인의 행동, 말투, 태도를 모방하는 것을 가리키는 심리학 용어─옮긴이)하며 당신과 함께 하늘로 둥실 떠오르는 척한다.

당신이 더 높이 떠오를수록 더 깊이 곤두박질칠 것이므로.

이상화는 사이코패스의 그루밍grooming 과정에서 첫 단계다. 애정 공세 기간이라고도 하는 이 시기에 당신은 순식간에 경계심을 풀고 마음을 열게 된다. 그리고 당신의 뇌는 쾌감 중추의 자극에 중독된다. 과도한 칭찬은 마음속 깊은 곳에 자리 잡고 있던 허영심과 불안감을 건드린다.

그들은 전화와 페이스북, 이메일을 통해 당신을 끊임없이 칭찬하고 관심을 쏟아부을 것이다. 몇 주 만에 두 사람은 자신들만 아는 농담과 애칭, 노래를 갖게 될 것이다. 돌이켜보면 모든 것이 얼마나 이상한 일인지 알게 되겠지만, 그 과정을 겪고 있을 때는 그들이 없는 삶을 상상할 수 없다.

그렇다면 그들은 어떻게 그런 일을 해낼까?

선물과 시 이외에도, 사이코패스들은 당신을 사로잡기 위해 여러 가지 세뇌 기술을 이용한다. 그들은 이상화 과정 중에 여섯 가지 주요 포인트를 강조하는데, 그 여섯 가지는 다음과 같다.

1. 우리에겐 공통점이 너무 많아

"우리는 똑같은 방식으로 세상을 봐. 우리는 유머 감각이 통해. 우리는 둘 다 너무나 정이 많고 친구들과 가족을 항상 돕고 있지. 우리는 천생연분이야."

사이코패스들은 끊임없이 이런 점들을 강조하며 이렇게 말하기도 한다. "우리는 한 몸이나 마찬가지야." 그루밍 기간 동안 사이코패스들은 관찰하고 모방한다. 그들은 상대가 지닌 자질을 훔쳐가서 그보다 조금 더 나은 사람이 되어 밝고 긍정적인 측면만을 보여준다. 거기에 수반되는 부담스러운 감정은 드러내지 않는다. 하지만 이것은 모두 연기다. 이렇게 증폭되고 미러링된 자질은 허울에 지나지 않는다. 사이코패스들은 그들이 모방하는 것을 진심으로 느끼거나 이해하지 못한다. 그들은 상대의 인격을 피상적으로, 보기 좋게 흉내 낼 수 있다. 하지만 그 이상은 아니다. 인간에게 존재하는 감정의 깊이나 동정심, 공감 능력은 전혀 없다. 그들이 내놓는 다른 모든 것이 그렇듯이 그들이 흉내 내는 성격은 공허하고 속이 빈 것이다.

사이코패스는 당신의 말을 경청하고 당신과 똑같이 느낀다고 맞장구치며 이상화 과정을 보낼 것이다. 당신은 자신과 그토록 닮은 사람은 그 사람뿐이라고 생각하게 될 것이다. 그 생각은 맞다. 두 사람이 모든 면에서 그렇게 똑같기란 (오싹하기도 하지만) 불가능하기 때문이다.

정상적인 사람들에게는 다른 점이 있기 마련이다. 그래서 인생이 흥미로운 것이다. 하지만 사이코패스들은 정체성이 없기 때문에 이런 복잡한 문제를 생략할 수 있다. 그들은 자아에 대한 의식이 없다. 자신의 욕구와 불안, 판타지를 형성하는 경험을 갖지 못한다. 대신 그들은 당신의 경험을 훔쳐간다. 그들은 카멜레온처럼 당신의 성격을 모두 흉내 내어 완벽한 짝이 되려고 한다.

2. 우리는 희망과 꿈이 같아

사이코패스는 당신의 현재 삶을 빼앗아가기도 하지만 미래도 장악하려 든다. 관계의 중요성을 높이기 위해 그들은 여러 가지 장래에 관한 약속을 한다. 그러면 당신은 상대와의 관계에 많은 것을 투자하게 된다. 따지고 보면, 누가 장래 없는 연애를 하려고 하겠는가?

사이코패스는 여기서 한 걸음 더 나아가 결혼이나 동거 같은 중대한 일에 대해 이야기하기 시작한다. 건전한 관계에서는 보통 몇 년에 걸쳐 내리는 결정이다. 하지만 당신에게는 그런 시간이 필요 없다. 이미 그들과 남은 생애를 보내리라 생각했기 때문이다. 당신이 가족을 갖고 아이를 낳는 꿈을 꾸고 있다면, 그들은 그 역할에 완벽하게 맞아떨어질 것이다. 당신이 사업을 시작하고자 한다면, 그들은 당신의 오른팔이 되어줄 것이다. 당신이 불행한 결혼생활을 하고 있다면, 그들은 배우자를 대신해줄 계획을 내놓을 것이다. (이 계획에는 항상 그들이 아닌 당신의 희생이 필요하다는 사실은 나중에야 깨닫게 된다.)

3. 우리는 똑같이 불안해

사이코패스는 당신의 약점에 대해 실제로 언급하지는 않지만, 곧바로 알아차릴 수 있다. 그러면 그들은 당신의 약점을 그대로 모방해 당신의 동정심을 자아낸다. 그렇게 해야 당신이 스스로에게 해주고 싶은 방식으로 그들의 문제를 고쳐주고자 할 테니까.

공감 능력이 있는 사람으로서 당신은 상처를 받고 아파하거나 약점이 있는 사람을 위로해주고 싶을 것이다. 상대의 약점이 자신과 같다고 생각하면 위로하고 싶은 마음은 더욱 커진다. 당신이 누군가 열등감을 느끼는 것을 본다면, 당신은 그들의 기운을 북돋아주는 법을 알고 있다고 생각할 것이다.

사이코패스들은 당신이 기울이는 노력을 모두 소중히 여기는 것처럼 보인다. 그들은 당신을 이전의 상대와 비교하며, 누구보다도 나은 이상적인 존재라고 말한다. 그들은 당신의 성품을 칭찬해서, 당신이 더 많은 노력을 기울이도록 만든다. 노력이 정당한 인정을 받는다고 생각한 당신은 더욱 노력하고 싶을 것이다. 그들이 말하는 불안이 진솔하게 드러내는 약점이라고 여기고 동정심을 갖게 될 것이다. 사이코패스들은 약점을 전혀 다른 방식으로 바라본다. 상대를 조종하고 통제하는 장치로 보는 것이다.

4. 당신은 아름다워

사이코패스는 당신의 외모에 집착한다. 당신은 옷이나 머리 모양, 피부, 사진 또는 그날 정한 다른 피상적인 자질에 대해 그렇게 자주 말하는 사람을 본 적이 없을 것이다. 처음에는 이런 말이 칭찬처럼 느껴진다. 당신이 너무나 아름답다고 하니까. 그들은 그렇게 아름다운 당신의 연인이 되기에 부족하다고도 하고, 공원을 걸어 봐도 당신보다 더 매력적인 사람은 찾을 수 없다고도 한다. (이런 말이 왜 칭찬인지는 잘 모르겠다.)

당신도 이런 칭찬을 상대에게 해주기 시작한다. 당신은 그들이 훌륭한 사람이라고 느끼고, 매력적인 사람이라는 것을 인식하도록 해주고 싶다. 그리고 그것이 그들의 목표다. 그들은 당신에게 칭찬을 퍼부음으로써 곧바로 똑같은 애정을 받을 수 있다는 사실을 알고 있다. 그들은 갑자기 당신과 함께 사진을 공유하는 아주 편안한 사이가 된다. 두 사람 사이는 끝없이 칭찬과 호감을 교환하는 관계가 된다.

그들이 너무나 긍정적이므로 당신은 그들의 말에서 자존감을 찾게 된다. 당신은 정말로 빛나는 존재가 되었다고 느낀다. 그들의 말 한마디에 자신감이 커지면서 당신의 몸도 변화를 겪는다. 그들에게 좋은 인상을 주기 위해 외모를 가꾸는 데 점점 더 많은 시간을 보내게 된다.

5. 평생 이런 기분은 처음이야

이것이 바로 비교가 시작되는 지점이다. 그들은 당신에게 다른 어떤 상대보다 높은 자리를 부여한다. 그들은 당신이 예전 연인들보다 더 나은 이유를 상세하게 하나씩 설명한다. 그들은 이렇게 행복한 것이 언제였는지 모르겠다고 말한다.

"내가 어쩌면 이렇게 운이 좋은지 모르겠다"는 말을 당신은 끊임없이 듣게 된다. 이런 말이 당신 마음속에 자리 잡고 있던 남을 행복하게 해주고 싶은 욕망을 자극한다. 그들은 당신이 그들에게 다른 누구에게서도 발견하지 못한 특별한 기쁨을 선사한다고 확신시켜준다. 이것이 당신에게 자부심을 느끼게 한다. 그들을 좋아하는 사람은 많지만, 그들이 원하는 상대는 당신뿐이므로.

사이코패스는 당신이 '완벽'하고 '무결점'이라고 하는데, 이 말이 나중에 '미쳤다'거나 '질투심이 많다'로 바뀌게 되면 인지부조화의 원인이 된다. 이런 기억을 더듬어보며 그들의 말이 항상 얄팍하고 계산적이었다는 사실을 기억하라. 그들은 모두에게 이런 전략을 쓴다. 상대에 따라 이상화 과정은 달라질 것이다. 하지만 모든 관계에 있어서 변함없는 한 가지가 있다. 그들은 실제로 평생 동안 '이런 느낌을 느낀 적'이 없다는 것이다. 사이코패스들은 그들이 그렇게 자주 말하는 애정이나 행복을 느끼지 못한다. 경멸과 부러움, 지루함 사이를 오갈 뿐이다. 그 이상은 아무것도 없다.

6. 우린 소울 메이트야

사이코패스들은 소울 메이트라는 개념을 매우 좋아한다. 그것은 사랑과는 다른 것을 암시한다. 그것은 좀 더 높은 차원의 힘이 작용한다는 의미다. 두 사람이 천생연분이라는 뜻이며, 그들이 당신의 몸과 마음, 존재 전체를 장악한다는 의미다. 소울 메이트는 두 사람의 관계가 끝난 뒤에도 오랫동안 유지되는 정신적인 유대를 형성한다.

어쩌면 우리 모두에게는 소울 메이트를 원하는 마음이 조금쯤은

다 있을지도 모른다. 우리의 삶을 완성하는 완벽한 상대이고 모든 것을 공유할 수 있는 연인이며 베스트 프렌드인.

그런 생각은 잘못된 것이 아니다. 그 점은 아무리 강조해도 부족함이 없다. 사이코패스들은 당신의 꿈과 판타지를 조종하지만, 당신의 꿈과 판타지를 무효화하고 약화시키지는 않는다.

사이코패스에게 버림을 받은 사람들은 지나간 삶의 모든 것이 잘못되었다고 생각하고 더 이상 학대받지 않기 위해 마음에 벽을 쌓는다. 하지만 부디 그러지 말기를 바란다.

소울 메이트의 존재를 믿는다면 진정한 소울 메이트를 만나게 될 것이다. 상냥한 동정심과 친절함을 가진 사람들을 만나게 될 것이라는 말이다. 그들 때문에 자신의 마음에 의문을 가져서는 안 된다. 당신의 사랑은 조종당하지 않고도 스스로 꽃을 피울 것이다. 사이코패스는 당신의 소울 메이트가 아니며 결코 그런 존재가 되지 못한다. 소울 메이트가 되려면 영혼이 있어야 하니까.

지금까지의 여섯 가지 목록을 읽고 나면 이런 사기꾼에게 빠져든 자신에게 화가 날지도 모른다. "어떻게 그렇게 어리석었을까?" 궁금해질지도 모른다. 하지만 부디 자신을 원망하지 말라. 당신이 타깃이 된 것은 어리석어서가 아니다. 오히려 반대로 당신이 좋은 자질을 많이 가졌기 때문에 선택된 것이다. 사이코패스의 완벽한 타깃은 이상주의적이고, 용서할 줄 알고, 관대하며, 로맨틱한 사람이다. 대부분의 타깃은 일반적인 데이트에서 외로움과 불만을 느끼며, 파트너를 신중히 고르는 사람이다. 그러므로 사이코패스가 당신의 판타지를 모두 미러링하면 당신은 온 마음과 영혼을 다해 그들과 사귀게 된다. 감정적으로든 재정적으로든 육체적으로든 모든 것을 투자한다. 사이코패스가 '운명의 상대'를 만났다고 믿게 하므로 당신은 편안히 마음을 연다. 곧바로 서로 신뢰하고 친숙한 관계를 형성한다는 말이다.

하지만 사이코패스가 평가절하 과정을 시작하면, 당신은 한때 소울 메이트라고 주장하던 상대에 대한 온전한 기억을 회복하기 위해 모든 잘못을 자신의 탓으로 돌리려고 한다. 그래서 사이코패스를 알아보는 것이 중요하다. 퍼즐 조각을 제대로 맞추지 못하면 이 '소울 메이트'가 언젠가 존재했으며, 충분한 애정과 관심을 더 해주면 되돌아올 것이라고 생각하는 것이 논리적이라고 여기게 된다. 하지만 사이코패스가 어떤 사람인지 이해하고 나면, 이런 사람은 결코 존재한 적이 없음을 깨닫게 된다. 모두가 사이코패스를 알아보게 되면 그들에게 희생되는 사람의 수도 크게 줄어들 것이다.

간접적인 설득

당신을 이상화하고 나서, 그들은 당신의 행동을 조종하기 시작한다. 사이코패스들은 간접적인 설득을 통해 상대가 결국 받아들일 수밖에 없는 제안을 한다. 대부분의 사람들은 그들이 순수한 사람이라는 환상을 버리지 못한다.

그들이 이용하는 한 가지 방법은 칭찬하는 방식이다. 그들은 상대의 기분을 맞춰주기 위해 예전 연인들을 모욕하는데, 그들이 정말로 하고 있는 일은 타깃을 그루밍하는 것이다. 가령, "전에 사귀던 사람은 항상 이렇게 했지만 당신은 그러지 않아"라고 말함으로써 그들은 당신에게 특정한 방식으로 행동하라고 시키는 셈이다. 이것은 칭찬이 아니라, 이전 상대가 했다는 행동을 당신이 반복하면 마찬가지로 버림받게 될 것이라는 경고다. 이전의 상대는 아마 그런 행동을 하지 않았을 것이다. 그것은 단지 사이코패스가 당신에게 어떻게 행동할지 간접적으로 지시하는 것에 불과하다. 가장 흔한 사례는 다음과 같다.

- "예전에 사귀던 사람과는 항상 다퉜지. 우리는 다투지 않아."
- "예전에 사귀던 사람은 항상 전화를 걸었지. 당신은 그런 식으로 요구하는 법이 없어."
- "예전에 사귀던 사람은 항상 나더러 직장을 구하라고 잔소리를 했지. 당신은 훨씬 더 이해심이 많아."

다시 한 번 말해두겠다. 이것은 칭찬이 아니다. 그들이 기대하는 것들이다. 사이코패스는 자신을 성가시게 하는 사람들의 성격과 감정을 정리해두고, 이런 것을 표현하지 말라는 지시를 당신의 머릿속에 심고 있다.

그러므로 다툼이 생기면 당신은 그들이 이전에 사귀던 사람들과 달리 최대한 빨리, 최대한 유쾌하게 화해하려고 노력한다. 그들에게서 며칠 동안 연락이 없어도 당신은 그들의 예전 연인과 같아지지 않으려고 전화하지 않는다. 그들이 몇 달 동안 직업 없이 당신의 신세를 져도 그들의 예전 연인과 같아지지 않으려고 아무 말도 하지 않는다.

이 계획에서 조금만 벗어나도 그들은 당신에게 말을 걸지 않거나 당신의 행동이 변했다고 화를 낸다. 이상화가 언제든지 끝날 수 있다는 경고인 셈이다.

그래서 이런 곤란을 극복한 대부분의 사람들이 그렇게 분노를 느끼는 것이다. 당신은 '착한' 사람이 되려고 직관과 요구를 모두 잊고 살았다. 당신은 그들에게 다른 누구도 할 수 없는 특별 대우를 해주었다고 생각한다. 그런데 그들은 갑자기 자신들이 그렇게 불평하던 사람들에게로 가버린다. 한편 당신은 그들에게 일자리를 구하라거나 전화를 더 자주 하라거나 좋은 상대가 되어달라는 말을 참고 있다. 당신은 그들과 함께하기 위해, 그들의 좋은 상대가 되기 위해 이 모든 것을 견뎠던 것이다.

정상적이고 공감 능력이 있는 사람은 사랑하는 사람을 그런 식으로 비교하지 않는다는 사실만 기억하라. 그리고 그런 정상적인 사람들은 관련된 모든 사람들에게 공개적으로 떠벌리지 않는다. 진정으로 사랑하게 되면 자신과 타인에게 이 경험이 과거의 모든 경험보다 낫다는 말을 할 필요가 없다. 마찬가지로 사랑이 끝날 때도 자신과 타인에게 이 경험이 다른 경험보다 못하다고 말할 필요가 없다.

하지만 사이코패스들은 그렇게 한다. 매번 똑같이. 그래야만 당신의 행동을 남몰래 조종할 수 있기 때문이다.

> ## 지지해주지 않는 상대
>
> 사이코패스들은 신뢰를 얻기 위해서만 얄팍하게 칭찬하고 아첨한다. 정말로 감정적인 지지가 필요할 때는 공허한 반응을 보이거나, 아니면 당신을 완전히 무시한다. 시간이 지나면서 당신은, 비극적인 사건을 겪거나 아플 때처럼 파트너가 절실히 필요할 때에도, 그들에게 당신의 감정을 털어놓지 않게 된다. 당신은 그들을 긍정적으로 칭찬하는 것 이외에는 어떤 감정도 표현할 수 없다는 것을 알아차리기 시작한다. 그리고 그런 경우에도 그들은 곧 지루해하며 다음 타깃으로 넘어간다. 고통과 괴로움을 공감할 수 없는 사이코패스들은 어려운 시기에 동정심을 표현하지 못한다. 그렇기에 그들의 '지지'는 항상 공허하고 기계적으로 느껴지는 것이다.

'미친' 예전 연인들

사이코패스들은 예전 연인들에 대해 지나치게 많이 이야기한다. 새로 사귄 상대에게 그럴 수 있을까 싶을 정도다. 우선 당신이 세상에서 단 하나뿐인 사람이라고 느끼게 한 뒤, 그들은 당신과의 새로운 관계를 너무나 질투하는 나쁜 예전 연인들의 이야기로 당신의 동정심을 이끌어내려고 한다. 그 이야기들은 모두 지어낸 것이므로 기분에 따라 쉽게 바뀔 수 있다. 하루는 예전 연인이 조울증이었다가, 그다음날에는 훌륭한 친구였다가, 결국에는 실성한 히스테리 환자로 변한다. 그리고 오래지 않아 당신도 새로운 피해자를 꾀어내기 위해 사용하는 '미친 예전 연인'이 될 것이다.

하지만 이런 낙인이 실제로 의미하는 것은 무엇일까? 그것의 목적은 무엇일까?

"예전 연인이 조울증이다"

누군가를 '조울증'이라고 욕하는 것은 누군가가 '당뇨병'이라고 욕하는 것이나 마찬가지다. 조울증은 "감정 변화가 심해서 내 마음에 안 든다"는 반응보다는 조금 더 복잡한 증세를 동반하는 심각한 질병이다. 이 병은 조증과 울증이 반복적으로 나타나는, 극심한 기분 변화가 특징이다. 조울증이 실제로 존재하기는 하지만, 예전 연인이 조울증일 확률은 얼마나 될까? 아마도 그것은 당신의 동정심을 사기 위해 던지는 모욕일 가능성이 높다. 그렇다면 당신과의 관계가 끝날 때 당신도 이런 낙인이 찍히게 되리라는 사실은 놀라운 일이 아니다.

누군가와 사귄 뒤 갑자기 '조울증'이 된다면, 그리고 이전에 조울증이었던 적이 없다면, 그 진단을 받아들이기 전에 다시 한 번 생각해봐야 할 것이다. 특히 그 진단이 사귀던 사람에게서 나온 것이라면 더욱 그렇다.

'조울증'의 핵심은 사이코패스의 이상적인 피해자에게 붙이기에 더할 나위 없이 좋은 낙인이라는 것이다. 당신이 천성적으로 명랑하고 낙관적인 사람이라면 이런 성품은 '조증'이 된다. 그러다 상대방의 학대에 당연한 반응을 보이면 그것은 '울증'이 된다. 사이코패스가 매력적이고 당신의 성품을 그대로 미러링하는 이상화 과정에서는 기쁨과 희망이 가득하다. 인생은 근사하다. 하지만 그들이 당신을 비난하고 바람을 피우기 시작하면 당신은 화를 내고 눈물을 흘린다. 그들은 당신에게 말을 걸지 않으면서 내내 예전 연인과 새로운 연인들을 전시하듯 내보인다. 이로 인해 화가 나는가? 그렇다면 당신은 조울증이다!

타인이 의도적으로 일으킨 감정에 의거해 조울증이라는 오진을 받은 사람들의 수를 생각해보면 두려워진다. 이런 피해를 입은 대부분의 사람들은 감정이 완전히 안정되는 데 1~2년이 걸린다고 한다. 그때까지는 자신에게 무슨 문제가 있는지 성급하게 판단하지 말기를 바란다.

참고하기 바라는 사항이 있다. 성인 가운데 수백만 명이 실제로 조울증을 앓고 있다고 한다. 진정으로 정신 건강이 염려된다면 이 책을 찾게 한 예전 연인 대신 전문가의 의견을 구하도록 하라.

"예전 연인이 실성한 히스테리 환자다"

그런데 그들이 어쩌다가 그렇게 되었는지 생각해볼 가치는 없는 걸까? 하지만 이렇게 한번 생각해보자. 이런 험담은 다음 두 가지 중 하나를 의미한다.

① 그들의 연인이 처음부터 실성해서 히스테리를 부렸을 텐데도 그들은 그 사람과 만나기로 결정했다. 건전한 상황이 아니지

않은가?

② 그들이 사귀는 동안 뭔가 변해서 그 상대가 그렇게 되었다. 그 변화는 정확히 무엇일까? 그들이 아무런 이유도 없이 어느 날 불현듯 변했을까? 아니면 끊임없는 삼각관계, 거짓말, 조종, 비난과 관계있는 것은 아닐까? 누군가 예전 연인이 '미쳤다'고 한다면 한 걸음 물러나 상황을 재고해봐야 한다.

이런 평가는 어떤 것을 '용인 가능한' 행동으로 간주하는지 당신에게 알려주는 또 다른 목적을 갖고 있다. '미쳤다'거나 '히스테리'라는 말은 상대의 감정을 인정하지 않고, 비하하며, 무시한다. 이런 말은 그 사람이 보여준 반응이 지나치다고 암시한다. 당신이 그런 식으로 행동하지 않으려고 조심할 것은 물론이다. 이런 전략은 당신이 반응하지 못하게 하고, 따라서 자신의 주장을 내세우지 못하게 한다. 당신이 스스로의 정신 상태를 의심하게 함으로써 사이코패스는 자신의 행동을 집중 조명하지 못하도록 만든다.

"예전 연인은 억울한 게 많다"

이건 또 대체 무슨 소린가? 이건 남의 얼굴을 때려놓고 "넌 억울한 게 많다"고 하는 셈이다. 그렇다. 그 사람이 억울한 것은 얼굴을 맞았기 때문이다. "억울한 게 많다"고 말하는 것이 그 억울함을 부적절하게 만드는가?

이 경우에도 상대를 비하하고 무시하는 것이 목적이다. 학대하고 거짓말하고 마음을 조종한 뒤, 사이코패스는 상대가 입을 다물고 애원하기를 바란다. 분노나 불신의 표시는 모두 억울해하는 감정이라고 생각한다. 사이코패스는 새로운 상대에게 예전의 연인이 유치하고 지나간 일을 잊지 못한다고 비난하면서, 그들이 애초에 왜 억울해했는지 자세한 사연은 전혀 말하지 않는다.

"예전 연인은 우리 사이를 질투하며 나를 아직도 사랑한다"

우선, 이렇게 잘난 척하는 사람이 대체 어디 있는가? 이런 말을 하는 것은 너무나 정떨어지는 행동이고, 이런 종류의 거만함은 어떤 연애 관계에서도 피해야 한다.

좀 더 깊이 들어가면 우리는 왜 그들의 예전 연인이 질투하며 아직도 그들을 사랑하는지 살펴보아야 한다. 사이코패스들은 보통 이전의 관계가 끝나고 며칠도 지나지 않아 온 세상이 다 알도록 새로운 연인을 과시한다. 왜 그러는지 아는가? 질투심을 유발하기 위해서다.

사이코패스들은 정신 건강에 해로운 연애를 만든다. 그리고 이런 종류의 이상화와 평가절하의 문제는 그것이 오래 지속되며 집착을 일으킨다는 점이다. 사이코패스들은 상대가 깨어 있는 내내 그들을 생각하도록 만든 다음 순식간에 모든 것을 망가뜨린다. 항상 지루해하고 인간과의 유대를 형성할 수 없는 사이코패스들에게는 매우 쉬운 일이지만, 정상적이고 건전한 인간에게는 당혹스러운 일이다. 당신은 모든 것을 바로 잡기 위해 필사적으로 메시지를 보내지만, 그들은 이런 시도를 당신이 미쳤다는 '증거'로 이용해서 다음번 피해자로부터 동정을 자아낸다. 이것은 결국 상처입은 마음, 불안으로 인한 손상, 자신을 변호해야 할 필요성, 열등감, 수없이 많은 풀리지 않는 의문 등 많은 것들을 당신에게 남긴다. 그래서 사이코패스와의 관계를 극복하는 데 그렇게 오래 걸리는 것이다.

이런 주장은 새로운 타깃이 특별하다는 느낌을 받게 해주기도 한다. 마치 그들이 사이코패스를 흠모하는 많은 사람들 중에서 선택된 사람이라는 듯. 사이코패스는 순종적인 예전 연인들을 이용해 자신을 원하는 사람이 항상 많다는 느낌을 준다.

"하지만 예전 연인은 정말로 끔찍했어!"

예전 연인과의 끔찍한 사연은 누구에게나 있다. 그건 아주 정상적인 일이다. 정상적이지 않은 것은 두 사람이 사귀는데 예전 연인의 이름이 너무나 자주 등장해서 그들이 현재 관계의 일부처럼 느껴지는 것이다. 예전 연인을 쓰레기 취급하면서 그들과 날마다 어울리는 것도 정상은 아니다. 직관을 믿고, 사이코패스들이 항상 당신을 조종하고 설득하기 위해 예전 연인을 이용한다는 것을 기억하라.

분명한 것은, 예전 연인에 대해서 그렇게 자주 부정적으로 말하는 사람이라면 새로운 연애를 할 준비가 되어 있지 않다는 사실이다. 최악의 경우 이 사람은 당신의 생각을 모두 조종하고 당신을 만나지도 못한 사람과 경쟁하게 만들고 있는 중이다. 그리고 그들이 끝나지 않는 체스 게임에서 다른 말에게 하듯이 당신에 대해 이야기하는 날이 머지않았다고 확신해도 좋다.

상황 파악

당신에 대한 프로그래밍을 마치면 사이코패스들은 당신을 얼마나 밀어붙일 수 있는지 확인하기 위해 새로운 통제력을 시험하기 시작한다. 유용한 피해자는 맞받아치지 않고 상황이 요구해도 변명하지 않을 것이다. 이상화 과정이 계획대로 진행되었다면, 당신은 자신의 권리를 주장하기보다는 연애 관계를 유지하기 위해 더 노력해야 한다.

이 기간 동안 사이코패스의 어두운 면을 조금씩 보게 될 것이다. 그들은 당신이 어떻게 반응하는지 보기 위해 침실에서 당신이 '밝힌다'고 장난치듯 말할 것이다. 당신이 기혼자라면 그들은 당신의 배우자가 아무것도 모르는 것에 대해 농담을 던지기도 할 것이다. 그들은 당신의 지능과 능력, 꿈을 미묘하게 무시하기 시작할 것이다.

이것은 모두 테스트인데, 불행히도 이 책을 읽고 있는 사람이라면 그 테스트에 통과했다는 뜻이다. 당신이 부정적으로 반응했다면 사이코패스는 농담이라고 했을 것이다. 그들이 형편을 살피는 동안 당신은 점점 더 과민하게 반응하는 것처럼 느끼게 될 것이다. 그들이 늘 사귀기 편한 사람이라고 생각했지만, 이제는 정말 그런지 의문이 들기 시작한다. 당신은 상황을 완벽하게 유지하기 위해 걱정이 되어도 아무 말도 하지 않게 된다.

그들은 이렇게 미묘하게 무시하면서도 한편으로는 칭찬을 이용해서 당신의 기분이 나쁠 때에도 뇌에서 중독을 일으키는 화학물질이 분비되도록 만든다. 이로 인해 당신은 서서히 직관을 무시하고 그들과 함께 있을 때 느끼는 쾌감을 추구하게 된다.

처음 사귀기 시작할 때를 돌이켜보면 아마도 사소한 경고 신호를 무시했던 것이 기억날 것이다. '착한 사람'의 행동과 잘 맞지 않는 것들이 있었을 것이다. 어쩌면 그들은 예전 연인들이 자신을 아직도 원한다고 조금 지나치게 자랑했을 것이다. 아니면 약속한 시간에 전화를 거는 것을 '잊어버리고' 몇 시간 뒤에야 전화를 걸었을지도 모른다. 그들은 데이트 비용을 내지 않고 당신이 지불하게 내버려두었을 것이다. 그럴 때 어떻게 했는가? 이 모든 것을 별것 아니라고 치부했을 것이다. 곧바로 그들을 용서하고 잘못은 잊어주었을 것이다. 당신은 그들을 행복하게 해주고, 어떤 대가를 치르더라도 모든 것을 용인해주는 파트너가 되고 싶었으니까.

그때가 바로 '마음대로 길들이기'가 완성되는, 즉 그루밍이 완료되는 시점이다.

2장

정체성의 침해

사이코패스는 이상화 과정에서 느끼는 척했던 모든 것들을 취소함으로써 당신의 존엄성을 앗아간다. 그들은 당신의 꿈을 조롱하고 당신이 결국 그들의 상대가 될 수 없을 거라고 슬며시 암시한다. 그러면서도 당신을 옭아매어 더욱 관심을 받고자 한다. 당신이 의존적이 되어 고분고분해지도록 그루밍한 뒤 그 힘을 절망과 열망을 만드는 데 사용한다. 폭풍 같은 감정의 소용돌이 속에서 환상은 서서히 믿을 수 없는 악몽으로 변해간다.

한계선의 파괴

감정학대자들은 상대가 수치심과 열등감, 불안을 느끼도록 만든다. 그들은 비겁해서 강하고 자존감 높은 상대와 건전한 관계를 맺을 능력이 없기 때문이다. 종종 그들은 남달리 성공한 이상적인 사람들을 타깃으로 고르는데, 그 사람들은 잃을 것이 더 많기 때문이다. 하지만 사이코패스는 그런 자질을 가진 사람을 통제할 수 없으므로 무시하고, 놀리고, 질투심을 일으켜서 타깃의 자존감을 망가뜨린다. 타깃은 완벽주의자 성향을 갖고 있어서 상대의 불가능한 기준에 맞추려고 노력한다. 이로 인해 사이코패스는 게으르고 부정직하며 충성스럽지 못한 반면, 피해자는 그 어느 때보다도 노력함에도 불구하고 평가절하된다. 그리고 그 가운데 사이코패스가 이상화되는 이상한 역학 관계가 형성된다.

사이코패스는 '못되게 굴었다가 상냥하게 구는' 고도로 계산된 사이클을 통해 당신의 자존감을 갉아먹는다. 서서히 당신의 기준이 너무나 낮아져서 미지근한 대접에도 감사하게 된다. 끓는 물에 들어간 개구리처럼, 당신은 이미 돌이킬 수 없는 지경에 이르러 무슨 일이 일어나는지도 깨닫지 못한다. 어떤 일이 강하고 활기 넘치던 당신을 그렇게 만들었는지 친구들과 가족들은 놀랄 것이다. 당신은 무언가 변해버린 두 사람 사이의 쓰라린 진실을 인정할 수 없어서 파트너의 행동을 열심히 변명할 것이다.

당신은 몇 시간씩 전화를 기다리며 예전처럼 아침이면 메시지가 오고 전화가 올 거라고 기대한다. 그들이 부르면 나갈 수 있도록 그날의 계획을 취소한다. 그들이 당신과의 대화를 반기지 않고, 당신을 '참아주고' 있는 것 같다는 느낌을 애써 무시하며 더 자주 연락을 취한다. 처음 사귀기 시작할 때 꾸었던 완벽한 꿈을 되살리기 위해 그들의 페이스북에 칭찬과 귀여운 농담을 적기도 한다. 하지만 이제는 그들의 반응에서 기껏해야 공허함을 느낄 뿐이다.

당신은 들어주는 사람이라면 누구에게나 로맨틱한 이야기를 지어내고 긍정적인 측면을 과장해서 말한다. 그들이 좋은 사람이라고 남들을 설득해야만 당신 자신도 거짓된 삶을 계속 살 수 있기 때문이다. 스스로를 속여 가며 지내는 동안, 다른 이들은 그들이 당신 말대로 완벽한 사람이라고 생각할 것이다. 그 관계가 끝나고 나면 실제로 있었던 일을 설명하기가 혼란스럽기도 하고 어색하기도 할 것이다. 당신이 하는 이야기는 불가능하게 느껴지고 당신의 친구들은 왜 당신이 좀 더 일찍 말하지 않았는지 의아해할 것이다. 당신의 친구들은 자신이 학대 관계에 있는지조차 몰랐던 당신을 이해할 수 없을 것이다.

당신이 이런 뜻밖의 불안을 겪는 사이, 사이코패스는 당신의 한계선까지 더욱 밀어붙일 수 있게 된다. 당신은 그들의 관심을 받을 수만 있다면 거의 모든 것을 참아낼 용의가 있으므로 이제 아주 취약한 입지에 놓인다.

당신의 외모에 대한 그들의 의견은 전보다 훨씬 더 중요해진다. 갑자기 그들은 당신의 온몸 구석구석을 눈여겨보며 부족한 점을 마음대로 지적한다. 그들의 관심을 유지하기 위해 당신은 자신의 몸을 제대로 돌보지 않고 섭식 장애를 겪기도 한다. 사이코패스들은 자신의 몸에 만족하지 못하는 당신이 건강에 좋지 않은 습관을 갖는 것을 보고 이따금 칭찬을 던져준다. 당신의 가치가 그들의 변덕스러운 의견에 달려 있으므로 당신의 기분은 불안하고 예측 불가능해진다.

그들은 단둘이 있을 때뿐만 아니라 친구들 앞에서도 당신에게 망신을 주기 시작한다. 하지만 그것은 항상 농담인 척 이루어진다.

다른 친구들이 파트너의 편을 들어 웃는 것을 보고 마음이 상할 것이다. 사이코패스는 멋대로 농담을 하고 무슨 염려를 하든지 지나치게 예민하다고 당신을 비난하면서 못들은 체한다. 당신은 거기 적응해 오로지 연인을 즐겁게 하는 것이 목표인 무지한 파트너가 된다. 시간이 지나면서 당신도 이런 허울을 믿게 된다.

그 사이 그들은 이따금씩 이상화 과정에서 있었던 일들을 떠올리게 한다. 당신이 한계선에 도달하면 그들은 늘 무한한 사랑과 애정을 약속하며 당신을 붙잡는다. 그늘은 절대로 자신의 행동에 대해 잘못했다고 인정하는 법이 없지만, 이런 얄팍한 행동에 당신은 그들이 여전하다고 믿게 된다. 그리고 다른 어떤 것도 개의치 않게 된다.

조작된 감정

사이코패스와 사귀는 동안 당신은 이전에는 느껴 보지 못한 여러 가지 감정을 경험하게 된다. 극심한 질투심이라든가, 간절함, 분노, 불안, 편집증 등. 감정을 폭발시킬 때마다 당신은 줄곧 이렇게 생각한다. "그런 식으로 행동하지 않았더라면, 그들은 나와 함께 더 행복했을 텐데."

다시 생각해보라.

그것은 당신의 감정이 아니었다. 다시 한 번 말하겠다. 그것은 당신의 감정이 아니었다. 그것은 당신이 자신의 선한 본성을 의심하도록 사이코패스가 의도적으로 조작해낸 감정이었다. 보통의 사람들은 자신이 사귀는 상대에게 생기는 모든 문제를 이해하고 용서하며 감내할 수 있다고 믿기 마련이다. 근본적으로 바로 그것 때문에 사이코패스들은 완전히 비이성적인 행동을 합리화할 수 있는 것이다.

연쇄 도발자

연쇄 도발자들은 유연하고 편안한 상대를 찾아내는 전문가다. 그들은 은밀한 공격과 무시, 거짓 유머와 잘난 체하는 태도로 상대를 끊임없이 도발하고 타깃의 훌륭한 자질을 이용한다. 타깃은 평화를 유지하기 위해 유쾌한 상대로 남아서 이런 행동을 용서하고 변명함으로써 다툼을 피하려고 한다. 하지만 연쇄 도발자는 타깃이 마침내 참지 못할 때까지 계속 괴롭힌다. 이런 일이 있고 나면, 도발자는 느긋하게 기대앉아 타깃의 수동적 공격성과 분노, 변덕에 짐짓 놀란 표정을 지어보일 것이다. 곧 마음이 불편해진 타깃은 사과하고 비난을 감당한다. 그들은 정당하게 분노하고 연쇄 도발자가 날마다 행동하는 대로 행동했는데도 그로 인해 수치를 느낀다. 차이라면, 타깃은 어떤 경우에도 점잖고 평온해야 하는 반면 연쇄 도발자는 원하는 대로 무슨 짓이든 해도 된다는 점이다.

당신은 사이코패스를 만나기 전에는 자신이 질투심이 많다고 생각하지 않았을 것이다. 어쩌면 유난히 느긋하고 열린 마음을 가진 점을 자랑으로 여겼을지도 모른다. 사이코패스는 이를 알아보고 이용한다. 그루밍 과정 동안 그들은 그런 자질에 대해 당신을 칭찬하며 당신이 너무나 완벽하다고 입에 침이 마르도록 칭찬한다. 둘은 절대 싸우지 않는다. 드라마 같은 상황은 결코 존재하지 않는다. 당신은 그들의 사악한 예전 상대에 비해 너무나 좋은 사람이다.

하지만 막후에서는 다른 상황이 펼쳐진다. 사이코패스들은 아주 쉽게 지루함을 느끼고, 이상화는 그들이 당신의 마음을 사로잡을 때까지만 진행된다. 그렇게 되고 나면 당신의 장점은 그들이 이용하는 약점이 되어버린다. 그들은 가능한 한 드라마 같은 상황을 많이 만들어내고, 당신을 있을 수 없는 상황에 던져 놓고는 거기에 반응한다고 비난한다.

대부분의 사람들은 두 사람이 사귈 때 질투심이 해로운 것이라는 데 동의할 것이다. 하지만 진정한 질투심과 사이코패스가 조작해낸 질투심 사이에는 엄청난 차이가 있다.

다음의 두 (과장된) 대화를 예로 들어보자.

사례 1:

남자 친구: 고등학교 때 친구가 여기 왔다는데 당신도 그녀를 만나
　　　　　 볼래?

여자 친구: 싫어! 어째서 나 말고 다른 여자가 필요한 거지? 내가 있
　　　　　 잖아.

이 경우 여자 친구는 질투심이 정말로 문제가 될 수 있다. 이 남자 친구가 과거에 잘못을 저지르지 않았다면, 이것은 부적절한 상황이다.

사례 2:

남자 친구: 전에 사귀던 사람이 여기 왔어. 있잖아, 나한테 아직도 집착하고 있는 그 미친 사람 말이야.

여자 친구: 어머, 안됐네.

남자 친구: 나중에 한잔하려고 만날지도 몰라. 그녀는 술만 마시면 나한테 집적거리지.

여자 친구: 좀 혼란스러운데. 따로 이야기 좀 해도 될까?

남자 친구: 뭐가 문제야?

여자 친구: 아니! 문제는 없어. 당신이 그녀가 괴롭혔다고 해서 좀 혼란스러웠던 것뿐이야. 하지만 잘 되길 바랄게! 예전 연인들끼리 친구 사이가 되면 좋지.

남자 친구: 와, 당신은 가끔 질투를 심하게 해.

여자 친구: 미안해. 질투하려는 건 아니었어. 처음에 좀 헷갈렸던 것뿐이야.

남자 친구: 당신의 질투심 때문에 우리 관계는 엉망이야. 불필요한 상황도 많이 벌어지고.

여자 친구: 미안하다니까! 따로 이야기할 필요 없어. 그런 식으로 방해하려던 건 아니야.

남자 친구: 괜찮아. 용서할게. 당신의 질투심 문제만 해결하면 돼.

이 경우 사이코패스는 세 가지 행동을 했다.

① 어떤 사람이라도 질투심을 느낄, 말도 안 되는 상황에 여자 친구를 밀어 넣었다. 특히 예전 연인이 자신을 얼마나 사랑하는지 말한 다음에.

② 여자 친구가 이성적으로 반응하려고 노력하는데도 질투한다고 비난했다.

③ 애초에 자신이 일으킨 문제에 대해 여자 친구를 용서한다고 함으로써 '착한 사람' 노릇을 했다. 그는 학생을 다루는 교사 행세를 했다.

이런 일이 오랫동안 계속되면 그녀는 자신이 정말 질투심이 강한 사람인지 의아해지기 시작할 것이다.

그리고 그것은 질투에만 국한된 것이 아니다. 사이코패스와 사귀는 동안에는 자신이 상대에게 요구가 많고 이것저것 조르는 사람처럼 느껴졌을 것이다. 이것도 역시 모두 조작된 것이다. 애초에 끊임없이 대화하고 관심을 가져야 하는 사람이 누구였는가? 그들이었다. 그들은 한 번 지루해지면 자신이 시작한 이야기를 계속하길 원한다고 당신을 비난하기 시작한다.

이 경우에도 대부분의 사람들은 요구가 많은 것이 연애에서 해롭다고 생각할 것이다. 하지만 진정한 요구와 사이코패스가 지어낸 요구는 커다란 차이가 있다.

사례 1:

여자 친구: 할머니가 저녁에 오신대서 오늘 밤에 못 만나겠어. 미안
해!

남자 친구: 저런, 3시간 동안 못 만났는데. 이건 말도 안 돼. 계속해
서 문자 보내.

이 경우 남자 친구는 정말로 요구가 지나치게 많다. 여자 친구가
이전에 괴롭힌 적이 없다면 이는 부적절한 행동이다.

사례 2:

남자 친구: 당신한테서 사흘째 소식이 없어서. 잘 지내는지 궁금해
서 연락했어.

여자 친구: 세상에, 당신한테 신경 쓰는 것 말고도 할 일이 있다고.

남자 친구: 알아, 그래도 전에는 아침마다 연락이 왔으니까 이상해
서 그래.

여자 친구: 정말 성가시게 구네. 중요한 일이 있는데, 사사건건 당신
한테 연락을 할 수는 없어

남자 친구: 미안해. 성가시게 굴 생각은 아니었어. 사흘 만에 처음 보
낸 메시지잖아.

여자 친구: 감당할 수가 없네. 당신처럼 요구가 많은 사람은 평생 처
음이야.

남자 친구: 정말 미안해! 다시는 성가시게 굴지 않을게.

여자 친구: 괜찮아. 당신의 그 문제만 해결하면 되겠지.

이 경우에도 사이코패스는 세 가지 행동을 했다.

① 어떤 사람이라도 상대에게 요구를 할 만한 말도 안 되는 상황
   에 남자 친구를 밀어 넣었다. 특히 이상화 과정 동안 끊임없
   이 관심을 퍼부은 뒤에.
② 남자 친구가 이성적으로 반응하려고 노력하는데도 요구가 많
   다고 비난했다.
③ 애초에 자신이 일으킨 문제에 대해 남자 친구를 용서한다고
   함으로써 '착한 사람' 노릇을 했다. 그녀는 학생을 다루는 교
   사 행세를 했다.

이런 일이 오랫동안 계속되면 그는 자신이 정말로 요구가 많은
사람인지 의아해지기 시작할 것이다.

편집증, 분노, 히스테리, 그 밖에 해로운 관계에서 느꼈을 온갖
나쁜 감정에 대해서 이와 같은 설명이 가능하다. 이런 감정에 사로
잡혔을 때, 자신이 왜 이러는지 궁금해지는 것은 당연하다. 자신이
미치고 있다는 생각이 들 수도 있다. 사실, 사이코패스는 당신이
미쳤다고 믿기를 바란다. 그러면 당신이 다른 사람들에게 좀 더 불
안한 사람으로 보이기 때문이다. 하지만 그들과 헤어지고 나면 다
시 모든 것이 명징하게 느껴질 것이다. 정상에서 '미친' 상태로 갔
다가 다시 정상이 된다면 그것은 정신질환이 아니다. 그것은 누군
가가 당신을 자극하는 것이다.

서로 사랑하는 건전한 관계에서는 애초에 그 누구도 당신을 이

런 상황에 밀어 넣지 않는다는 것을 알아야 한다. 당신은 한계선을 시험당했고, 주어진 상황 속에서 최선을 다했다. 앞으로도 당신이 어떤 사람인지, 어떤 감정을 갖고 있는지 타인이 결정하도록 해서는 안 된다.

단어 샐러드

위협을 받거나 지루해지면 사이코패스는 당신의 마음을 사로잡기 위해 종종 '단어 샐러드'라는 것을 이용한다. 한마디로 설명하면 그것은 지옥의 대화다. 그들의 말에는 사실 아무런 내용이 없다. 그저 당신을 향해 지껄이는 것뿐이다. 당신이 한 가지 말도 안 되는 소리에 반응하기도 전에 그들은 다음으로 넘어간다. 당신은 머리가 어지러울 것이다. 경고 신호를 잘 보고 피해를 당하기 전에 대피하라.

1. 회전형 대화

당신은 한 가지 문제를 해결했다고 생각하는데, 2분도 안 되어 다시 그 문제에 대해 이야기하기 시작한다. 그리고 마치 당신이 처음부터 한마디도 하지 않은 것 같은 느낌이 든다. 그들은 당신이 바로 얼마 전에 내놓은 타당한 주장을 무시하고, 다시 지루하고 말도 안 되는 소리를 하기 시작한다. 뭔가를 해결해야 한다면 그들의 조건에 따라야 한다. 사이코패스를 상대로 하면 똑같은 문제가 자꾸만 제기된다. 어째서 그들은 예전 연인과 그렇게 친해지는가? 어째서 그들은 당신에게 갑자기 관심을 끊어버리는가? 어째서 그들은 그렇게 전화를 끊고 싶어 하는가? 그리고 당신이 이런 문제를 제기할 때마다 과거에는 한 번도 그 이야기를 한 적이 없는 것 같다. 당신은 예전에 한 말을 반복하게 되고, 그들이 "이 이야기로 날마다 말다툼하는 것도 지겹다"고 하면 자신이 실성한 사람처럼 느껴진다. 회전목마를 탄 기분이다.

2. 당신의 예전 잘못은 끄집어내고 자신의 잘못은 무시하는 것

당신이 그들이 저지른 외도를 지적하면 그들은 그 사안과 전혀 무관한 당신의 과거 잘못을 언급할 것이다. 예전에 과음한 적이 있는가? 그렇다면 그들의 외도는 당신의 과음에 비해 나쁜 일이 아니다. 당신이 2년 전 첫 데이트에 늦었는가? 그렇다면 당신은 그들이 사흘 연속으로 당신을 무시한 것에 대해 불평할 수 없다. 게다가 당신이 그들의 잘못을 끄집어냈다가는 뒤끝이 긴 미치광이 취급을 받게 된다.

3. 잘난 체하며 무시하는 어조

대화하는 내내 그들은 냉정하고 침착한 태도를 취할 것이다. 당신을 조롱하면서 어디까지 밀어붙일 수 있는지 당신의 반응을 시험할 것이다. 결국 당신이 감정적으로 반응하면 그들은 당신에게 진정하라 말하고, 못마땅한 표정을 지으며 실망한 척 행동할 것이다. 단어 샐러드의 핵심은 당신을 폭발하게 만들어서 그들이 우위를 점하는 것이다.

사이코패스와의 관계에 있는 모든 것이 그렇듯 그들과의 대화는 경쟁이라는 것을 기억하라.

4. 그들 자신이 한 행동을 당신이 했다고 비난하는 것

과열된 논쟁에서 사이코패스는 부끄러운 줄 모른다. 그들은 자신이 지닌 나쁜 자질을 당신에게 전가시킨다. 대부분의 사람들은 부지불식간에 자신의 문제를 남에게 전가하는 '투사projection'가 있다. 하지만 사이코패스의 경우에는 이런 일반적인 투사를 넘어선다. 사이코패스들은 당신에게 자신의 결점을 전가하고 있다는 것을 인식하고 있으며 당신이 반응하기를 기다린다. 사실, 그런 식의 뻔뻔한 위선에 반응하지 않을 사람이 어디 있겠는가?

5. 다중 인격

단어 샐러드 대화를 하다 보면 그들의 다양한 성격을 경험하게 된다. 상냥했다가, 못되게 굴었다가, 이성을 잃었다가, 스토킹을 했다가, 무서워졌다가, 어린애가 되었다가 한다. 그들의 학대와 거짓말이 지겨워져 물러나면 그들은 이상화 과정 시절의 모습을 슬쩍 보여줄 것이다.

하지만 그것은 당신을 공허한 약속으로 꾀어내기 위한 희망 고문일 뿐이다. 그것이 효과가 없으면 그들은 갑자기 한때 이상화하던 것들을 모욕하기 시작한다. 그들이 통제력을 되찾기 위해 애쓰면 그들의 인격이 붕괴되기 때문에, 당신은 대화하는 상대가 누군지도 알 수 없어진다.

우리가 사랑하는 관리자 빅토리아는 이런 상황을 이렇게 정리했다. "우리가 알아보고 나면 악마는 아주 제멋대로 날뛰게 된다. 몸을 꼬고, 뒤집고, 비틀고, 독설을 내뱉고, 칭찬하고, 반짝이고, 토한다."

6. 영원한 피해자

어째서인지 그들의 외도와 거짓말에 대해 이야기하다 보면 항상 그들이 괴롭힘당한 과거나 미친 연인에 대한 이야기가 나올 것이다. 그들이 심한 잘못을 저지른 다음에도 언제나 결국에는 그들이 안됐다는 느낌을 받게 될 것이다.

당신은 그 감정을 이용해 그들과 유대를 맺고자 할 것이다. 그리고 그들이 당신의 관심을 딴 데로 앗아가고 나면 모든 것은 예전 그대로 돌아갈 것이다. 유대나 깊이 있는 영혼의 교류 따위는 없다. 사이코패스들은 '괴롭힘'을 당했다고 외치지만, 결국 괴롭힘을 당하는 것은 당신이다.

7. 인간의 기본적인 감정을 설명해야 하는 것

당신은 '공감'이라든가 '감정', '선한 행동' 같은 것을 설명하는 자신을 발견하게 된다. 정상적인 성인은 유치원에서 배우는 규칙을 따로 가르칠 필요가 없다. 그들에게서 선한 구석을 찾으려는 사람이 당신이 처음은 아니고, 마지막도 아닐 것이다.

당신은 "내가 왜 상처를 받는지 이해만 한다면 그만두겠지"라고 생각할 것이다. 하지만 그렇지 않다. 그들이 올바른 인간이라면 애초에 당신에게 상처를 주지 않았을 것이다. 가장 나쁜 점은 두 사람이 처음 만났을 때는 그들이 좋은 사람인 척한다는 점이다. 상냥하고 다정한 사람인 척 당신을 끌어들이는 것이다. 그들은 상냥하고 선량한 사람처럼 행동하는 법을 알고 있지만, 그것이 지루하다고 여긴다.

8. 변명

누구나 이따금 실수를 하지만 사이코패스는 실제로 약속을 지키는 경우보다도 변명을 훨씬 더 많이 한다. 그들의 행동은 말과 일치하는 법이 없다. 당신은 너무나 자주 실망해서 그들이 조금이라도 올바른 행동을 하면 안심이 된다. 그저 적당한 취급에도 감사하도록 길들여진 것이다.

9. "대체 어떻게 된 거야?"

이런 대화를 하고 나면 당신은 진이 빠진다. 정말로 머리가 지끈거린다. 그 말다툼이 몇 시간씩, 며칠씩 머리에서 떠나지 않는다. 감정적인 에너지를 다 소진하고도 아무 성과가 없다. 말다툼할 때 무슨 말을 할까 머릿속으로 백만 가지 계획을 짜고, 이해할 수 없는 부분을 지적할 준비를 한다. 자신을 변호해야 한다는 생각이 든다. 두 사람의 잘못을 공평하게 나누고 서로 사과하고 화해할 방법을 생각해놓는다. 하지만 결국 사과하는 사람은 당신뿐이다.

제1의 적

사이코패스들은 타깃을 신경 써서 고르고, 신뢰와 친근함을 무기로 손쉽게 유대 관계를 맺기 위해서 타깃의 성격을 모방한다. 하지만 그것은 연기일 뿐이기에 영원히 완벽하게 그 역할을 담당할 수는 없다. 따라서 타깃은 가면에 난 작은 금을 발견하기 시작한다. 그들이 연기하는 인물과 맞지 않아 보이는, 섬뜩하고 이해할 수 없는 순간들이 바로 그것이다. 이런 균열을 지적하는 타깃은 곧장 제1의 적이 된다. 잘못과 속임수를 인정하는 대신, 사이코패스는 그 타깃이 미쳤다고 몰아간다. 상대의 마음을 조작하고, 삼각관계를 만들고, 가스등 효과를 이용하고, 침묵 시위를 함으로써 그들은 타깃이 자신을 파괴하도록 부추긴다. 대부분의 타깃은 자신이 병적인 사람을 상대하고 있다는 사실조차 모르기 일쑤다. 그들은 "우리 사이 뭔가 달라진 것 같다"고만 느낄 수도 있다. 하지만 이것은 사이코패스에게 가장 큰 모욕이며, 자신이 건전하고 정상적인 사람이라는 믿음에 대한 도전이다. 그래서 그들은 타깃이 "미쳤다"고 비난하고 재빨리 자신의 거짓말에 더 잘 속아줄 다음 타깃에게로 옮겨간다.

가스등 효과와 투사

가스등 효과Gaslighting란 사이코패스가 사소한 거짓말이나 비행을 이용해 의도적으로 현실을 왜곡시켜 반응을 이끌어내고 그 일이 실제로 있었음을 부인하는 경우를 말한다. 대부분의 피해자와 마찬가지로, 당신은 매우 편안한 상대이고 가능한 오랫동안 이런 상황을 참아낼 것이다. 하지만 결국 당신은 불만을 느껴 자기 목소리를 낼 것이고, 그러면 사이코패스들은 과거를 새로 만들어내거나 그 사건이 있었다는 사실 자체를 부인할 것이다. 사이코패스들이 서서히 당신의 현실 감각을 잠식해나가면 당신은 자신이 제정신인지 의심하기 시작할 수도 있다.

가스등 효과는 상대를 은밀하게 괴롭히는 방법이다. 어떤 일을 한다고 말해놓고 전혀 다른 일을 하는 것처럼 아주 단순한 경우도 있다. 가령, 그들은 운동하러 간다고 말해놓고 대신 친구들과 레스토랑에 가기도 한다. 그런 거짓말을 왜 하는 것일까? 어째서 저녁식사를 하러 간다고 말하지 않는 것일까?

관계의 초기에 당신은 그들에게 운동 계획이 어떻게 되는지 물어보았을 것이고, 그들은 이상하고 이해할 수 없는 변명을 늘어놓았을 것이다. 그들은 점차 운동하러 간다고 말했다는 사실 자체를 부인할 것이다. 당신은 그들의 말에 동의하지 못하고, 그들과 나눈 모든 대화를 다시 이야기하면서 자신이 쩨쩨하고 상대를 성가시게 하는 연인이라는 느낌을 받는다.

그것이 바로 가스등 효과로 인한 대화의 특징이다. 정말로 대화가 쩨쩨해진다. 운동하러 간다면서 시내에서 친구들과 저녁을 먹었다는 사실을 가지고 다투고 싶은 사람이 누가 있겠는가? 대체 뭐가 중요하다고? 정상적인 관계에서는 그런 일로 눈 하나 깜빡하지 않을 것이다. 하지만 사이코패스와의 관계에서는 이런 쓸데없는 거짓말이 정기적으로 일어나기 때문에, 자꾸만 말도 안 되고 무의미한 대화로 끌려들어가 집착이 심한 탐정처럼 구는 자신을 발견하게 된다.

탐정 말이 나왔으니 말인데, 문자메시지나 이메일 등의 증거를 제시하면 사이코패스는 당신에게 말을 걸지 않을 것이고, 상황을 반전시켜 당신이 편집증이거나 제정신이 아니라고 비난할 것이다. 당신은 귀찮은 존재가 되어 가고 있다는 것을 서서히 깨닫게 되고, 두 사람 사이에 미음을 터놓는 대화는 불가능해진다.

> ## 블랙홀
>
> 사이코패스들은 남을 끔찍하게 대하면서도 항상 자신이 피해자라고 생각한다. 언제나 어떤 식으로든 부당한 대우를 당했으므로 그 어떤 것도 그들의 잘못은 아니다. 그들에게 있어 문제는 그들의 거짓말이나 외도, 도둑질, 괴롭힘이 아니다. 문제는 당신이 그런 모든 일을 알아차리기 시작한 것이다. 어째서 당신은 이상화 과정에서 계속 머무를 수 없었던 것일까? 어떻게 당신이 자기 의견을

> 말하며 그들을 배신한단 말인가? 이런 사람들과의 만남은 블랙홀로 빠져드는 것과 다름없다. 그들이 당신에게 아무리 상처를 주어도 여전히 당신의 잘못일 테니까.
"

우리의 소중한 관리자 스미튼 키튼Smitten Kitten은 이런 과정을 다음과 같이 명확하고 분명하게 정리한다.

"사이코패스들은 당신을 투사해서 자신의 행동에 대해 당신을 비난한다. 그들은 자신이 세상에서 가장 부정적인 태도를 갖고 있음에도 당신이 부정적이라고 탓한다. 그들은 가스등 효과를 통해 그들의 학대에 대한 당신의 정상적인 반응이 문제라고 믿도록 만든다. 그들이 말을 하지 않고, 약속을 지키지 않고, 거짓말하거나 외도를 해서 화를 내면, 그들은 화를 내는 당신에게 잘못이 있다고 한다. 부정직한 행동을 지적하면, 지나치게 예민하고 비판적이며 항상 부정적인 것에만 집중하는 비정상이라고 한다."

이것은 모두 세뇌 과정의 일부다. 받아들일 수 없는 방식으로 남을 괴롭히고는 당신의 잘못이라고 뒤집어씌우는 것이다. 그들은 당신에게 의도적으로 고통을 주며 애초에 잘못이라고는 하지 않았다고 부정한다. 게다가 그것이 당신 탓이라고 뒤집어씌운다. 그래서 당신이 있지도 않은 일을 가지고 자책하도록 만드는 것이다.

그렇다. 다시 읽어보라. 정말 비논리적이지 않은가.

두 사람 사이의 모든 문제를 당신 탓으로 뒤집어씌우는 것이 그들의 작별 '선물'이다. 하지만 그 관계는 처음부터 잘될 가망이 없었다.

그들이 애정 공세를 펼칠 때 빛나던 낙관주의와 순수함을 그 후에 이어지는 거짓말과 괴롭힘에도 불구하고 당신이 유지했다면 모든 것이 무사했을 것이다. 당신이 그들이 보낸 편지에서 발견한 모순과 거짓말을 문제 삼지 않았더라면, 그들이 당신을 테스트하기 위해 심어둔 증거가 빤히 보여도 당신이 고분고분하게 침묵했더라면, 모든 것이 무사했을 것이다.

하지만 그렇다 하더라도 그들은 지루해져서 당신이 도전하지 않은 것에 실망할 것이다. 그래서 그들은 자신의 학대를 정당화하고 드라마 같은 상황을 만들어내기 위해서 당신을 비난할 구실을 생각해낼 것이다. 당신이 어떻게 하든지 사이코패스와의 관계에서는 항상 질 수밖에 없다. 실제로는 그들이 루저이면서 당신이 루저라고 믿도록 만드니까.

성관계를 통한 조종

사이코패스와의 섹스는 처음에는 완벽하게 느껴진다. 그들은 어떻게 행동하고 무슨 말을 하며 언제 무엇을 해야 하는지 정확히 알고 있다. 침실에서 두 사람이 완벽하게 맞지 않았는가?

아마 그랬을 것이다.

다른 모든 것과 마찬가지로 사이코패스는 상대의 마음속 깊은 곳에 자리 잡고 있는 성적인 욕망도 미러링한다. 그래서 두 사람이 함께일 때 그렇게 뜨겁고 완전무결하게 느껴지는 것이다. 하지만 정체성을 침식당하기 시작하면 성관계는 강간처럼 느껴진다. 사이코패스는 사실 당신의 가장 내밀한 판타지를 공유하지 않기 때문이다. 대신 그들은 당신의 판타지를 관찰하고 그것에 맞추어준 것뿐이다. 당신이 느낀 감정과 영혼의 기쁨을 그들은 단 한시도 느낀 적이 없다. 이런 사실을 알게 될 때 당신은 충격에 빠진다. 당신이 가장 취약한 상태에 있을 때 그들은 당신을 지켜보며 학습할 따름이었다.

당신은 필사적인 상태이므로 그들이 섹스에 관해 칭찬하고 듣기 좋은 말을 해주어야 자신이 매력적이라고 느낄 수 있다. 그들은 이를 이용해 당신을 조종한다. 그들은 뒤로 물러나 당신이 필사적이고, 요구가 많으며, 섹스를 밝히는 사람처럼 보이도록 만든다. 그들은 이상화 과정에서 당신을 끊임없이 원하지만, 그 단계가 지나면 마음을 조종하기 시작한다. 그들은 섹스를 하지 않으려고 하면서, 그것을 마치 특권처럼 쥐고 이용한다.

침대에서 그들 옆에 누워 있을 때면 당신은 실제로 그들이 당신의 다음 행동을 하도록 기다리는 것을 느낄 수 있다. 그들은 당신이 어색하고 섹스에 집착하는 사람이 된 것처럼 느끼게 만들어서 당신을 조롱할 준비를 한다. 그들은 당신을 비웃고, 재미도 없는 농담으로 모욕한다. 당신이 기억하는 열정적인 섹스는 게임으로 변해버렸다.

그들은 전에 없이 섹스 욕구가 낮아졌다고 하고, 몇 주째 섹스 생각이 없다고 함으로써 당신이 못생겼다고 느끼도록 만든다. 그것이 암시하는 것은 분명하다. 그들이 당신 생각을 몇 주 동안 하지 않았다는 것이다.

그러다가 삼각관계가 시작되면, 당신은 그들이 다른 사람과 그렇게 근사한 성생활을 영위할 수 있다는 사실을 믿을 수가 없다. 도대체 어떻게? 당신과 사랑을 나눌 때 마치 소울 메이트 같았는데. 그들은 당신과 똑같은 것을 사랑했다. 하지만 기억하라. 그것은 모두 조작된 것이다.

그루밍 과정에서 사이코패스들은 당신이 침실에서 뭔가를 좋아하면 재빨리 그것을 습득했을 것이다. 다음 피해자를 만나면 그들은 전혀 다른 것을 좋아하게 될 것이다.

당신은 자신도 모르는 사이 사기꾼과 유대 관계를 맺은 셈이다. 당신의 동의는 거짓말에 기초해 이루어신 것이다. 섹스 숭녹에서 벗어나지 못해서 사이코패스와 헤어지지 못한 자신을 비난하는 경우가 종종 있는데, 그것은 당신의 잘못이 아니다. 당신은 그루밍 과정에서 속임수에 빠져 너무나 강렬한 애착을 느낀 것이다. 그러다 그들은 그것을 조작했다. 당신의 온몸을 불태우는 해로운 중독을 이용한 것이다.

당신은 섹스에 대해 자유로운 마음가짐을 되찾게 될 것이다. 그 것은 확실하다. *PsychopathFree*.com에서는 섹스에 관해 솔직한 대화를 나누고 있다. 그것은 사이코패스와의 관계에서 매우 중요한 부분이며 당신의 치유 과정에서 없어서는 안 될 역할을 담당한다. 회복은 몸과 마음이 함께해야 한다.

과도기의 타깃

이 부분은 나의 친구와 나눈 대화에서 비롯한 것이라 가끔은 사적인 내용이 나오기도 한다. 하지만 보다 폭넓은 독자들에게 적용되도록 최선을 다해 편집했음을 밝힌다. 이는 사이코패스의 다른 타깃에 비해 더 심하게 일회성으로 폐기되었다고 느끼는 사람을 위한 글이다.

사이코패스들은 항상 다음 타깃을 노리고 있지만, '안정된' 관계에서 다음 단계로 넘어갈 때 그 사이 공백을 채워줄 사람이 필요하다. 즉, 다른 상대를 발견하자마자 처분할 임시 타깃을 말한다. 과도기의 타깃으로 선택된다면, 당신이 받은 취급은 앞에서 설명한 것과 조금 다를 것이다. 사이코패스는 다음 타깃을 정하지 않았음에도 당신과 오래 사귀지 않을 것을 알고 있으므로 상황을 빠르게 진척시킬 것이다.

이로 인해 당신은 대부분의 사람들보다 이상화 과정을 훨씬 더 빠르게 겪는다. 거기에다 이상화 과정에서 돈도 쓰지 않고, 특별한 행동이나 대우도 없다. 그저 말뿐이다. 쏟아지는 많은 말들 속에서 안타깝게도 당신은 그 말을 믿고 싶었기에 속았다. 하지만 그들의 행동이 말과 절대 일치하지 않았다는 것을 알게 되었다.

그러나 당신에게 있어 그들과의 관계는 매우 중요하다. 거기엔 당신이 이전에 경험해보지 못한 관심과 인정이 담겨 있다. 그들이 고통과 슬픔을 당했다고 하니, 당신은 그들을 행복하게 해주는 것이 꿈이다. 그들은 당신을 너무나 잘 아는 것 같다. 당신은 오랫동안 외로움과 불만을 겪은 끝에 드디어 소울 메이트를 만난 것이다.

슬픈 일이지만, 이는 사실이 아니다. 사이코패스에게 당신은 그저 심심풀이에 불과하다. 사이코패스들은 과도기의 타깃에게 특히 무심하며, 어떤 면에도 관심을 주지 않으므로 무감각하다는 느낌을 준다. 당신은 짧은 이상화 과정으로 되돌아가려는 바람으로 그들의 무심함을 당신의 애정으로 채우려고 한다. 타깃들은 이성적으로 파악할 수 없는 사람들에게 자신의 논리를 투사하려다가 인지부조화를 경험하는 경우가 많다. 하지만 사이코패스의 행동은 우연한 것도 아니고, 의도하지 않은 것도 아니다.

그리고 가장 가슴 아픈 순간이 닥친다. 그들은 당신을 버리고 갑자기 정착하기로 마음먹은 사람에게 가버린다. 그들은 동거를 하고, 사진을 포스팅하고, 함께 돈을 지불해서 물선을 사늘이고, 당신이 늘 꿈꾸던 삶을 산다. 당신은 그런 특별 대우를 전혀 받지 않았으므로 그것은 너무나 큰 모욕이다. 당신을 장악하자마자 그들은 기운을 얻고 다음 모험을 떠날 준비를 마치는 셈이다.

통계적으로 보았을 때 사이코패스와의 관계에서 대부분의 피해자는 사이코패스에게 7번 돌아가고 나서야 그런 취급을 용인할 수 없음을 깨닫고 영영 헤어진다. 하지만 과도기 타깃의 경우는 그렇지 않다. 두 가지 종류의 관계는 다음과 같이 정리할 수 있다.

사이코패스와의 관계에서 일반적인 경우:

이상화, 무시, 이상화, 무시, 이상화, 무시 (반복)→마침내 한계선

과도기 타깃의 경우:

당신의 기분을 들뜨게 하는 엄청난 약속만 하는 이상화 과정→
갑작스러운 이별 통보

과도기 타깃은 대부분의 사람들이 경험한 폭력적인 사이클을 돌
이켜볼 수도 없기 때문에 관계가 끝났다는 것을 전혀 실감할 수 없
다. 그렇다고 돌이켜볼 사이클이 있기를 바라는 것은 아니지만, 무
슨 일이 일어난 것인지 생각할 시간과 관점을 갖기도 전에 붕 떠올
랐다가 어이없이 버림받는 경험은 대단히 당혹스럽다. 그것은 감
정적인 고문이다. 오로지 강렬한 애정과 끔찍한 이별만 남는다.

사이코패스들은 모든 타깃의 마음을 조종한다. 그것은 항상 같
다. 차이라면, 과도기 타깃은 이상화 과정을 '온전히' 경험하지 못
한다는 것이다. 과도기 타깃이 자신의 삶에 안정적인 일부가 되는
것을 사이코패스들이 바라지 않기 때문이다. 당신은 단지 당시의
그들이 원하는 관심과 선망을 제공하기에 완벽한 존재였을 뿐이다.

사이코패스들은 자신의 못된 행동을 진정으로 알아보지 못하는
타깃을 찾는다. 당신이 이 책을 읽고 있다면, 그것은 사이코패스가
당신에게 안주하지 못했다는 의미다. 몇 달, 몇 년, 몇 십 년 동안
당신이 그들의 겉치레를 꿰뚫어 보았으므로. 그들은 절대 사실을
파악하지 못하는 상대가 필요하다.

그렇다. 한편으로 장기적인 피해자는 사이코패스의 거짓말과 속
임수를 알지 못했기 때문에 가능하다. 하지만 또 다른 한편으로 사
이코패스는 이들이 자신들의 실체를 꿰뚫어보지 못한다고 내심 증

오하기도 한다. 이상하지 않은가? 그들은 '정착한 상대'와 이 완벽하고 행복한 모습을 과시하면서도 좀 더 공감할 줄 아는, 즉 자신이 하는 짓에서 진정한 괴로움을 느끼는 상대가 주는 스릴을 선호한다. 그러나 사이코패스는 그런 사람과 영원히 사귈 수는 없으므로 대신 그들을 과도기에 이용한다. (하지만 그들은 가끔 이렇게 공감 능력이 높은 사람들과 몇 년씩 사귀기도 한다. 게시판에서 그런 사람들을 서너 명 만난 적이 있다. 그들은 사이코패스와의 사이에 아이를 가졌기 때문에 헤어지지 못한 경우가 대부분이다. 이런 관계는 주로 끔찍한 이별로 끝나기 마련이다.)

대부분의 경험자들은 사이코패스가 다음 타깃이나 예전 연인에게는 애정 표현을 엄청나게 했지만, 자신에게는 그러지 않았다고 말한다. 당신은 다른 사람들처럼 그들과 충분한 시간을 갖지 못하지 않았는가? 연애 기간은 짧았고, 이상화 과정 중에 정체성을 잠식당하다가 갑자기 버림받았다. 그리고 그들이 갑자기 다른 파트너와 정착하는 것을 보고, 당신과는 몇 달밖에 사귀지 못한 그들이 그 사람과는 어떻게 몇 년을 보낼 수 있는지 의아해진다.

그것이 바로 문제다. 사이코패스들은 보통 공감 능력이 뛰어난 사람과는 오랜 시간을 함께하지 못한다. 당신이 그들의 독을 흡수하는 경향이 있기 때문이다. 그렇다. 그들은 당신을 쥐고 흔들며 완벽한 하인으로 만든다. 그리고 거기에서 쾌감을 느낀다. 하지만 그래도 당신은 결국 그들이 주입한 독을 잠재의식 차원에서 되돌려준다. 이상화 과정을 망치고 싶지 않지만 당신은 그들의 거짓말과 변해버린 행동을 지적하지 않을 수 없다.

과도기의 타깃과 진실을 원하는 타깃은 그들의 정체를 결국 알아낸다. 사이코패스들은 결코 인정하지 않겠지만, 그들은 자신의 정체를 알아보는 사람들을 항상 씁쓸한 마음으로 존경한다. 그리고 동시에 그러지 못하는 이들을 강하게 증오한다. 장기적인 관계를 맺을 수 있는 상대는 그런 사람들뿐인데도 그렇다. 그래서 그들은 항상 게임의 규칙을 잃었다가 다시 만드는 것이다. 자신의 선택이 옳다는 것을 스스로 증명하기 위해서.

　당신은 그들의 거짓 반응에 격려를 받아 너무나 열심히 노력했다. 적어도 그들이 처음부터 나쁜 놈이었다면 당신은 시간과 감정을 낭비하지 않았을 것이다. 하지만 그들은 온갖 미사여구와 약속을 이용해 당신이 주고, 주고, 또 주기만 하도록 세뇌했다. 그러므로 그들은 그것을 감사하지 않을 뿐 아니라 당신을 실제로 파멸시켰다. 그리고 당신은 텅 빈 느낌으로 혼자 남게 되었다. 또한 당신은 그들이 누군가와 달아나 정착하는 모습을 보게 된다. 그런 것을 보고 나면 "아, 그들도 사람을 사귈 수 있구나. 내가 문제인가 보다"라고 생각할 수도 있다.

　그러나 그렇지 않다. 문제는 당신이 아니다. 앞으로도 그렇지 않을 것이다.

변명해야 하는 입장

　사이코패스를 상대하다 보면 어느 시점에서 반드시 당신에 대한 근거 없는 비난을 하게 되는 경우가 있다. 특히 당신이 그들 행동의 위험 신호를 알아차리기 시작하면 더욱 그렇다. 이런 모욕에는 매우 구체적인 목적이 있다. 당신을 변명해야 하는 입장에 몰아넣는 것이다.

이유가 무엇일까?

사실, 이유는 당신이 생각하는 것보다 훨씬 간단하다. 변명하는 사람들은 기본적으로 죄책감을 느낀다. 그들이 실제로 죄를 지었는지 여부와는 상관이 없다. 일단 변명을 시작하면 의견이 생겨나고 가정이 이루어진다. 부당하다고? 물론이다. 하지만 사람들은 주로 그렇게 반응한다. 우리는 이런 현상 때문에 인생이 망가지는 것도 보았다. 강간범이라는 누명을 쓴 사람은 무죄 판정을 받은 뒤에도 강간범으로 계속 간주된다. 진실은 중요하지 않다. 아무도 그를 믿지 않는다.

그러므로 사이코패스는 온갖 말도 안 되는 소리를 하고 당신은 생각지도 못한 비난에서 벗어나기 위해 변명을 하게 된다. 어떻게 변명을 안 할 수 있을까? 당신의 명예가 더럽혀지는데. 남들에게는 아니라 하더라도 당신을 사랑한다는 파트너를 상대로 그런 일이 벌어지는데. 따라서 당신은 그들의 비난이 잘못되었음을 증명하려고 애쓰고, 그렇게 계산된 자기 파괴가 시작되는 것이다.

당신은 그들의 거짓말을 폭로하려고 할 수 있다. "그들은 거짓말쟁이이며, 이것이 바로 증거다!"라거나 "그들이 나를 속이며 바람을 피웠고, 이것이 그 증거다!" 같은. 또 "그들이 열 명의 파트너를 상대로 똑같은 짓을 저질렀고, 이것이 그 증거다!" 같은. 문제는 아무도 증거에는 관심이 없다는 것이다. 사람들은 그저 당신이 필사적으로 변명을 한다고 생각한다. 변명하는 것이 당신이므로 당신이 잘못을 저지른 사람처럼 보인다.

당신이 기억해야 할 가장 중요한 것이 있다. 변명을 할수록 상황은 나빠진다는 것이다. 가끔은 다다익선이 적용되지 않는 경우가 있는데, 이때의 변명이 바로 그런 경우다. 당신은 그들의 말도 안 되는 명예훼손에 완벽하게 대응한다고 생각하는가? 그렇다. 사이코패스들도 그렇게 생각한다. 사실, 그들은 그런 상황이 되도록 당신을 모욕하는 데 세심한 공을 들인다. 그들은 당신이 가장 소중히 여기는 것을 공격한다. 왜냐하면 그것들이야말로 당신이 삶에서 가장 열렬히 지키려고 들 것들이니까. 그리고 실수를 하면 안 된다. 실수를 저지르면 그들의 의도대로 되는 것이다.

그들이 당신을 끌어들이는 가장 쉬운 방법은 자신이 한 짓을 당신에게 덮어씌우는 것이다. 당신을 위선자라고 지적하는 것은 너무나 쉽다. 그리고 그것이 바로 핵심이다. 너무 쉽다는 것. 상황은 덫과 같다. 그들이 한 짓에 대해 당신이 완벽하게 비난할 수 있다면, 거기에는 이유가 있다. 그 덫에 걸려들지 말라. 그들은 당신이 변명하기를, 모두에게 당신의 입장을 증명하기를 원한다. 당신이 일단 미끼에 걸려들면 상황은 종료된 셈이다.

권태

일이 잘 풀리지 않는 날에는 그저 혼자서 재충전을 하며 생각을 정리할 필요가 있다. 당신은 아마도 글을 쓰고, 상상하고, 사색하고, 그림을 그리거나 꿈을 꾸며 보내는 데에 혼자만의 시간을 사용하고 싶을 것이다. 아니면 그저 낮잠을 푹 자고 싶을 수도 있다. 즉, 당신이 내성적이든 외향적이든 이따금 혼자 조용한 시간을 보내고 싶은 것은 보편적인 인간의 욕구라는 것이다.

하지만 사이코패스의 경우에는 그렇지 않다.

혼자만의 시간은 평소에는 항상 냉정하고 평온한 사이코패스들을 불안하게 한다. 양심이 없는 인간은 혼자서 생각할 것이 별로 없기 때문이다. 그리고 선망과 관심을 퍼부어주는 사람들이 주위에 없으면 그들은 곧 지루해진다.

사이코패스들은 늘 지루해하고 그래서 이 상태로부터 관심을 돌릴 자극을 끊임없이 찾는다. 그들은 장시간 혼자 있는 것을 견디지 못한다. 건강한 인간은 혼자만의 시간과 자기 성찰을 즐기는 법을 배운다. 그렇게 우리는 자신에 대해 가장 중요한 것들을 알게 된다. 하지만 사이코패스들은 스스로에게서 발견할 것이 없다. 그들은 자유 시간을 타인을 미러링하고 원하는 성품을 모방하며 보낸다. 공감 능력은 우리로 하여금 인간 본성 가운데 가장 훌륭한 것 두 가지, 즉 상상력과 창조력을 경험하게 해주지만 사이코패스들은 이를 흉내 낼 뿐이다.

자칭 소시오패스들이 모이는 여러 게시판에서는 그들이 권태에 어떻게 대처하는지 자주 토론이 벌어진다. 대답의 대부분이 섹스, 음주, 마약, 그리고 타인을 조종하는 것과 관련이 있는 것들인데, 이는 놀라운 일이 아니다.

연애는 사이코패스들에게 가장 안정적이고 신뢰할 만한 오락거리를 제공해준다. 일단 그들이 당신을 낚아채면 언제든지 당신에게 연락해 칭찬과 관심, 찬양을 요구할 수 있기 때문이다. 그리고 다른 타깃을 손쉽게 구할 수 있게 되면 그들은 당신을 감정적으로 괴롭히기 시작하는데, 이는 당신을 사랑하는 척하는 것보다 훨씬 더 재미있다. 당신이 미로를 헤매는 생쥐처럼 어쩔 줄 모르는 광경은 그들을 견딜 수 없이 지루한 삶에서 벗어나게 해주는 오락거리다. 이상화 과정은 이 지루함의 부산물일 뿐이며, 당신을 가능한 오랫동안 괴롭히기 위해 그루밍하는 데 필요한 단계다.

당신은 그들과 사귀면서 혼자만의 시간을 갖지 못해 완전히 지쳐버릴 수도 있다. 항상 그들은 물론 그들의 친구와 함께 빽빽한 계획에 따라 움직이는 일정이기 때문이다. 사이코패스들은 언제나 무슨 일이 있을 때마다 옆에 있어 주고 도와주려고 하는 부모 같은 사람들에게 에워싸여 아무것도 모르는 아이처럼 행동하는 경향도 있다.

이런 사람들은 사이코패스의 권태를 덜어준다. 타깃들이 더 많을수록 좋다. 처음에 사이코패스는 그들에 대해 당신에게 불평했을지도 모른다. 하지만 당신이 그 관계 속에 묶이고 나면, 사이코패스는 모두가 안절부절 못하도록 당신과 그들 사이를 오간다. 그날 사이코패스가 누구를 선택하든 한 가지는 확실하다. 사이코패스가 혼자 시간을 보낼 리는 없다는 것이다. 방에 혼자 한 시간 동안 앉아 있는 것보다는 당신의 감정을 다치게 하고 그 반응을 지켜보는 것이 훨씬 더 낫기 때문이다.

결국 최악의 권태는 그들이 갑자기 당신에게 모든 흥미를 잃었을 때 일어난다. 당신의 행동이 그들을 지루하게 하는 것 같으면 당신은 그들의 관심을 다시 얻으려고 애쓸 것이다. 그리고 그들이 한때 우러러보던 자질이 이제는 단점이 되어버린 것 같은 느낌을 받을 것이다. 이쯤 되면 당신이 무슨 일을 해도 그들은 예전처럼 당신에게 집중해주지 않는다. 당신이 그들의 권태를 가시게 해주던 유일한 사람이었던 그 시절은 돌아오지 않는다.

그들이 끔찍한 대우를 하는데도 당신은 마음 한구석으로 '권태 치료제 1호'라는 위치를 되찾을 수 있기를 바란다. 이상화 과정이 끝나버렸음을 깨닫고 나면 그다음 차선책은 자신이 그들이 찾는 오락거리 가운데 하나는 된다고 믿고 싶어 하는 것이다. 이는 매우 정상적인 반응이다.

그렇다. 우리의 기준은 이렇게 낮아져버렸다.

은밀한 험담

사이코패스는 '드라마'를 싫어한다고 하지만, 그들 주위에는 그 누구도 알지 못하는 더 많은 드라마가 가득하다는 것이 서서히 밝혀진다. 물론 그들의 말에 따르면 정말로 그들의 잘못인 것은 없다. 단지 사람들이 그들을 지나치게 사랑하고, 부당하게 대우하며, 늘 미친 행동을 하는 것 같다. 그들에게는 참으로 부당한 노릇이다.

하지만 우리는 그것이 실상과 다르다는 것을 알게 된다.

사이코패스는 끊임없이 라이벌 구도나 경쟁을 유발시킨다. 흔히 볼 수 있는 호들갑스러운 사람들과 그들이 다른 점은 모든 일에 아무 잘못도 없어 보이도록 하는 능력이다. 그들은 미묘하게 암시만 던지고는 물러나, 다른 사람들이 자신 때문에 흥분하고 화내는 모습을 지켜본다. 사이코패스의 험담에는 여느 경우와는 다른 '은밀한' 부분이 있다.

그들은 독의 씨앗을 심고, 모두에게 속삭인다. 그리고 면전에서는 이상화하고 등 뒤에서는 험담을 한다. '험담'이라는 말로는 사이코패스가 하는 이야기가 얼마나 미묘한지 제대로 표현할 수 없다. 사람들을 대놓고 망가뜨리는 대신, 사이코패스들은 자신을 피해자로 만든다. 그들은 항상 누군가로 인해 억울한 일을 겪고 있다. 그러므로 그들은 남의 등을 찌르는 험담꾼이 되는 대신 남의 나쁜 행동에 희생된 사람으로 다가온다. 당신은 그들의 불평을 들어주는 상대가 된 것이 특권이라고 느끼는 지경에 이르기도 한다.

하지만 결국 당신도 그 험담의 대상이 된다.

문득 정신을 차리고 보면 당신은 악당이 되어 있다. 그들에게 온갖 고통과 괴로움을 주는 사람은 바로 당신이다. 이 과정은 사귀기 시작하면서 개시된다. 그들은 당신에게 불평하던 사람들에게 달려가 당신이 얼마나 제정신이 아닌지 한탄하기 시작한다. 이는 큰 동정심을 일으킨다. 그렇게 되면 그들은 아무런 비난도 받지 않고 다음 타깃으로 완벽하게 넘어갈 수 있다.

사이코패스와 사귀는 동안 당신은 만나보지도 못한 사람을 싫어하고 증오하는 자신을 발견한다. 사이코패스가 이들이 모두 자신을 사랑하고, 자신을 원하고, 자신을 괴롭히거나 당신을 질투한다고 말했기 때문이다. 시간이 지나면서 이런 말들로 인해 당신은 너무나 심한 부정적 태도와 시기심을 갖게 된다. 건전한 관계에서는 한 번도 경험해보지 못한 것이다. 그리고 슬픈 점은, 다른 모든 사람들이 당신에 대해서도 이런 부정적인 감정을 느끼고 있다는 것이다.

> ## 조종자 테스트
>
> 상대의 마음을 조종하는 사람과 공감하는 사람을 구별하는 방법을 찾고 있다면, 그들이 당신과 관련해 타인에 대해서 이야기하는 방식에 관심을 기울이면 된다. 상냥하고 올바른 사람들은 친구와 가족이 당신을 진심으로 좋아하게 만들기 위해 애쓸 것이다. 반면, 남을 조종하는 사람들은 삼각관계를 만들려고 할 것이다. 그들은 경쟁 상황을 만들어 라이벌 구도와 질투심을 일으킨다. 그들은 친구나 예전 연인 또는 가족이 당신을 매우 시기하고 나쁘게 이야기한다고 속삭일 것이다. 착각하지 말라. 그들은 바로 그 사람들에게 당신에 대해 똑같은 말을 속삭이고 있을 것이다. 그러니 자문해보라. 이 사람이 화목을 이루는가, 혼돈을 일으키는가?

그렇다. 친구들이나 예전 연인들은 당신 면전에서는 미소를 지을 수 있다. 하지만 사이코패스의 영향을 받는 사람들은 모두 내심 서로를 점점 증오한다. 게다가 적당한 이유가 있는 것도 아니다. 그냥 아무런 이유없이 서로 적대시하도록 조종받기 때문이다. 당신은 사이코패스가 관심을 받고 드라마를 만들기 위해 이용하는 장기판의 졸에 불과하다.

비록 사이코패스와 사귀는 동안에는 알지 못하지만 그 모든 사람들은 사실 아무런 잘못도 없는 착한 사람들이다. 당신처럼 그들은 세뇌되어 다른 사람을 미워하게 된 것뿐이다. 대부분의 공감 능력이 뛰어난 사람들은 연인의 친구와 친구가 되고, 긍정적인 인상을 주고 싶어 한다. 연애 초기에는 아마 그렇게 했을 것이다. 하지만 삼각관계와 악화된 험담으로 당신은 점점 더 부정적인 감정을 느끼기 시작한다. 그리고 당신은 아마 질투심과 증오심으로 가득한 존재로 변해가는 자신을 보며 자책했을 것이다.

사이코패스의 현실에 들어가면 이런 일이 벌어진다. 그들의 험담과 거짓말이 당신의 현실을 왜곡시키기 시작한다. 다음의 두 가지 현실 중에서 하나를 선택해야 하기 때문이다.

① 사이코패스는 정상이다. 다른 모든 사람들이 질투하고, 나쁜 의도를 가지고, 자기만 생각한다.

② 사이코패스는 질투하고, 나쁜 의도를 가지고, 자기만 생각한다. 다른 모든 사람들은 정상이다.

이상화와 애정 공세 시기에 우리는 ①번을 선택한다. 모든 것이 너무나 멋지기 때문에 우리는 '소울 메이트' 주위에 새로운 현실을 규정하기 시작한다. 그들은 훌륭하고, 다른 모든 사람들도 훌륭하다. 인생은 멋지다! 하지만 그러다 은밀한 험담이 시작되면 우리의 현실은 바뀌기 시작한다. 사이코패스가 정직하고 선량하다는 꿈같은 현실에서 계속 살기 위해서는 그들의 험담도 모두 사실이어야 한다. 사실이 아니라면 사이코패스가 험담꾼이며 남을 조종하는 사람이라는 의미가 되기 때문이다.

이 현실성이 강해질수록 거기서 벗어나기가 더 어려워진다. 정말로 모든 사람들이 당신을 미워한다는 느낌이 들기 시작하고, 그것이 바로 사이코패스가 원하는 바다. 그러고 나면 당신의 행복감이 전적으로 그들에게 의존하기 때문이다. 게다가 잘못된 현실을 유지하려면 당신이 여러 가지 변명과 설명을 하느라 늘 수세에 몰려 있을 필요가 있다. 이것은 당신을 이상화하는 사람이 사실은 당신의 적이라는 사실을 깨닫지 못하게 하는 데 지극히 효과적이다.

헤어지고 회복하는 기간 동안 우리는 사실 판타지에 불과한 ①번에서 벗어나 현실에 직면한다. 우리는 당혹스럽고, 공허하며, 절망적인 느낌을 받는다. 그 판타지가 없어지면, 우리는 모든 것을 잃어버린 셈이다. 우리는 온 세상에서 가장 중요하고, 훌륭하며, 완벽한 파트너를 잃어버렸다. 게다가 다른 모든 사람들은 믿을 수가 없고 해롭다. 우리에겐 아무도, 아무것도 남아 있지 않다.

하지만 그러다가 상황을 찬찬히 살펴보며 주위의 사람들을 조금씩 믿게 된다. 이때가 '변함없는 상대'가 한 사람의 인생을 바꿀 수 있는 순간이다. 잘 대우해주는 사람이 옆에 있을 때 어떻게 느끼는지 알게 된다. 비판하거나 삼각관계를 만들거나 거짓말을 퍼뜨리지 않는 사람과 시간을 보낼 때 얼마나 자유로운지 알 수 있다.

그리고 마침내 모든 것이 명확해진다.

②번 현실이 강화된다. ①번은 더 이상 이해할 수도 없다. 당신과 파트너가 세상 사람들과 싸운 적은 단 한 번도 없었다. 당신의 파트너가 당신과 싸운 것이었다. 당신은 한때 싫어하던 사람들에게 동정심을 느끼고 평화를 찾기 시작한다. 사이코패스의 거미줄과 거짓말에서 벗어나 제대로 된 현실에서 시간을 보내면 인지부조화가 줄어든다. 당신의 천성적인 자비심과 공감 능력이 되돌아온다. 사이코패스가 만들어낸 편집증이 진정한 신뢰로 변하고, 결국에는 진정한 문제에 집중할 수 있게 된다.

삼각관계로 괴롭히기

당신을 더 가까이 끌어들이기 위해 사이코패스는 자신에게 여러 사람이 원하고 구애한다는 분위기를 만든다. 많은 사람들에게 관심의 대상이 되고, 원하는 사람들이 많은 그들을 손에 넣었다는 사실에 당신은 자부심을 느낄 것이다. 그들은 친구나 예전에 사귀던 연인들을 주위에 배치함으로써 인기에 대한 환상을 만들어낸다. 그리고 그들은 삼각관계를 만들어 경쟁 구도를 형성하고 자신의 가치를 높인다. (로버트 그린 저, 《유혹의 기술The Art of Seduction》에서 발췌)

사이코패스는 다른 타깃들을 주위에 끌어들여 경쟁 구도를 만든다. 자신을 원하는 사람이 늘 많아 보이도록 만드는 것이다. 어떤 타깃은 당신에게 질투심을 느끼게 하려고 이용되는 반면, 다른 타깃은 당신을 대신할 상대가 된다. 1분마다 당신에게 메시지를 보내며 '완벽한' 소울 메이트라고 애정 과시를 한다. 하지만 그들은 얼마 안 있어 바로 다른 타깃에게 똑같은 관심을 보낸다. 이로 인해 당신은 그들이 당신을 갖고 노는 것을 깨닫지 못하고 그들의 마음을 되찾으려고 애쓴다. 한편 새로운 피해자는 당신이 '미쳤'고, '조울증'이며, '괴롭히는' 사람이라고 믿는다. 하지만 사이코패스는 당신에게 이렇게 오명을 뒤집어씌우면서도 단둘이 있을 때는 여전히 기분을 맞춰준다. 당신에게 실낱같은 희망을 주어 끝까지 괴롭히기 위해서다.

계속하기 전에 해둘 말이 있다. 보통의 사람들은 사랑에 빠지고 또 헤어지기도 한다. 사귀던 사람과 헤어지기 전 또는 그 후 새로운 연인을 만나기도 한다. 이 글은 이런 일상적인 일들에 대해 적는 것이 아니다. 나는 사이코패스들이 타깃을 괴롭히고 통제하기 위해 사용하는 아주 구체적인 패턴과 행동에 대해 설명하는 것이다.

사이코패스들은 성적으로, 감정적으로, 물리적으로 파트너를 지배하기를 원한다. 그리고 이를 위해 약점을 이용한다. 그래서 그들이 처음 사귀기 시작할 때 관심과 칭찬을 퍼붓는 것이다. 당신이 아무리 강하고 자신만만해도 '사랑'을 하면 취약해지기 때문이다. 사이코패스들에게 당신을 통제하기 위한 육체적인 공격성은 필요가 없다. 대신, 연인 관계는 사랑한다는 환상을 만들어냄으로써 당신을 이용할 기회를 그들에게 부여한다. 그래서 제3자들이 "왜 그만 헤어지지 않았어?"라고 묻는 것이 큰 상처가 되는 것이다. 사이코패스와 사귀기 시작하면서 괴롭힘과 무시를 당하고 비난받을 것이라고 예상하는 사람은 없다. 당신은 속아서 사랑에 빠졌지만, 그럼에도 불구하고 사랑이란 인간관계 중 가장 강력한 것이다. 사이코패스들은 이를 알고 있다.

그러면 사이코패스들은 타깃을 어떻게 그렇게 좌지우지할 수 있을까? 그들이 가장 좋아하는 방법 하나는 삼각관계를 이용하는 것이다. 이 말을 언급하면 사람들은 보통 다음번 타깃을 떠올리지만, 언제나 그런 것은 아니다. 사이코패스들은 자신을 원하는 사람이 많은 것처럼 보이게 하고 당신이 그들에게 늘 집착하도록 만들기 위해 규칙적으로 삼각관계를 이용한다. 이는 누구와도 가능하다.

당신의 가족
그들의 가족
당신의 친구들
그들의 친구들
예전 연인들
장래 연인들
전혀 모르는 사람들

남의 기분을 맞춰주는 사이코패스의 능력은 상상을 초월한다. 그들은 사람들을 이간질하며 강렬한 행복감을 느낀다. 특히 자신을 두고 경쟁하는 관계일 때 더욱 그렇다. 사이코패스는 자신의 마음을 의심하게 하는 상황들을 만들어 당신이 질투하도록 한다. 정상적인 관계에서는 자신이 믿을 만한 사람임을 증명하기 위해 노력하지만, 사이코패스는 정반대로 행동한다. 그들은 다른 선택지를 찾거나 다른 사람들과 만날 수 있다는 사실을 끊임없이 암시해서 당신이 안정감을 느끼지 못하도록 한다. 그리고 당신이 그런 문제를 제기하면 그들은 항상 아니라고 부인하면서 당신이 실성했다고 비난한다.

여기서의 문제는 그들이 처음에 당신을 유혹할 때 엄청난 관심을 제공했기 때문에 그들이 그 관심을 딴 데로 돌리면 매우 혼란스럽고 모욕적으로 느껴진다는 것이다. 그들도 이를 알고 있다. 그들은 당신과 세운 계획을 '잊어버릴' 것이고, 당신에게 늘 불평하던 친구들과 며칠씩 함께 지낼 것이다. 그들은 그들이 처음에 끔찍하다고 했던 사람들과 더 많은 시간을 보내기 위해 당신을 무시할 것이다. 그들은 단지 당신이 결코 이해할 수 없는 '특별한 우정'을 가지고 있을 뿐이라고 이야기할 것이다. 그리고 예전 연인 중에는 정신 상태가 불안하다고 그들이 비난한 사람인 경우도 있다.

관심과 동정심, 위로를 당신이 아닌 남에게서 구하는 것은 사이코패스들에게 아주 흔한 전술이다. 공감 능력이 뛰어난 사람으로서, 그리고 그들의 파트너로서, 당신은 당연히 그들이 당신에게서 위로받아야 한다고 느낀다. 이전에는 당신이 항상 그들을 위로해주었는데, 이제 무엇이 달라졌기에 이렇게 한단 말인가? 그들은 언젠가 자신이 상처받았으며, 당신 덕분에 다시 행복해졌다고 주장했었다. 하지만 이제 그들은 당신이 '결코 이해할 수 없는' 자기만의 친구들이나 과거의 연인에게 돌아가고 있다. 그리고 그들은 언제나 그 사실을 당신 면전에 들이댄다.

테크놀로지의 발전으로 인해 사이코패스가 삼각관계를 이용하기가 너무나 용이해졌다. 당신의 댓글은 무시하면서 예전 연인의 댓글에는 '좋아요'를 누른다. 그들은 싫어한다는 예전 연인을 끌어안고 있는 사진을 '우연히' 업로드하기도 한다. 모든 것이 우연으로 보인다. 또는 사람이 무뎌서 그런 것 같기도 하다. 하지만 착각하지 말라. 그것은 모두 치밀하게 계산된 행동이다.

그들은 당신이 그들을 '잃고' 있을지도 모른다고 암시하는 모호한 글귀와 노래, 비디오를 전략적으로 포스팅할 것이다. 그들은 새로운 타깃과 옛날 타깃 모두를 끌어들이기 위해 여러 가지를 공유할 것이다. 가령, 새로운 타깃과 둘만 아는 농담이라든가, 예전 연인과 함께 들었던 노래라든가. 이는 두 가지를 위한 행동이다. 이렇게 하면 당신은 불안해지고 질투심을 느낀다. 그리고 이렇게 하면 경쟁 상대는 자신감을 느끼고 사랑받는다는 생각을 하게 된다. 그들은 당신의 정체성을 잠식하는 동시에 다른 사람들을 그루밍하는 셈이다.

그들은 당신이 이런 문제에 대해 화내기를 바란다. 너무나 사소한 이런 문제를 가지고 당신이 제정신을 잃고 질투하기를 바란다. 그러면서 그들은 침착하게 모든 문제에 대해 변명을 내놓고, 과민 반응하는 당신을 비난할 것이다. 은밀한 괴롭힘은 항상 전략적으로 모호해서 증명해낼 수 없다. 그들이 포스팅한 노래가 예전 연인을 꾀어내고 있다고 증명할 수는 없지만, 당신은 직관적으로 알고 있다. 그들은 이렇게 상대를 실성한 사람으로 만든다. 솔직히 말해서, 페이스북에 쓴 글에 대해 불평하는 것은 정말로 유치하게 느껴지기 때문이다. 사실 그들이 원하는 게 바로 그것이다.

사이코패스와 '우정'을 유지하는 예전 연인들은 그들이 사이코패스의 꼭두각시임을 모른다. 대신, 그들은 친구로서 모종의 아름다운 의무를 다하고 있다고 생각한다. 그들은 자신이 사이코패스가 심심해질 때 양념처럼 이용하기 위해 주위에 두는 존재라는 것을 모른다. 그들은 사이코패스와의 우정이 멋지고 독특하며 유례없는 것이라는 착각 속에서 행동하고 있다. 실제로는 삼각관계에 이용되는 것뿐인데도.

사이코패스들은 주위에 베푸는 사람들, 즉 남들을 돌보는 데서 자신의 가치를 찾는 심리적으로 불안한 사람들을 모아 놓는 재주가 있다. 그래서 당신이 베푸는 것은 무의미하고 언제든지 대체 가능한 것으로 느껴지는 것이다. 그들은 당신과 같지 않거나 정반대인 사람들을 소중히 여기는 것처럼 당신에게 보인다. 거기서 전달되는 메시지는 단순하다. 당신이 더 이상 특별하지 않다는 것이다. 당신은 대체 가능한 존재다. 당신이 그들이 원하는 만큼 숭배해주지 않으면 그들은 언제나 다른 상대를 얻을 수 있다. 그리고 당신이 그들에게 긍정적인 에너지를 준다고 해도 그들은 결국 당신을 지루해할 것이다. 그들은 당신을 원하지 않을 것이다.

그들이 당신을 버리기로 결정할 때, 최후의 삼각관계가 형성된다. 그러면 그들은 이 관계가 너무나 괴로우며, 당신의 행동을 더 이상 견딜 수 없다고 멋대로 말하기 시작한다. 그들은 당신과의 관계에 대해 친한 친구와 이야기했더니 건전한 관계가 아니라고 했다는 것까지 이야기한다.

한편 그들은 당신이 열심히 보내는 메시지를 대놓고 무시한다. 당신은 그들이 어째서 당사자인 당신과는 두 사람 관계에 대해 아무 말도 하지 않는지 의아하다.

그 이유는 그들이 이미 당신을 버리기로 결정했기 때문이다. 그래서 이제 당신을 괴롭히기만 하는 것이다. 그들은 자신에게 동조해줄 수 있는 사람만을 찾아서 조언을 구한다. 그리고 그들이 이야기하는 '친구'는 아마 다음번 타깃일 것이다.

사이코패스의 삼각관계에는 3명의 등장인물이 있는데, 각 인물을 상대로 사이코패스는 전혀 다른 가면을 쓰고 특정한 방식으로 행동한다.

① **당신**: 사이코패스는 외도를 할 때 대부분의 사람들처럼 부끄러워하지 않고 반드시 당신으로 하여금 자신의 부정을 알게 한다. 그리고 그런 짓들을 인정하지도 않는다. 다른 사람과 (종종 페이스북을 통해) 대놓고 시시덕거리고, 자신과 자고 싶어하는 사람이 많다고 당신에게 떠벌리고, 당신이 적절한 반응을 하면 실성해서 질투한다고 비난한다. 사이코패스는 은밀하고도 모호하게 잘난 체하며 행동하고, 당신이 늘 두 사람의 관계에 대해 의심하도록 만든다.

② **새로운 타깃**: 사이코패스는 아직 새로운 타깃을 괴롭히는 데

는 흥미가 없다. 대신 그들은 당신에게 임박한 자기 파괴 행위를 이용해 새로운 타깃을 끌어들인다. 당신이 점점 필사적으로 행동하면 당신이 보낸 메시지를 이용하여 새로운 타깃으로부터 동정심을 이끌어낸다. 사이코패스는 새로운 타깃을 찬양하며 이제 훨씬 더 행복하다고 말한다. 새로운 타깃은 사이코패스를 괴롭히는 파트너(당신)로부터 사이코패스를 구출해냈다고 생각하고 좋아한다. 사이코패스가 쓰는 가면은 결백해서, (당신에게) 희생되었고, (당신으로부터) 구해져야 할 것처럼 보인다. 동시에 그들은 새로운 타깃이 행복을 되돌려주었다고 칭찬하고 감사해한다.

③ **팬클럽:** 사이코패스는 우정을 제공해줄 상대를 언제나 주의 깊게 감시한다. 사이코패스는 현재의 관계가 얼마나 괴로운지 친구들에게 진지하게 털어놓고, 친구들의 우정을 얻어내기 위해 얄팍한 칭찬을 퍼붓는다. 이것은 그들이 진짜 바람을 피우고도 친구들에게서 외면당하지 않기 위한 사전 작업이다. 그들은 새로운 타깃을 자랑하며 새로운 삶이 얼마나 완벽한지 과시할 때 손뼉을 쳐줄 팬클럽을 원한다. 그들이 그들의 친구들에게 지지를 받는 것을 보면 당신은 더욱 당혹스러울 것이다. 대체 어떻게 이 사람을 지지할 수 있는지 의아할 것이다. 하지만 팬클럽을 갖고 있는 사이코패스는 수다를 떨고, 매력적으로 행동하고, 동정심을 구하고, 새로운 타깃을 과시하면서 원하는 지지와 축하를 받는다.

이런 일을 해내기 위해 얼마나 많은 계산과 계획이 필요할지 생각해보자. 사이코패스들은 교묘하고, 냉정하며, 자신의 행동을 확실히 인식한다. 그들은 당신이 스스로 제정신인지 의심하게 만들기 위해서 3가지 배역을 맡는다!

대부분의 사람들이 헤어지고 난 뒤 새로운 관계를 그렇게 빨리 시작하는 것이 부끄러워 제대로 밝히지 못할 때, 사이코패스들은 새로운 상대를 만나 얼마나 행복한지를 대놓고 자랑한다. 더욱 놀라운 일은 그들이 당신도 기뻐해주기를 바란다는 것이다. 그렇지 않으면 당신은 원망하며 질투하는 사람이 된다.

이 기간 동안 그들은 당신에 대한 평가를 내린다. 당신이 슬퍼하거나 애걸하면 그들은 당신의 에너지에서 가치를 발견한다. 그들은 당신의 행동을 경멸하면서도 동시에 기뻐한다. 당신이 화를 내며 그들의 거짓말을 폭로하기 시작하면 그들은 당신을 무너뜨리기 위해 전력을 다한다. 당신이 사과한다고 해도 그들은 영영 당신을 무시할 것이다. 당신은 가면 뒤의 포식자를 알아버렸으니까.

당신과의 관계가 끝난 뒤에도 그들은 당신을 정신이상자로 몰아가기 위해 삼각관계를 이용한다. 그들은 새로운 파트너를 당신 면전에서 자랑하고, 얼마나 행복한지 온라인으로 과시하며 사진을 포스팅한다. 그들은 함께 얼마나 행복하고 완벽한지 증명하고자 한다. 하지만 그보다는 당신이 새로운 타깃을 미워하고 질투해서 서로의 관계를 끝나도록 만들었다고 비난받길 바란다. 즉, 당신과의 관계를 끝내기 위해 진짜 학대자인 자기 대신에 당신이 비난받길 바란다는 것이다.

그렇다면 이런 엄청난 감정적인 학대로부터 스스로를 어떻게 보호할 수 있을까?

우선 자존감을 배워야 한다. 그 부분에 대해서는 이 책의 뒤에서 좀 더 자세히 다룰 것이다. 간단히 말하자면 사람이 사귈 때 허용 가능한 것과 불가능한 것이 무엇인지 알아야 한다는 것이다. 외도를 하고 적대감을 불러일으키는 상대에게 시간을 쓸 가치는 없다. 그들의 지극히 위험한 행동을 설명하기 위해 자신이 미쳤다고 생각해서는 안 된다. 하지만 상대를 실성한 사람으로 만드는 미묘하고 비밀스러운 학대로 인해 그러기도 어렵다.

그래서 여기, 내가 소개하는 '탐정의 법칙'이 있다. 원리는 간단하다. 당신이 어떤 사람을 상대로 탐정 놀이를 하고 있다면 그들을 당신의 삶에서 곧장 제거해버려야 한다. '변함없는 상대'를 기억하는가? 당신이 그들을 상대로 탐정놀이를 하는가? 당신이 그들의 페이스북 페이지를 살피며 그들이 하는 말과 행동을 모두 짚어보는가? 아니, 그렇지 않다. 그러므로 사귀는 상대를 대상으로 그러고 싶어진다면 자기 자신의 문제가 아니다. 외적인 요인이 당신을 경계하고 의심하게 만드는 것이다.

이런 불신감이 모호하고 비이성적으로 느껴진다고 해도 직감을 믿어야 한다. 자신의 생각이 자꾸만 염려스럽거나 의심스러울 때는 짐작만 할 것이 아니라 행동을 취해야 한다.

해로운 사람을 삶에서 치워버릴 때마다 불안이 가라앉는 것을 기적처럼 느낄 것이다. 오직 당신만이 누군가가 당신에게 해를 끼치고 있는 것을 진정으로 알 수 있다. 오직 당신만이 자신에게 있어 최선이 무엇인지를 알 수 있다. 어떤 사람의 주위에서 기분이 좋은지 나쁜지는 당신이 결정할 수 있다. 당신의 감정이 잘못되었다고 말할 수 있는 사람은 없다. 이 질문을 기억하라. 오늘 기분이 어떤가? 그 대답만이 중요하다.

삼각관계는 당신에게 감정의 상처를 남기고, 당신이 질투심과 요구가 많은 불안한 괴물이 되었다는 느낌을 주도록 만든다. 이런 상처를 치유하고 당신이 느끼는 불안이 조작된 것임을 이해하라. 당신은 스스로가 아닌, 조종당하는 상태였다. 진정한 당신은 상냥하고, 남을 사랑하며, 열린 마음과 동정심을 가진 사람이다. 더 이상 이런 사실에 의문을 가질 필요는 없다.

침묵

침묵은 정체성을 잠식하는 강력한 도구다. 이는 남을 조종하는 것처럼 보이지 않으면서도 상대의 행동에 변화를 가져오는 은밀한 처벌이다. 공감 능력이 뛰어난 사람이 침묵 처벌을 받으면 종종 자기를 버리고 자신이 무엇을 잘못했는지를 생각하게 된다. 그 결과 이런 잘못을 다시 저지르지 않기 위해 당신은 자신의 인격 전체를 깎아내리기 시작한다.

침묵은 당신을 당신의 마음과 갈라놓는 잔인한 괴롭힘이다. 침묵 처벌을 당하면 당신의 직관과 당신이 진실이라고 알고 있는 모든 것들에게 전쟁을 선포하게 된다. 정체성이 충분히 잠식당하면, 사이코패스는 당신에게 그들을 떠날 기회를 주지 않고 이 마지막 기술을 사용할 수 있다. 그러면 당신은 스스로를 괴롭히고 사이코패스를 대신해서 자신을 학대할 것이다.

그들은 당신의 편집증을 부추길 미묘한 힌트나 암시만 심어놓고 당신이 스스로 생각하도록 내버려둘 것이다. 당신은 사귀는 동안 당신이 했던 모든 행동을 곱씹으며 자신이 느끼는 감정에 대해 자기 자신을 탓하게 된다. 당신은 그들에게서 메시지가 오길 바라며 가슴이 뛰어 한밤중에 깨어나기도 한다. 페이스북에 접속하면 그들이 친구나 예전 연인과 즐겁게 수다 떠는 것이 보인다. 그들은 바쁜 것이 아니라, 당신을 무시하는 것이다.

사귀기 시작할 때는 당신에게 1시간이 멀다 하고 메시지를 보내던 그들이 며칠씩 아무 말도 하지 않아도 당신은 그냥 이해해야 한다. 당신은 무엇을 잘못했는지 전혀 모르면서도 '근신' 상태라고 느끼기 시작한다. 그들의 돌변한 행동과 연락 두절에 대해 긴 이메일을 쓰면서 당신은 수동적 공격성을 띠기도 한다. 헤어지자고 말하고 싶지만, 그런 생각은 몇 시간을 가지 못한다. 사이코패스를 무시하고, 잘못된 일 따윈 없는 것처럼 냉정하고 침착하게 지낼 수 있다고 생각하므로 당신은 어색한 티를 내지 않는다. 하지만 이

게임에서 이기는 것은 항상 그들이다. 그들은 당신의 관심을 필요로 하지 않기 때문이다. 그들은 이미 다른 사람을 발견했으므로 더욱 그렇다. 사이코패스가 당신을 며칠씩 무시하기 시작하면, 그것은 새로운 타깃을 발견했다는 의미다. 그렇지 않다면 그들은 계속해서 당신에게 노력을 집중했을 것이다. 하지만 당신은 이제 장애물에 불과하다. 그들은 새롭고 흥미진진한 상대를 발견했고, 당신의 감정은 그들에게 성가신 방해물에 불과하다. 하지만 그들은 당신에게 이런 이야기를 하지 않을 것이다. 그들은 당신이 필사적인 마음으로 보낸 메시지를 읽고 아무 말 없이 무시할 것이다. 그들은 당신이 의심 많고, 집착하는 미치광이라고 비난할 것이다. 그들은 전화로나 직접 만나서 의논하는 것을 거부할 것이다. 이제는 은밀한 괴롭힘이 아니다. 그들이 당신을 경멸하는 것이 분명하다.

하지만 이 모든 상황에도 불구하고 그들은 당신을 버리지 않을 것이다. 아직은 적절한 시기가 아니므로.

3장

최후의 순간

사이코패스는 당신을 버리기 위해 가장 무심하고 가슴 아픈 방법을 세심하게 고른다. 그들은 새로운 피해자와 그루밍 과정을 시작하면서 당신이 스스로 자포자기하기를 바란다. 그들은 새로운 타깃이 더 낫다고 스스로를 안심시키기 위해 당신을 망가뜨린다. 하지만 가장 중요한 것은 그들이 당신을 미워하기 때문에 망가뜨린다는 것이다. 그들은 당신의 공감 능력과 애정을 경멸한다. 당신을 망가뜨리는 것은 그들의 영혼을 갉아먹는 공허함을 잠시나마 가시게 해준다.

그 여파

사이코패스들은 성공한 사람들에게 달라붙어 그들이 열심히 노력해 얻은 것을 훔쳐간다. 당신에게 좋은 직업이 있다면, 사이코패스는 스스로 일하지 않고 당신의 수입에 의존해 살아갈 것이다. 당신에게 멋진 친구들이 있다면, 사이코패스는 그들을 현혹해 자신의 팬클럽으로 만들고 당신과 이간질시킬 것이다. 그들은 당신의 삶에서 모든 것을 앗아갈 것이고, 당신에게서 모든 것을 가져간 뒤에는 새로운 숙주를 찾을 것이다.

사이코패스와의 이별 체크리스트

사이코패스는 현재의 파트너를 대신할 새로운 타깃을 언제나 예비해둔다. 하지만 단순히 관계를 끝내고 새로운 사람과 사귀는 것이 아니다. 그들은 다음 체크리스트의 각 항목을 철저히 따른다.

① 다른 사람에게 관심을 갖게 되었다는 암시를 슬며시 뿌린다.
② 당신이 마침내 반응할 때까지 ①번을 반복한다.
③ 당신이 과민반응을 보이고 질투한다고 냉정하게 암시한다.
④ 과민반응을 보이고 질투한다는 이유로 당신에게 말을 걸지 않는다.
⑤ 당신이 스스로를 망가뜨리기 시작할 때까지 ④번을 반복한다.
⑥ 당신의 자기 파괴를 이용해 새로운 타깃이 당신이 미쳤다고 확신하도록 만들고, 그런 방법으로 새로운 타깃이 그들의 외도가 '잘못된' 것이 아니라고 느끼도록 한다.
⑦ 당신의 자기 파괴를 이용해 친구들이 당신이 미쳤다고 확신하도록 만들고, 그런 방법으로 당신을 버릴 때 팬클럽의 전폭적인 지지를 받는다.

⑧ 당신의 불안한 행동 때문에 입은 상처와 괴로움을 설명한다.

⑨ 당신을 버릴, 상상할 수 있는 가장 무신경한 방법을 선택한다.

⑩ 당신 없이도 그들이 새로운 타깃과 얼마나 행복한지 당신 면전에서 과시한다.

외도와 거짓말을 한 것은 사이코패스들이지만, 이 단계를 밟으면 상황이 역전된다. 그들은 피해자인 척하면서 당신을 빈털터리로 만든다.

준비

이별 과정이 즉흥적이고 충동적으로 느껴지겠지만, 그것은 착각이다. 그것은 몇 달, 몇 주 동안 계획된 것이다. 이 기간 동안 당신은 그들이 실제로는 버림받기를 원하고 있음을 느끼기 시작한다. 그들은 의도적으로 당신을 화나게 하고 상처를 줄 것이며, 당신은 그들이 관계를 지속하는 데 아무런 관심이 없다는 것을 알게 될 것이다. 물론 그들은 이런 말을 하지 않는다. 그들은 당신이 가지고 있는 그들의 의도에 대한 추측들을 모두 부인한다. 대신 그들의 뻔뻔한 괴롭힘이 아니라 당신의 자기 파괴적인 행동이 두 사람 관계를 망치고 있다고 느끼도록 만든다.

당신이 상황을 바꿔보려고 분주하게 돌아다니는 동안, 그들은 다음 타깃의 마음을 얻고 있을 것이다. 그리고 그들은 당신이 그것을 의심하도록 만든다. 당신이 더 이상 견딜 수 없을 때까지 온갖 힌트와 암시를 던지는 것이다. 그리고 당신이 폭발하면 그들은 당신의 변덕스러운 행동을 들어 다음 타깃으로부터 동정을 산다. 당신이 보냈던 발작적으로 보이는 문자메시지를 보여주면서 당신을 제정신이 아닌 사람으로 만든다.

당신은 그저 당신의 질투로 인한 문제가 두 사람 사이의 불꽃을 꺼버렸다고 생각하며 이 시기를 보낸다. 하지만 회복을 시작하고 몇 달이 지나면 마침내 그때의 상황을 이해할 수 있다. 그들이 헤어지기 전에 했던 행동을 돌이켜보며 모든 퍼즐을 맞출 수 있다. 당신은 그런 교활한 계략에 충격을 받을 것이다. 당신이 얼마나 오랫동안 조종당했는지 알게 되면 구역질이 날 것이다. 그들이 왜 새로운 사람을 만나자마자 당신을 버리지 않았는지 궁금할 것이다. 그러면서 그들이 당신을 대놓고 무시하고 있었음을 깨닫게 될 것이다.

> ## 파괴
>
> 사이코패스에게 갑작스러운 이별을 통보받으면 영문을 몰라 어리둥절할 것이다. 하지만 사이코패스에게 이 순간은 오랫동안 공들여 계획한 것이다. 그들은 당신에 관한 거짓말과 험담을 퍼뜨리고 있었고, 남들에게 당신이 심리적으로 불안하며 관계를 망치고 있다고 이야기했다. 그들은 이 이야기를 다음 타깃을 그루밍하고,

자신이 명백히 외도하고 있다는 사실로부터 친구들의 주의를 돌리는 데 이용한다. 당신은 며칠 만에 버림받을 것이고, 그들이 타인과 '완벽한' 삶을 펼쳐나가는 광경을 지켜볼 것이다. 당신이 상황을 고쳐보려고 필사적으로 뛰어다니는 동안 그들은 이미 새로운 관계를 시작했다. 그리고 정상적인 사람처럼 당신과 헤어지는 대신, 그들은 마지막 순간까지 당신을 괴롭혔다. 그들은 당신이 '질투심' 많고 '미쳤다'고 하면서 당신의 정체성을 희희낙락 잠식했다. 사이코패스는 타깃과 가만히 헤어지지 않는다. 그들은 이별을, 육체적·정서적·영혼적인 것들을 스스로 파괴하는 당신을 지켜보는 기회로 삼는다.

"

대화

사이코패스와 이별할 때, 태연하고 솔직하지 못하다고 느낄 것이다. 그들은 당신이 아무런 가치도 없는 사람이라는 양 문자메시지로 이별을 통보하기도 한다. 그들은 이대로는 도저히 안 되겠다면서 자신과 자신의 '감정'에 대해서 주로 이야기할 것이다. 당신은 대화 내내 멍한 상태일 것이다. 이런 일이 올 것 같기는 했지만 정말로 일어났다는 사실을 믿을 수 없을 것이다. 그들의 예전 연인에 대해, 당신의 변한 행동에 대해 여러 가지 말을 들었지만 당신을 대신하는 타깃에 대해서는 아무런 말도 들은 바 없다. 그들은 (당신에 대해) 측은해하는 듯하면서도 이상하게 명랑해 보일 것이다.

그들은 가장 불편한 장소를 택해 당신을 버릴 것이다. 당신으로 하여금 멀리까지 찾아오게 한 다음 이동 도중에 이별을 선언하기도 할 것이다. 또한 당신의 여행 계획을 취소하도록 한 다음 낯선 환경에 떨어뜨릴 것이다. 그렇게 해서 그들은 당신이 이별 통보에 더욱 당황하도록 할 것이다.

당신은 헤어지고 난 뒤 공허함을 느낄 것인데, 이 감정은 우울하다는 말로 표현하기 힘들 정도로 참 견디기 힘든 것이다. 이 순간에는 영혼이 죽어버린 느낌이 든다.

> ## 버릴 준비
>
> 상대를 갑자기 버리는 것은 정상적인 행동이 아니다. 그들이 했던 말처럼 진심으로 사랑과 열정이 있었다면 몇 달 뒤 한마디 말도 없이 사라질 수는 없다. 예전의 어떤 미친 연인들보다도 당신이 낫다고 했던 사람이 이제는 '당신'을 미친 예전 연인으로 만들어 새로운 타깃을 유혹하고 있다. 사이코패스의 입에서 나오는 모든 말은 지어낸 헛소리다. 이것은 "우리는 모든 면에서 똑같아"라며 성격을 미러링하다가, 전혀 다른 사람을 미러링하며 당신을 버릴 준비를 할 때 특히 분명해진다. 이런 순환이 어떻게 작동하는지 이해하고 나면 당신이 소울 메이트를 잃어버린 것이 아니라는 것을 알게 된다. 그들은 영원히 이 순환을 반복하겠지만, 당신은 끝없는 거짓말과 영혼 없는 심리전에서 벗어나는 새로운 모험을 시작할 수 있다.

다시 삼각관계

사이코패스는 아직 당신과의 관계를 끝내지 않았다. 그들이 가장 좋아하는 시간은 헤어진 직후 삼각관계를 형성하는 때다. 그들이 페이스북에서 자신의 상태를 '싱글'로 바꾸면, 당신은 상황이 더 이상 나빠질 수 없다고 생각한다. 친구들이 당신의 안부를 물어오지만 당신은 헤어진 연인 이외의 무엇에도 집중할 수 없다. 그들의 사진을 보면 마음이 괴롭지만, 당신은 계속 그렇게 한다. 당신은 예전에 올린 사진을 살펴보다가 충동적으로 지워버리고는 곧 후회한다.

그리고 목격한다.

헤어지고 며칠 뒤부터 그들이 올린 다른 사람과 찍은 사진을 말이다. 당신이 본 적 없는 사람이다. 그들은 새로운 타깃을 과시한다. 그들은 창피함도 죄책감도 느끼지 않는다. 당신은 그렇게 해서는 안 된다는 것을 알면서도 호기심을 이기지 못한다. 주위를 여기저기 살피다 이 새로운 사람이 당신의 헤어진 연인과 한동안 알고 지냈음을 알게 된다. 그들은 서로 농담을 주고받으며 소셜 미디어에서 은밀하게 사귀기 시작했지만, 당신이 알아차리지 못한 것이다.

그들의 친구들은 모두 행복한 커플을 축하하고 있다. 그들의 친구들은 새로운 파트너를 알고 지낸 것이 분명하다. 당신이 예전의 미친 연인으로 평가절하되는 동안 새로운 타깃은 이미 당신의 자리를 차지할 준비를 하고 있었다. 사이코패스의 팬클럽은 환호하며 어느 때보다도 큰 박수를 보낸다. 그들의 스타가 (새로운) 일생의 상대를 만난 것이니까.

우월감 콤플렉스

　헤어지고 삼각관계를 만든 뒤, 사이코패스는 굉장한 우월감을 느낀다. 이때 당신이 추락하는 것을 지켜보며, 그들의 에너지는 최고조에 다다른다. 당신이 알기를 원하므로 그들은 새로운 타깃을 과시한다. 그들은 당신의 반응을 기다리고, 반응이 없으면 당신에게 말을 걸 이유를 만들어낸다. 그리고 최신 프로필 사진을 잘 보이게 내걸 것이다. 사이코패스는 당신의 관심을 얻기 위해 의미 없는 짓도 할 것이다. 예를 들어 옷가지나 DVD 같은, 정상적인 사람이라면 잊어버려도 될 만한 물건을 돌려주겠다고 할 것이다.

　당신의 관심을 끌고 나면 사이코패스는 연애 전문가라도 된 것처럼 당신을 깔볼 것이다. 그리고 그들은 매우 거만한 태도를 취할 것이다. 헤어진 후 그들은 침착하고 우월한 사람처럼 행동하는 데 집착한다. 승리자처럼 말이다.

　그들은 그동안 있었던 모든 일들을 축소하고, 당신에게 드라마를 만들어내지 말라고 경고할 것이다. 당신을 괴롭히고 외도한 것을 사과하기는커녕, 그들은 헤어지는 것이 자신에게도 힘들다고 할 것이다. 그들은 더 어른스러운 사람인 것처럼 굴 것이다. 당신에게 잘 지내라고 하고, 아무렇지 않게 행동하면서, 이별을 일상적인 것처럼 보이도록 만들 것이다.

헤어진 뒤 잘난 척할 기회를 주지 않으면, 그들은 매우 불쾌한 행동을 할 것이다. 자신이 외도하고 거짓말한 것에 대해서는 말하지 않을 것이다. 그들은 당신이 기억 속에서 그들을 우상화하기를 바란다. 헤어지기 전 당신에게 며칠씩 말을 걸지 않았던 걸 기억하는 가? 그러면서도 여전히 당신에게 즉각적인 대답을 기대한다. 그렇지 않으면 당신은 억울해하며 질투하는 사람으로 낙인찍힌다. 이쯤에서 벽이라도 한 번 치고 싶은 기분이 드는 건 당신뿐이 아니다.

감정을 학대하는 사람이 놓는 덫

사이코패스, 나르시시스트, 소시오패스는 아첨과 매혹의 전문가다. 처음에는 기분이 좋다. 하지만 그들은 덫을 만든 것이고, 어떤 사람도 그 덫에서 벗어날 수 없다.

① **당신을 이상화함으로써 사이코패스는 이런 관심과 찬양이 곧바로 자신에게 되돌아오기를 바란다.** 그들이 애정을 쏟아부으면 곧 두 사람 사이에 돈독한 관계가 형성된다. 그리고 당신은 받고 있는 '사랑'을 즉시 되돌려준다. 당신의 마음속에서 그 사람은 가장 열정적이고 완벽한 소울 메이트가 된다. 당신은 날마다 이 사랑을 느끼고 표현한다.

② **이 관계에서 느끼는 흥분을 친구, 가족과 함께 공유한다.** 그들

은 이렇게 끊임없이 주고받는 칭찬을 사람들에게 널리 알린다. 페이스북 같은 사이트가 서로의 이상화 과정을 온 세상에 내보이는 확실한 장소다. 이런 공개적인 친양에 당신은 자부심이 살아나는 느낌이다.

③ **감정학대자는 천천히 물러난다.** 처음에 이 과정은 미묘하다. 무엇이 문제인지 집어낼 수는 없지만, 무언가 다르게 느껴진다. 그들은 이전만큼 자주 메시지를 보내거나 전화를 걸지 않고 흥미가 떨어진 것처럼 보인다. 당신이 성가신 존재처럼 느껴지고, 그들은 항상 약속시간에 늦는다. 하지만 앞에서 설명한 이유로 인해 당신은 계속해서 칭찬과 관심을 보여준다. 그들의 나빠지는 행동에도 아랑곳하지 않고 그들을 더욱 이상화하여 당신의 꿈을 되살리려고 한다. 당신은 그들의 예전 연인처럼 되고 싶지 않다. 편안하고 용서할 줄 아는 상대가 되고 싶다.

④ **당신은 친구와 가족, 스스로에게 상대가 얼마나 멋진 사람인지 계속 이야기한다.** 관계가 점점 더 나빠지는데도 당신은 사랑과 긍정적인 기운을 불어넣으면 모든 것이 나아질 것이라고 믿는다. 이 시점에서 사이코패스는 멋대로 행동하지만 당신은 계속해서 그들을 칭찬한다.

⑤ **사이코패스의 괴롭힘이 훨씬 더 심해진다.** 삼각관계가 시작된다. 사이코패스는 당신에게 말도 걸지 않고 비난하기 바쁘다. 당신이 이성을 잃었으며 지나치게 예민하다고 한다. 그리고 결국 당신은 버림받는다. 이 과정 내내 당신은 관계를 되살려보

려고 필사적으로 노력한다. 울고, 사정하고, 현실을 부정하기도 한다. 모두들 당신과 사이코패스의 관계가 완벽하다고 믿고 있으므로 도움을 청할 곳도 없다.

⑥ **결별 후 당신은 상황을 이해하기 시작한다.** 구글 검색 등을 통해 사이코패스가 무엇인지 알게 되고 "세상에, 이건 너무 오싹해"라고 생각하기 시작한다. 알면 알수록 더 화가 난다. 모든 것이 이해되기 시작하고, 당신이 아는 진실은 완전히 바뀌어버린다.

⑦ **덫.** 아무도 당신의 말을 믿지 않는다. 그동안 두 사람 사이가 완벽하다고 그렇게 자랑했으니 그럴 만도 하다. 어떻게 당신이 괴롭힘을 당했다는 말인가? 당신은 행복했다. 행복에 겨워 들떠 있었다. 당신의 파트너는 멋진 사람이었고 당신에게 너무나 잘해주었다. 직접 그렇게 말하지 않았는가! 상황이 그렇게 나빴다면 어째서 그들을 늘 칭찬했는가? 당신은 앞뒤가 맞지 않는 말을 하면서 버림받은 것을 받아들일 수 없어 앙심을 품은 것처럼 보인다.

이것이 감정을 학대하는 사람이 놓는 덫이다. 그들은 당신을 그루밍해 칭찬과 애정을 자아내고, 괴롭힘이 시작되면 당신이 스스로 자신의 생각이 틀렸다고 믿도록 만든다. 종종 친구들마저 사이코패스의 편을 드는 것을 보게 된다. 이는 대단히 충격적인 일이고 이 덫이 바로 사이코패스의 최후의 일격이다.

이를 피하기 위해서는 자신을 변명하거나 설명하려고 노력하지 말아야 한다. 그렇다. 당신이 겪은 일을 누군가와 나누어야 하긴 하지만 어떤 일을 겪었는지 이해하는 사람과 나누어야 한다. 회복 모임이나 게시판을 찾아라. 상담을 원한다면 사이코패스의 조종에 대해서 아는 상담사를 찾도록 하라. (경계선 인격 장애, 자기애 인격 장애, 연기성 인격 장애, 반사회적 인격 장애를 포함하는) B군 인격 장애를 잘 아는 사람이어야 한다. 그렇지 않으면 당신은 계속해서 비난만 받게 될 수도 있다. 당신에게 "그만 잊어버려라"고 하거나 "살다 보면 헤어지기도 하는 것"이라고 말해줄 사람은 필요 없다. 이 지옥 같은 상태에서 벗어나 마음의 평화를 찾도록 도와줄 사람이 필요하다.

당신은 실성한 것이 아니다. 조울증도, 정신이상도, 과민한 것도, 질투하는 것도, 요구가 많은 것도 아니다. 당신은 감정적인 학대를 겪은 것이며 이 덫에서 벗어날 수 있다. 침착하게 인내하며 자기 자신을 너그럽게 대하라. 언젠가 이 경험을 설득력 있고 믿을 수 있게 말할 수 있을 것이다.

지금 당장 남들이 당신의 사연을 믿어주지 않을까 봐 염려하지 말라. 그게 바로 사이코패스가 바라는 것이다. 그들은 당신이 가장 큰 상처를 받았을 때 수세에 몰리도록 함으로써 죄책감을 느끼고 심리적으로 불안하게 만든다.

그러므로 그들의 덫과 작별하라. 당신은 혼자가 아니다. 당신의 이야기를 이해할 수 있는 사람들과 공유하면 이 악몽이 이상하고 아득한 기억일 뿐이라는 사실을 알게 될 것이다. 사이코패스는 중요하지 않다. 중요한 것은 모든 것을 바꿔놓을 다음의 회복 여정이다.

그들은 남과 왜 그렇게 행복한가?

회복 초기에 피해자들이 가장 많이 묻는 질문이 바로 이것이다. 당신과 헤어지고 나면 사이코패스는 당신을 대신하기 위해 준비해둔 타깃으로 재빨리 넘어간다. 외도와 거짓말의 꼭대기에서, 당신은 강제로 앞좌석에 앉아 눈앞에서 그들이 타인과 '완벽한' 삶을 시작하는 모습을 지켜봐야 한다.

그들이 새로운 타깃을 당신보다 더 잘 대해준다는 생각이 드는 것은 착각이 아니다. 같은 일을 겪은 모든 사람들이 그렇게 느낀다. (새로운 타깃도 결국은 버림받기 때문에 훗날 똑같이 느끼게 된다.) 사이코패스는 마치 동화처럼 흠잡을 데 없는 새로운 관계를 보여준다. 당신이 미처 알아차리기도 전에, 그들은 타인의 꿈과 좋아하는 것, 싫어하는 것을 자기 것으로 만든다. 그들은 온 세상을 향해 자신의 새로운 관계를 자랑한다. 당신을 며칠 만에 갈아치운 것에 대한 수치심이나 죄책감 같은 것은 전혀 없다.

감정적인 학대자는 새로운 타깃과 함께 석양 속으로 행복하게 달려가고, 당신은 그들이 정말 사랑할 수 있을지 의아해한다. 그러나 사이코패스에게 해피엔딩이란 없다. 그들은 질투심과 드라마를 일깨우기 위해 세상에 자신의 최근 피해자를 과시할 것이다. 그것은 이미 그들에게 양심이 없다는 표시다.

새로운 관계가 펼쳐지는 것을 보는 동안, 당신은 늘 바랐지만 받아보지 못했던 관심과 애정을 알아차리게 될 것이다. 어쩌면 그들은 당신과 결코 동거하고 싶지 않다고 했으면서, 새로운 파트너와는 함께 살기 시작했을지도 모른다. 당신에게는 정착하지 않았으면서, 그들은 곧바로 결혼했을지도 모른다. 당신은 비밀로 감추었으면서, 그들은 함께 찍은 사진을 페이스북에 끊임없이 올리고 있을지도 모른다. 한마디로, 당신은 그들의 진정한 판타지에 걸리적거리는 존재였던 것처럼 느낀다.

이해하기 어렵지만, 이것은 사실이다. 다른 누군가도 당신이 그들과 사귀기 시작했을 때 똑같은 감정을 느끼고 있었다.

이상화 과정은 매번 달라지고, 그래서 다음 사람은 이전 상대가 누리지 못한 것을 얻는 것처럼 보인다. 당신은 낭떠러지에 떨어졌지만, 새로운 타깃은 구름 위를 걷고 있다. 그래서 상황은 더욱 부당하게 느껴진다.

다른 사람이 '특별 대우'를 받는다는 사실이 당신에게 잘못이 있다는 의미는 결코 아니다. 그리고 당신이 괴롭힘을 당하는 동안 당신이 보인 반응 때문에 이런 결과가 나온 것도 아니다. 당신이 완벽하게 행동했다고 하더라도 사이코패스는 당신을 버리고 새로운 상대를 찾아야 할 이유를 발견했을 것이다. 그들이 다른 사람을 찬양하는 것은 두 가지 목적을 갖는다. ① 새로운 타깃을 그루밍해서 관심과 애정을 받는다. ② 다른 사람에게 당신보다 더 많은 애정을 주어 당신이 질투하고 스스로 가치 없는 존재라고 느끼게 만든다.

이것이 예전 연인과 연락을 취하지 않는 것이 매우 중요한 이유다. 그들이 새로운 관계를 맺는 과정을 지켜본다면, 더 이상 불가능한 질문과 자기 회의懷疑로 스스로를 더 괴롭히게 될 뿐이다. 볼 때마다 후회하게 될 것이다. 그들이 당신보다 새로 사귀는 사람과 더 오래 사귈 수 있는 이유가 궁금할 것이다. 또 그들이 새로운 상대를 더 오래 견뎌줄 수 있는 이유가 궁금할 것이다. 삼각관계로 인해 괴롭힘을 당하는 동안 당신은 자신과 다른 사람을 끊임없이 비교할 것이다. 그들이 당신을 버리고 다른 사람을 선택한 것에 스스로 열등감을 느낄 것이다.

그들이 새로 사귀는 사람과 잘못되기를 바라며 인생을 낭비해서는 안 된다. 결국에는 아무런 차이가 없을 것이기 때문이다. 처음에는 만족감을 느낀다고 해도 자신의 가치를 전적으로 타인의 상황에 따라 결정한다면 결국 비참한 감정이 드는 법이니까.

당신에게는 아무런 잘못이 없으며, 새로운 타깃이 당신보다 근본적으로 나은 점 또한 없다. 당신은 그들과는 전혀 다른 사람이며, 당신에게 주어진 애정과 찬양은 실질적인 자질이나 내면의 아름다움과는 무관하다. 이상화는 당신을 통제하기 위한 수단일 뿐 타당한 근거가 있는 것도, 기분이 좋을 일도 아니다. 당신은 새로운 타깃과 자신을 비교하며 둘 중 누가 더 매력적인지, 누가 더 성공했는지, 누가 더 지적인지 궁금할 테지만 그런 것은 아무런 의미가 없다. 사이코패스가 새로운 타깃을 발견하면, 그들은 거기에 모든 에너지를 집중한다. 당신이 세상에서 가장 섹시하고, 재미있고, 똑똑한 사람이라도 당신은 잊혀지고 무시당할 것이다. 누군가가 당신보다 좋은 자질을 더 많이 가졌기 때문이 아니다. 그건 단순히 당신이 긍정적인 관심을 제공하는 점에 있어서 기한이 만료되었다는 의미다. 당신이 그들의 거짓말에 의문을 제기하고, 자신의 의견을 개진하고, 진실을 파헤치기 시작한 것이다. 그러한 이유로 당신은 벌을 받았다.

당신이 어째서 그들을 만족시키지 못했는지, 어떻게 하면 좋았을지 생각해보는 것은 괜찮다. 당신이 겪을 일을 생각해보면 그건 당연한 반응이다. 하지만 이 책의 핵심은 당신이 충분히 좋은 사람이며 당신이 어떻게 하더라도 결과는 같았음을 이해하도록 도와주는 것이다.

이제, 자유로워진 당신이 이런 자질을 직접 탐색해보고 건전한 자존감을 키울 기회가 생겼다. 하지만 이것은 당신이 끊임없이 자신을 남에게 예속시키지 않을 때 가능하다. 대부분의 경험자들은 예전 연인의 새로운 관계를 보면서 육체적인 아픔을 겪는다. 가슴이 두근거리고, 숨을 제대로 못 쉬기도 한다. 왜 이런 일을 겪으려고 하는가?

스스로를 방어하는 육체의 말을 듣도록 하라. 육체는 그들을 살펴봐서 좋을 게 없다는 것을 알고 있다.

할 수 있다면 '관계 끊기' 달력을 만들고, 그들의 새로운 관계를 살펴보지 않고 오래 지낼 수 있도록 스스로를 격려하는 것도 좋다. Psychopath Free.com의 모든 회원은 접촉하지 않고 얼마나 오래 지낼 수 있는지 측정하는 '관계 끊기 측정 카운터'를 사용한다. 시간이 오래 흐를수록 점점 더 편안해지는 것을 느낄 수 있다. 그리고 머지않아 이 새로운 관계 덕분에 실제로 더 이상의 괴롭힘을 당하지 않아도 된다는 것을 알게 되면서 새로운 타깃에게 동정심이 들기도 한다.

> ## 행복한 결별
>
> 사이코패스와 새로운 타깃과의 관계는 완벽해 보일 수 있다. (그들이 당신이 알아차리도록 만드므로) 당신은 새로운 타깃을 이상화하는 과정을 지켜보았고, 그 타깃이 당신보다 무엇이 나은지 의아한 마음도 갖는다. 하지만 그 '완벽한 커플'은 오래 가지 못할 것이다. 이상화가 끝나면 사이코패스는 지루해질 것이다. 그들은 항상 지루해한다. 그 끊임없는 증상 때문에 그들은 가만히 있지 못한다. 그 증상을 일시적으로 완화시키기 위해 그들은 새로운 피해자의 정체성을 잠식하기 시작한다. 지루함을 잊기 위해 잠깐 그들을 가지고 노는 것이다. 결국 그것으로는 충분하지 않다. 더 많은 것이 필요하다. 그들은 피해자가 애원하고 사정하는 것을 봐야 한다. 상대가 스스로를 파괴하는 과정을 봐야 한다. 그래서 괴롭히는 과정이 자꾸만 반복되는 것이다. 그들이 당신 없는 관계에서 진정한 행복을 찾았는지 궁금해할 필요가 없다. 당신을 그렇게 사악하게 경멸한 사람이 갑자기 다른 인간을 사랑할 수는 없다. 이런 자질은 결코 양립할 수 없는 것이다.

대부분의 경우 사이코패스는 상대와 헤어지는 데 집착한다. 이는 권력과 통제력의 상징이기 때문이다. 하지만 이따금 상대가 스스로 학대로부터 자유를 찾고, 사이코패스를 떠나는 경우도 있다.

사이코패스가 버림받는 경우에는 몇 년, 적어도 몇 달 동안 스토킹과 괴롭힘을 당해야 한다. 다음 상대를 만나기 전까지 그들은 위협하고 겁을 주는 방법으로 당신의 삶을 망기뜨리는 데 전력을 나할 것이다. 그들은 온라인 인격을 만들어내 당신의 인터넷 활동을 스토킹할 것이다. 이렇게 함으로써 통제력을 가졌다고 착각하면서 당신이 그들 없이는 존재할 수 없다고 믿을 것이다.

그들은 당신을 되찾으려고 노력할 수도 있다. 이때 속으면 안 된다. 이것은 상황을 역전시키려는 그들의 마지막 조종이다. 그들의 목적은 자신이 작별을 주도하려는 것이다. 누군가를 버리기 위해 구애하는 수고를 들이는 것이 이상하게 들리겠지만, 이것이 사이코패스들의 방식이다.

자신이 잊혀지지 않았음을 확인하기 위해 예전 연인이 어떤 형태로든 연락해오기를 바라는 사람도 있다. 하지만 예전 연인이 당신을 잊었다면 운이 좋은 것이라고 생각하라. 왜 운이 좋은지 확인하고 싶다면, 사이코패스에게 먼저 작별 선언을 한 사람을 만나보라. 그들의 이야기를 듣고 나면 예전 연인이 침묵하는 것이 얼마나 다행인지 곧 알 수 있을 것이다.

아이러니

이상한 일이지만, 최후의 결별은 사이코패스가 당신에게 가장 큰 힘을 부여하는 때이기도 하다. 이는 그들의 우발적인 존중을 뜻한다. 불행의 구렁텅이에 있는 당신에게 이는 불가능한 것처럼 느껴진다. 그리고 당신의 인생에서 이때처럼 스스로를 무용지물이라고 느낀 적이 없었다. 그런데 어떻게 이것이 좋은 것일 수 있을까?

최후의 순간에 결과는 주로 4가지 정도다. 그리고 모든 경우에서 사이코패스는 간접적으로 당신을 칭찬하는 셈이다.

1. 그들이 다른 파트너를 발견했다

사이코패스가 새로운 타깃을 당신보다 더 소중하다고 본다면 그 의미가 정확히 무엇일까? 그것은 이 새로운 상대가 그들이 원하는 무조건적인 애정을 제공할 확률이 더 높다는 뜻이다. 또한 당신이 충분히 그렇게 하지 않는다는 의미이기도 하다. 사이코패스가 새로운 타깃을 위해 당신을 버릴 때면 당신이 유용하지 않아서다. 그들은 당신이 새로운 타깃만큼 복종하지 않고, 본인 마음대로 당신을 좌지우지할 수 없다고 생각한다. 당신을 버리고 당신 면전에서 다른 파트너를 애지중지하는 건 그들이 행복하다는 의미가 아니다. 그들은 당신이 새로운 정복 대상보다 못 하다는 것을 확인하기 위해 당신의 자존감을 깎아내리려는 것이다.

사람들이 타인에게 자신의 행복을 증명해야 할 때는 불행한 때다. 사이코패스가 당신을 삼각관계에 넣고 세상 사람들이 다 보도록 새로운 사진을 포스팅하는 것은 불행하다는 의미다. 그들은 당신을 몰락시킴으로써 거짓말을 믿어보려고 처절하게 애쓰고 있다. 그들이 당신의 실패에 집착하는 것은 일종의 칭찬으로 받아들여야 한다.

2. 그들의 거짓말에 속는다

"세상에, 당신은 사사건건 지나치게 분석한다"라는 말을 들어보았는가? 당신의 과잉분석이 항상 그들의 외도, 거짓말, 삼각관계의 결과라는 사실은 이상하다. 사실을 지적하는 당신이 실성했다고 느끼도록 하려고 사이코패스는 그렇게 말한다. 그들의 거짓말을 지적한다고 당신을 벌주는 것은, 역시 칭찬이나 마찬가지다. 당신의 이성과 직관을 망가뜨리려고 함으로써 그들은 당신의 이런 자질이 너무 강하다고 말하고 있다. 그들은 이런 능력을 알아보고 당신으로 하여금 그것이 약점이라고 믿도록 만들고자 한다. 당신이 거기에 더 이상 의존하지 못하도록. 사이코패스가 모든 것을 지나치게 분석한다고 비난한다면, 당신이 훌륭한 탐정이라는 뜻이다.

3. 당신은 지나치게 행복하다

사이코패스는 이상화 과정에서 사람들을 과장해서 칭찬하지만, 자신의 파트너가 만들어주는 행복과 애정을 혐오한다. 이상하지 않은가? 이해할 수 없는 심리다. 그래서 사이코패스가 내놓는 해결책은 수동적 공격성을 통해 이런 미움을 표현하는 것이다. 그들은 상대를 불안하게 만들고 그들이 만들어준 자신감을 모조리 부숴버린다. 그들이 이렇게 하는 것은 당신을 칭찬하는 셈이다. 즉, 당신은 그들이 증오하는 모든 것, 애정, 행복, 기쁨을 체화한 존재라는 의미다. 그런 자질은 그들이 결코 느낄 수 없는 것을 의미하므로 경멸하는 것이다. 그래서 그들은 이런 자질을 어리석고 쓸모없다고 여긴다. 당신의 미소와 웃음을 보면 그들은 스스로가 영혼

없는 존재임을 자꾸만 상기하게 된다. 그렇지 않다는 확신을 얻기 위해 그들은 최후의 결별을 계획하는 것이다.

4. 그들은 당신의 감정을 지루해한다

사이코패스들은 모든 것이 완벽하기 때문에 이상화 과정을 좋아한다. 아무런 문제도 없고, 누군가의 두려운 감정을 감당할 필요도 없다. 하지만 누군가를 속여 사랑에 빠지게 하면 그들은 갑자기 곤경에 빠진다. 그들의 상대는 그들을 사랑하고 더욱 큰 감정적인 유대 관계를 맺고자 한다. 사이코패스는 이런 상황을 쉽게 지루해하고 불편해한다. 이런 경우 최후의 결별은 상대가 미쳤으며, 조울증이고, 히스테리 환자라는 누명과 함께 이루어진다. 마찬가지로, 이런 말은 "당신에겐 착한 마음이 있어"라는 의미다. 하지만 사이코패스는 이해하지 못하는 것을 증오하므로 당신을 파괴하려고 든다. 당신이 완벽한 파트너가 되기 위해 감정을 억누르려고 애쓰는 동안, 당신은 보통의 인간으로서 적절한 반응을 보이는 것이다. 감정은 인간을 인간으로 만들어주는 것이지만, 사이코패스는 이런 인간적인 자질에 쉽게 질린다.

사이코패스가 소중히 여기는 것은 모두 당신이 소중히 여기는 것의 반대다. 그러므로 그들이 당신에게 벌을 줄 때는 당신이 가장 소중히 여기는 것을 인정하는 셈이다. 그들은 당신이 지닌 가장 훌륭한 자질을 의심하게 만들기는 했지만, 돌이켜보면 이런 괴롭힘이 당신이 지닌 장점을 인정한다는 의미임을 알 수 있다.

물론, 지금 당장은 이런 말을 듣고 싶지 않을 수도 있다. 최후의 결별 이후에는 아무런 희망이 없고, 즐거움도 없고, 미래도 없다고 생각할 것이다. 사이코패스가 가한 고통에 깊이 상처받았고, 그 괴로움이 어떤 것인지 제대로 이해하려면 몇 년이 걸릴 수도 있다. 그러니 다음 장으로 넘어가 이 길을 함께 걷도록 하자.

2부
회복으로 가는 길

사이코패스에게서 받은 괴롭힘으로부터 회복하는 것은 긴 여정이다. 이 여정은 직선적이지도, 논리적이지도 않다. 정해진 단계가 있는 것도 아니고, 자신만의 단계를 밟기도 할 것이다. 사실 아무것도 잃은 것이 없기에, 이는 전통적인 상실의 회복 단계와도 다르다. 알고 보면 우리는 모든 것을 얻었다. 그것을 아직 모르는 것뿐이다.

4장

왜 그렇게 오래 걸릴까?

사이코패스와의 결별은 건전한 사람과의 결별과는 많이 다르다. 사이코패스와의 관계로부터 회복하는 데에는 굉장히 많은 시간이 든다. 원하는 만큼 빨리 회복되지 않기 때문에 피해자들은 스스로에게 불만을 느끼기도 한다. 그들은 좋은 뜻으로 "이제 그만 잊으라"고 조언하는 친구나 전문가들을 만나기도 한다.

오랜 결혼생활을 했든지, 잠시 만나고 헤어졌든지, 사이코패스와의 만남에서 회복하는 과정은 동일하다. 마음을 다시 다잡는 데 12~24개월이 걸릴 것이고, 그렇게 된다 하더라도 힘든 나날이 기다리고 있을 것이다.

자신에게 기한을 정하지 말아야 한다. 시간이 지나면 행복하고, 만족하고, 희망을 느끼는 순간이 올 것이다. 이런 순간은 '접촉 금지'를 통해 좀 더 강하고 잦아질 것이다. 사이코패스가 차츰 보이지 않는 곳으로 사라질 테니까. 돌이켜보면 '현실'처럼 느껴지지도 않을 것이다. 이상한 사람에게 반해 그렇게 빠져들었다는 사실을 믿을 수 없을 것이다. 당신의 마음과 머리는 이제 좀 더 나은 일에 집중하게 될 것이다.

회복 불가능한 상처를 받았을 것이라는 염려는 하지 않아도 된다. 공감 능력은 결코 죽지 않는다. 그것은 당신에게 남아 있고, 때가 되면 새롭고 아름다운 형태로 되돌아올 것이다. 그 사이에 기쁜 일도 있고 힘든 일도 있겠지만, 당신은 인생의 마지막까지 뻗어 있는 자유를 향해 나아가고 있는 것이다.

여기서 중요한 것은 자신을 비난하지 않는 것이다. 이 과정이 더 빨리 지나가기를 바라는 일도 그만두어야 한다. 마음이 아직 아프다고 해서 사이코패스에게 졌다고 생각하지 말아야 한다. 그들은 이제 상관없다. 이 여정의 주인공은 당신이다. 시간이 오래 걸리는 것을 인정하면 이 과정이 훨씬 더 즐겁게 느껴질 것이다.

그런데 이 과정은 왜 이렇게 더딘 것일까?

당신은 사랑에 빠졌었다

그렇다. 그것은 조작된 사랑이었다. 당신의 개성이 미러링되었고, 꿈은 조종되었다. 하지만 당신은 사랑에 빠졌었다. 사랑은 세상에서 가장 강력한 사람 간의 유대 관계이고 당신은 그것을 온 마음을 다해 느꼈다. 사랑한 사람, 여생을 함께하려고 계획한 사람을 잃는 것은 언제나 가슴 아픈 일이다.

인간의 영혼은 이런 사랑의 상실로부터 치유되어야 한다. 상대의 의도와 상관없이 당신의 사랑은 실재했던 것이다. 사랑하던 사람과 헤어진 뒤 우울감에서 벗어나려면 상당한 시간과 희망이 필요하다.

당신은 필사적인 사랑에 빠졌었다

사이코패스와의 이별이 보통의 이별과 확연히 다른 것이 바로 이 지점이다. 사이코패스는 필사적인 마음과 욕망을 이끌어낸다. 당신은 어느 때보다 이때의 관계를 위해 더 열심히 노력하지 않았는가? 시간과 에너지, 생각을 더 많이 들였을 것이다. 그리고 그 보답으로 평생 가장 힘들고 고통스러운 경험을 얻었다.

이상화 과정을 거치는 동안 그들은 엄청난 관심과 애정을 쏟았다. 그들은 당신의 모든 면을 좋아하는 척했다. 당신이 하는 모든 행동은 완벽해 보였다. 이로 인해 당신은 한껏 들떴고, 그들이 당신의 정체성을 잠식할 준비를 하는 것을 전혀 몰랐다.

어느 정도의 시간이 흐르자 당신은 자신이 언제든지 교체될 수 있다는 온갖 암시를 느끼기 시작했다. 그 탓에 여러 가지 생각이 들었고, 이 사람이 하루 종일 머릿속에서 떠나지 않았다. 이런 불안한 삶은 사실 그들이 거짓말과 삼각관계를 통해 만들고자 하는 것이다.

내내 머릿속으로 그들을 생각함으로써 당신은 필사적인 사랑을 하게 되었다. 이는 건전하지 못한 관계이며, 당신이 그렇게 강한 감정을 느끼는 상대가 사랑받을 가치가 있다는 의미 또한 아니다.

하지만 당신은 강한 감정을 느끼므로 그런 애정을 느낄 상대가 그들뿐이라고 생각하게 된다. 그리고 그 사람을 잃게 되면 온 세상이 무너지는 느낌이 든다. 세상이 뒤집히고 파괴되는 느낌이다.

화학반응

사이코패스들은 상대와 강렬한 감정적, 성적 관계를 맺는다. 이러한 행위가 자신에게 의존하도록 상대를 훈련시키기 때문이다.

그들은 처음엔 당신을 여러모로 소중히 여긴다. 당신은 마음 놓고 자신의 가치를 그들에게 맡기기 시작한다. 당신의 행복은 그들의 의견에 따라 결정된다. 행복은 뇌에서 일어나는 화학반응이다.

처음에 사이코패스는 마치 마약처럼 이런 느낌을 강하게 제공한다. 하지만 당신이 거기 의존하게 되면 그들은 뒤로 물러난다. 그러면 당신은 그런 느낌을 점점 더 강하게 느끼고 싶어진다. 그것을 위해서라면 당신은 무슨 일이라도 할 각오가 되어 있다. 하지만 이 때부터 그들은 당신에게 애정과 인정을 주지 않으려고 한다.

열등감과 비교

외도 피해자를 위한 모임은 수천 곳이 있다. 상대의 외도를 겪은 사람은 오랜 세월 불안과 자격지심을 느끼게 된다. 자신을 타인과 계속해서 비교하게 된다. 그 고통에서 회복하는 데도 여러 해가 걸린다.

이제 이것을 사이코패스의 삼각관계와 비교해보자. 그들은 당신을 속이고 바람을 피울 뿐 아니라 그것을 대놓고 자랑한다. 그들은 큰소리를 치며 당신을 대신한 상대와 얼마나 행복한지 증명하고자 한다. 그들에게는 보통 외도를 한 사람들이 보이는 수치심이나 죄책감이 없다. 그들은 사진을 포스팅하고 자신이 얼마나 행복한지 친구들에게 떠벌리느라 신이 나 있다.

이런 경험은 사이코패스의 이상화 과정을 겪은 사람에게는 말할 수 없는 큰 상처가 된다.

당신은 완전한 악마와 조우했다

사이코패스에게는 당신이 인간에 대해 갖고 있는 어떤 상식도 통하지 않는다. 사귀는 동안 당신은 편안한 상대가 되어주려고 노력했다. 당신이 사랑하는 사람이 이런 것을 적극적으로 이용하고 있는 줄 몰랐다. 그래서 당신은 정상적인 인간의 양심을 갖고 그들의 알 수 없는 행동을 이해해보려고 애썼다.

하지만 사이코패스, 소시오패스, 나르시시스트에 대해 알고 나면 모든 것이 변하기 시작한다. 당신은 그런 어두운 존재를 당신의 삶 속에 받아들였다는 사실에 혐오감과 공포를 느낀다. 그리고 모든 것이 맞아 들어가며 이해되기 시작한다. 마침내 그들이 저지른 모든 '우연'하거나 '무심한' 행동의 원인을 알 수 있게 된다.

친구와 가족에게 이를 설명해보지만, 아무도 알아듣지 못한다. 그래서 확인이 중요하다. 같은 경험을 한 사람들과 함께 모이면, 자신이 실성한 것이 아님을 알 수 있다. 이런 비인간적인 경험을 한 사람은 당신만이 아니다.

이런 종류의 인격 장애에서 받은 상처를 감당하는 데는 오랜 시간이 걸린다. 결국 이전에 지니고 있던 인간 본성에 대한 이해를 버리고 새로운 생각을 갖게 된다. 사람들이 항상 본질적으로 선량하기만 한 것은 아님을 깨닫게 된다. 편집증과 과민함, 그리고 불안감을 느끼게 된다. 회복 과정은 이런 새로운 각성 상태와 한때 인간을 신뢰하던 상태 사이에서 균형을 잡는 법을 배우는 것이다.

당신의 영혼이 깊은 상처를 받았다

일방적인 이별 통보를 받으면 대부분의 사람들은 우울증과도 같은 공허함을 겪게 된다. 그때는 마치 영혼이 완전히 사라진 느낌이다. 주위의 모든 것과 모든 사람들에게 아무것도 느끼지 못한다. 예전에는 행복감을 주었던 것을 보아도 마음은 냉랭할 뿐이다. 이 괴물과의 만남으로 공감하고 느끼던 능력이 망가진 것이다.

이런 느낌에서 회복하는 데는 오랜 시간이 걸린다. 처음에는 절망적으로 느껴지지만, 당신의 영혼은 서서히 회복 과정을 밟을 것이다. 상처를 입기는 했지만, 사라진 것은 아니다. 자존감과 자신의 영역을 발견하면서 서서히 제 목소리를 되찾기 시작할 것이다. 마음을 열고 가끔 타인에게 인사를 건넬 것이고 다시 울 수 있음에 감사할 것이고 감정이 되돌아오는 것이 반가울 것이다. 이것은 멋진 경험이고 이는 점점 더 일관되게 일어날 것이다.

궁극적으로 당신은 주위 사람들에 대한 혜안을 갖게 될 것이다. 당신의 영혼은 전보다 더 강해질 것이고, 새로운 사람들을 만날 것이다. 그리고 그들에게 오래 얽매이지 않을 것이다. 친절하고 정직하며 동정심을 가진 사람들을 찾을 것이다. 자신은 그럴 가치가 있는 사람임을 알고 있으니까.

이 새로운 힘은 사이코패스와의 나쁜 경험에서 얻는 최고의 선물이다. 그리고 앞으로의 삶에서 이 힘이 당신을 도울 것이다. 이것이 회복 과정의 매 순간이 소중한 이유다.

5장

슬픔의 단계 1

회복 초기 단계는 마치 회오리바람이 휩쓸고 지나가듯 혼란과 통제 불가능한 상태일 것이다. 보통은 자신을 탓하며 다시는 행복해지지 못할 거라고 느낀다. 상상도 못해본 방식으로 행동하며, 상대의 괴롭힘이 자신감과 정체성을 파괴했다는 사실도 알지 못한다. 그것이 괴롭힘이라는 사실도 모르기 때문이다. 당신이 아는 것은 너무나 큰 상심을 겪었다는 것뿐이다. 하지만 이 회오리바람이 아무리 정신없이 불어닥쳐도 희망을 잃어서는 안 된다. 이 어둠을 겪은 것은 당신만이 아니며 모든 것이 나아질 것이기 때문이다.

비탄

증상: 공허함, 충격, 약물 남용, 자살 충동, 집중력 저하, 우울증, 건강 악화.

이별 직후에는 이런 비탄 상태에서 모든 기력을 잃게 된다. 마음과 정신이 모두 무감각해지며 사소한 일도 제대로 해낼 수가 없다. 몸도 약해지고 거울 속에 비친 자신의 모습이 딴사람처럼 보일 것이다. 이처럼 사이코패스의 괴롭힘을 당한 뒤에는 외모에도 충격적인 변화가 일어난다.

심리학적으로 당신은 정체성을 잠식당해 매우 취약한 상태이지만, 이 시점에서는 당신의 정체성이 잠식당한 것도 알지 못한다. 또한 자신이 겪은 감정적인 괴롭힘의 범위도 알지 못한다. 그러므로 당신은 아직도 피해자인 셈이다. 당신은 자신이 이런 일을 당할 만한 존재라고 느끼고, 그들 없이는 아무 의미도 없는 존재라고 생각한다. 질투가 많고 쓸데없는 요구가 많아서 성가신 사람이며, 모든 것이 자신의 탓이라고 생각한다.

감정적으로 당신은 주위 사람들과 맺은 관계를 모두 잃어버릴 것이다. 공감 능력과 인지 능력도 사라질 것이다. 돌이켜보면 이 단계를 거치며 있었던 일은 제대로 기억할 수 없다. 마치 영혼이 몸을 떠난 것처럼, 도저히 견딜 수 없이 고통스럽고 수치스러운 기억을 두뇌가 차단해버렸다. 당신의 영혼을 보호하기 위해 두뇌의 일부가 작동을 멈춘 것이다.

자신을 보살피기

회복 과정 내내 육체도 치유되어야 한다는 점을 기억해야 한다. 마음이 치유되어야 한다는 사실을 기억할 때마다 몸도 같이 돌보아야 한다는 것을 잊지 마라. 처음에는 다음의 몇 가지 기본 사항을 기억하는 것이 좋다.

① 가능한 자주 명상을 하라. 나의 좋은 친구이자 아이스스케이팅 파트너인 올드패션드 걸Old-Fashioned Girl은 하루 동안 명상을 할 수 있는 여러 방법을 웹사이트에 올려두었다. 그녀는 열 번 연속해서 심호흡을 하는 방법도 알려주었는데, 이건 언제 어디서나 할 수 있는 것이다!

② 매일 비타민 B군을 포함하는 종합 비타민을 섭취하라. 그렇게 하면 필요한 모든 영양소를 섭취할 수 있다. 비타민 B6과 B12는 우울증과 싸우는 데도 도움이 된다.

③ 피시 오일fish oil을 자주 섭취하라. 피시 오일은 피부와 머리카락 건강에 좋은 보충제이지만 우울증 치료제로도 쓰인다.

④ 날마다 운동을 하라. 매일 30분씩 꾸준히 운동하는 것이 좋다. 예전보다 운동 강도가 낮다고 염려하지 않아도 된다.

⑤ 매일 꼬박꼬박 세 끼를 챙겨 먹어라. 몇 주 동안 식욕이 없을 수도 있지만, 굶어서는 안 된다. 잘 먹고 건강한 육체를 유지해야 한다.

⑥ 매일 아침 적당한 시간에 일어나라. 너무 우울해서 오후에야 겨우 침대에서 몸을 일으키는 습관이 생겨서는 안 된다. 필요하면 알람을 맞춰서라도 규칙적인 기상 습관을 유지해야 한다.

⑦ 7~9시간의 수면을 취하라. 적당한 휴식은 정신 건강에 필수적이며 날마다 지쳐 있으면 이 과정을 겪어낼 수 없다.

⑧ 밖으로 나가서 햇볕을 자주 쬐라. 물론 자외선 차단제를 발라야 하지만, 실외의 자연광을 즐기고 비타민 D를 흡수하도록 한다. 기분이 나아질 것이다.

⑨ 매일 기본적인 위생에 신경을 써라. 칫솔질이나 샤워를 생략하면 안 된다. 규칙적인 일상생활로 되돌아가야 좋은 습관을 형성하기가 쉬워진다.

⑩ 거울을 자주 보지 마라. 당신의 외모에는 아무 문제가 없다. 사이코패스는 당신이 외모에 신경을 쓰도록 만들었지만, 그들처럼 판단하는 사람은 아무도 없다.

성찰

비탄에 빠진 기간 동안 그 어떤 것도 깊이 생각하기가 매우 어려울 것이다. 하지만 잠시만이라도 자신의 내면을 들여다보기를 바란다.

많은 사람들이 이 경험 이후의 삶을 상상할 수 없어 자살을 생각하곤 한다. 또한 이에 대처하기 위해 혼자 술을 마시거나 처방 약을 오용하기도 한다. 마음대로 약을 복용하거나 자살을 생각하고 있다면 이 책을 내려놓고 당장 전문 상담사를 찾기를 바란다. 지금 당신에게 필요한 도움은 어떤 책이나 웹사이트도 제공할 수 없다.

이 기간 동안은 전문가의 도움을 받는 것이 매우 유익하다. 사람들의 삶을 바꾸어놓을 수 있는 뛰어난 심리학자와 상담사들이 있다. 이들은 대부분 천성적으로 타인을 돕고 싶어서 이 일을 시작한 사람들이다. 그들은 보통 웹사이트에 전문 분야를 적어둔다. 관계 문제를 전공한 사람을 찾아가도록 하라.

상담사는 모두 동정심과 상냥함, 열린 마음을 갖고 있다. 속마음을 이야기할 때 불편한 마음을 갖지 않아도 된다는 말이다.

나는 상담사와 몇 달 동안 만난 뒤 자살 충동에서 벗어났고, 침대 밖으로 나갈 수 있었다. 그러면서 서서히 제 기능을 되찾고 다시 식사를 할 수 있게 되었다. 나의 상담사는 모든 희망을 잃었던 나를 다시 일어서게 해주었다. 그 막막한 어둠 속에서 벗어나기 위한 누군가의 도움이 우리에게는 필요하다. 손을 뻗어 도움을 구하는 것은 부끄러운 일이 아니다. 당신을 일으켜 줄 낯선 사람들이 많다는 사실을 언제나 기억하라.

부정

증상: 변덕, 거짓 행복, 조증, 약물 오용, 충동적인 행동, 관심 추구, 사이버 스토킹.

사이코패스가 행복한 삶을 면전에서 자랑할 때 이 단계는 본격적으로 시작된다. 사이코패스가 다른 파트너와 함께 행복한 일상을 온 세상에 대고 신이 나서 떠벌리는 시점이 바로 이 시점이다. 이 삼각관계는 주로 소셜 미디어를 통해 형성된다. 당신은 이들의 외도가 언제부터 시작된 것인지 모른다. 그러므로 이 시점에서는 새로운 타깃에게 화가 나지도 않는다. 그저 당신도 사이코패스처럼 잘 지내고 있다는 것을 증명하고 싶을 뿐이다. 그러면 그들이 되돌아올지도 모르니까.

이 시점에서는 무엇을 해도 소용이 없다. 사이코패스가 당신을 다시 원해야 상처가 치유된다.

스스로 아무렇지도 않다는 사실을 확인하기 위해 당신은 일자리를 바꾸고, 돈을 쓰고, 삶을 새롭게 정리할 것이다. 또한 사이코패스 이외에는 모든 사람을 다 무시할 것이다. 술을 마시고, 파티를 하고, 아무하고나 데이트를 할 것이다. 이 모든 것은 당신이 잘 살고 있음을 알리려는 노력의 일환이다. 당신은 충동적으로 모아놓은 돈을 써버리거나 자신을 이상화하던 존재에게 되돌아가는 망상에 빠지기도 한다.

온라인에서 많은 시간을 보내며 사이코패스의 페이스북 프로필을 훔쳐보고 새로운 생활에 대해 알아내려고 한다. 마음 한구석으로는 사이코패스와의 관계가 끝났음을 믿을 수가 없다. 당신의 사진이나 댓글을 보고 사이코패스가 자신의 실수를 깨닫게 될 것이라는 생각도 한다. 하지만 당혹스럽게도 사이코패스는 당신에게 아무런 관심을 주지 않는다.

훗날 후회할 일을 가장 많이 저지르게 되는 때가 바로 이 단계다.

음주

진심으로 당부하는데 술을 끊어야 한다. 회복 초기에는 음주가 아픔을 다스리는 가장 쉬운 방법처럼 느껴진다. 매일 밤 와인을 한 병씩 비우는 것이 어쩌다 보니 '정상'이 되어버린다. 하지만 이것은 웃을 일이 아니다. 당신은 심신을 크게 해치고 있다. 진심으로 치유를 원한다면 맨정신의 변함없는 자아를 되찾아야 한다. 술을 마시며 하소연을 하는 일에서는 마음의 평화를 찾을 수 없다. 이런 일은 치유 과정을 지연시킬 뿐이다. 이튿날 일어나면 여전히 해야 할 일이 쌓여 있을 것이고, 숙취와 간밤의 부끄러운 기억으로 몸둘 바를 모를 것이다.

이따금 술을 마시는 것은 상관없지만 이 경험은 예외적이다. 몇 달 정도 술을 끊고 지내도록 한다. 필요하다면 달력을 만들어 날짜를 표시해도 좋다. 회복 과정이 얼마나 빨라지는지 깜짝 놀라게 될 것이다. 회복 과정에서 가장 소중한 도구는 당신의 정신이다. 그러므로 정신을 보호하고 자신을 소중히 대해야 한다.

후회의 순간

부정 단계를 거치는 동안에도 당신은 사랑에 빠졌을 때 너무나 좋았기 때문에 사이코패스가 아직 관심을 가질 것이라고 믿게 된다. 사이코패스가 타인과 이미 사랑에 빠져 있다는 것을 믿지 않는다.

그러므로 상황이 끝났음을 받아들이는 대신, 그 완벽한 관계를 다시 복원하기 위해 어떻게 하면 좋을까 생각하게 된다. '추락'으로 가던 과정에서 있었던 모든 일을 돌이켜보고 그 반대를 바라게 된다. 당신이 망쳐놓은 것처럼 느껴지는 것들을 고칠 여러 가지 방안을 생각하기도 한다.

몇 가지 예를 들어보겠다.

- "예전 연인을 만나지 말라고 하지 않았다면, 우린 헤어지지 않았을 텐데."
- "내가 그 주말에 여행만 안 했다면 그들이 만나지 못했을 텐데."
- "내가 좋은 선물을 했더라면 내가 얼마나 좋아하는지 깨달았을 텐데."
- "나를 비판하지 말라고 말하지 않았더라면 그들이 내가 그렇게 예민하다고 생각하지 않았을 텐데."
- "그들이 침묵으로 일관할 때 아무렇지도 않은 척했더라면 나를 그렇게 성가시게 여기지 않았을 텐데."
- "그날 다른 옷을 입었더라면 내가 더 멋지다고 생각했을 텐데."

두 사람의 관계가 몇 가지 '후회'스러운 순간에 의해서 결정된다면, 그것은 완전히 잘못된 관계다. 이는 두 사람 사이가 계획대로 정확히 흘러가지 않았다면 곧바로 깨어질 위기에 처해 있었다는 의미다. 이것은 두 사람이 동반관계나 지지관계가 아니라는 말이기도 하다. 당신이 외줄 위를 걷는 동안 누군가 손을 뻗어 지켜주는 대신 팔짱을 끼고 비판하는 형국이다. 그리고 당신이 그 줄에서 떨어진다면 그걸로 끝이다. 떨어지지 않았으면 좋았을 것이라며 후회할 뿐이다.

이런 생각은 완전히 정상이며, 사이코패스에 대해 좀 더 깊이 알게 되면 이런 생각도 사라진다는 것만 알아두면 된다. 가능하다면 후회하지 말라.

큰 결정 내리기

심리적인 학대에서 회복하는 과정에 대해 내가 겸손할 수밖에 없는 것은, 그 치유 과정을 설명할 수 없기 때문이다. 어린 시절, 부모님이 실수를 반복하지 말라는 교훈을 주곤 했던 것이 기억나는가? 물론 우리는 그 말씀을 무시했다. 행복해지는 법은 누구에게 배울 수 있는 것이 아니기 때문이다. 직접 그 실수를 반복해보는 수밖에 없다.

슬픔을 극복하는 과정도 마찬가지이지만, 그럼에도 불구하고 혹시 나의 이야기를 듣고 공감할 독자들을 위해 몇 가지 조언을 적어보려고 한다.

부정 단계에서는 인생이 걸린 중대한 결정을 내리는 것을 피해야 한다. 행복이 마음속에서 비롯한다는 사실을 모르기 때문에 여러 가지 것들에서 행복을 구하고자 할 것이다. 또한 머릿속에 떠오르는 생각마다 최선의 방책이라고 확신하며, 인생을 모조리 뜯어고치려고 할 것이다.

하지만 거기에는 해결책이 없다.

당신의 직장에는 아무 문제가 없다. 수입에도 아무 문제가 없다. 집이나 전화기, 프로필 사진, 싱글이라는 상태에도 아무런 문제가 없다. 이런 것은 문제가 아니다. (당신은 진짜 문제의 정체를 무시하도록 오랫동안 훈련받았기 때문에 알 수 없는 상태다.)

그러므로 이 단계에서는 돈과 친구 등이 관련된 중대한 결정을 내리지 말라고 강력히 권고하는 바다. 당분간은 자신의 육감을 믿지 않는 것이 좋다.

회복을 마치고 나면 친구들과의 사이를 정돈할 시간은 충분할 것이다. 해로운 친구가 있다고 생각되면 당분간은 그들과 거리를 두기만 하면 된다. 모욕을 주거나 불쾌한 말을 할 필요는 없다. 힘든 시기이니 마음이 안정되면 다시 연락하겠다고만 말하라. 그러면 당신이 겪은 일을 이해해줄 사람들이 모이는 회복 모임에 시간을 투자할 수 있을 것이다. 예전 친구들은 이 상황을 이해하지 못할 테지만 그렇다고 그들이 나쁜 것은 아니다. 그들은 연인과 헤어진 친구에게 할 수 있는 조언을 그것밖에 모르기 때문에 그만 잊어버리라고 하는 것이다. 자신에게 물어보라. 당신도 이런 경험이 없었다면, 같은 일을 겪은 사람에게 공감할 수 있을까?

1년 후, 새 직장을 원한다면, 또는 오랜 친구에게 싫은 소리를 적은 편지를 보내고 싶다면, 그렇게 하라. 하지만 지금은 꾹 참아라.

교육과 자기의심

증상: 불확실성, 불안, 호기심, 불신, 지나친 이야기, 자기비난, 자기모순.

이때부터 상황이 정말로 빨리 변하기 시작한다. 어쩌다 사이코패스나 나르시시스트, 소시오패스에 대해 알게 된다. 운 좋게 인터넷 검색을 했든, 이전에 알고 있던 사실이든, 상담사를 통해서든, 이제 퍼즐의 가장 중요한 조각을 찾게 된 셈이다. 이제부터는 모든 것을 이해할 수 있다.

당신은 당신의 어딘가가 끔찍하게 망가졌다는 것을 알고 있다. 다시 좋은 기분을 가지고 싶어 마음이 급하지만, 대체 무슨 일이 있었던 것인지도 알고 싶다. 사이코패스를 판별하는 위험 신호를 읽다 보면 심한 자기의심을 경험하게 될 것이다. 위험 신호를 대부분 알아볼 수 있지만, 자신이 두 사람 사이를 어떻게 망쳤는지 받아들일 수 없어서 예전의 파트너를 사이코패스로 치부해버리는 것은 아닌지 의아하다.

그러므로 당신은 갈피를 잡을 수 없다. 당신을 완벽하다고 생각한 사람이 어떻게 당신을 의도적으로 괴롭힐 수 있을까? 어떻게 그렇게 집착하다가 한순간에 경멸할 수 있을까? 그것은 불가능한 것이라고 생각한다. 또한 사이코패스와 사귀었을 리가 없다고 생각한다. 그들은 당신을 사랑했으니까.

인지부조화

방금 설명한 것은 인지부조화라는 심리학 현상이다. 그것은 직관이 두 가지 서로 경쟁하는 내용을 이야기할 때의 정신 상태다. 사이코패스와 사귈 때는 두 눈으로 직접 보거나 마음으로 느끼기보다는 계속해서 그들이 말하는 대로 행동하는 데 익숙하기 때문이다. 그리고 이는 매우 자연스러운 상태다. 당신은 사이코패스가 사랑하고 헌신한다고 선언하는 소리를 끊임없이 들었지만 그것을 실제로 느낀 적은 없었다. 둘이 함께 계획했던 미래가 아련하게 떠오르지만, 그런 일은 일어나지 않았다.

그렇다면 무엇을 믿었는가? 그들의 행동이었나, 아니면 말이었나? 사귀는 동안 내내 그들의 말을 들었을 것이다. 그 말을 소중히 듣고 분석했지만, 결국에는 불신했을 것이다. 뭔가 이상하다고 직관이 계속 알렸음에도 마음 한구석으로는 그 소울 메이트의 말을 필사적으로 믿고 싶었을 것이다.

하지만 이제는 이런 착각을 떨쳐내고 있다. 그들의 머릿속이 어떻게 움직이는지 모르지만, 뭔가 단단히 잘못되었다는 것은 알고 있다. 그러므로 당신의 머릿속에서 싸움이 벌어질 것이다. 사랑과 열정이라는 꿈을 지우고 상황을 이성적으로 바라볼 기회를 얻기 위한 싸움이다.

당신은 한쪽 극단에서 반대쪽 극단으로 자리를 바꾸게 된다. 우선, 그들은 사귀는 내내 속이고 거짓말한 괴물이다. 하지만 그들이 최악은 아니다. 그들은 단순히 섬세하지 못한 것이고, 의도적으로 남에게 상처를 주는 것은 아니다. 그들을 용서할 수 있다면 모두가 행복할 것이다. 하지만 그들이 한 말은 정말 잔인했다. 그들은 당신을 쓰레기 취급했고, 마치 어린애를 대하듯이 잘난 척했다. 하지만 누구나 한 번은 용서를 해줘야 한다. 좋은 친구로 남는다면 훨씬 좋을 것이다. 게다가 그들이 "사랑한다"고 말했을 때의 아름다운 기억을 어찌 잊을 수 있는가.

하지만 이것이 바로 인지부조화의 위험이다. 그것은 중독성 있는 연애의 기억을 되살려낸다. 깨어진 꿈, 조작된 거짓말을 그리워하게 만든다. 이런 감정을 되짚어보는 동안 정반대의 감정이 점점 더 가까워진다. 하지만 그 반면에 당신은 그들의 괴롭힘에 여전히 매우 취약하다. 인지부조화를 겪는 동안에는 다음을 명심하라. 그들은 또 속임수를 쓸 수 있다. 그들의 달콤한 한마디면 당신은 곧바로 옛날로 되돌아갈 수 있다. 그렇다면 당신은 어떻게 자신을 보호할 수 있을까?

> ## 두 개의 가면
>
> 소시오패스에게는 거만함이 뒤늦게 발현되는 경우가 흔하다. 처음 만났을 때의 그들은 대단히 순수하고, 겸손하며, 천진하며, 사려 깊은 것처럼 보인다. 하지만 시간이 지나면서 그들은 결국 남을 조종하고, 거만하며, 게으른 괴물로 바뀐다. 새로운 타깃을 그루밍할 때면 그들은 좋은 행동만 하면서 아이 같은 매력으로 상대를 매혹시킨다. 그 이유는 대부분의 사람들이 거만한 사람에게 끌리지 않기 때문이다. 그래서 소시오패스들은 먹잇감을 낚기 위해 약하고 '귀여운' 특징을 만들어낸다. 하지만 타깃을 끌어들인 뒤에는 그들의 본색이 드러난다. 소시오패스들은 잘난 체하고, 자기밖에 모른다. 이런 두 가지 가면 때문에 타깃들은 이 괴물과 그들이 기억하는 어린 아이 같은 연인 사이의 간극을 파악하는 데 오래 걸린다. 타깃은 또한 나쁜 사람에게 매료되었다고 비난받거나 "손뼉

도 마주 쳐야 소리가 난다"는 말을 듣기도 한다. 하지만 한 사람이 자기 정체를 완전히 가리고 상대와 닮은 척하는 경우와, 손뼉도 마주 쳐야 소리가 나는 경우는 전적으로 다르다.

접촉 끊기

사이코패스의 조종과 괴롭힘으로부터 안전해질 방법은 접촉 끊기뿐이다. 이 규칙에는 예외가 없다. 사이코패스와 지속적인 연결고리가 있어서 어쩔 수 없다면 가능한 최소한의 접촉만 하도록 한다.

해로운 사람들과 접촉을 끊으면 삶이 변화할 것이다. 중독의 금단 증상처럼 처음에는 비참함을 느끼겠지만 시간이 지나면 당신이 보내는 나날들이 뜻밖의 축복을 가져다 줄 것이다. 자존감과 진정한 우정을 갖기 시작한다. 모든 것을 받아들이고 용서하며 뛰어다니는 대신, 끊임없는 해명을 요구하지 않는 사람들과 어울리게 된다. 이러한 자유는 당신의 영혼을 성장시킬 것이다. 언젠가 돌이켜보면 어떻게 그토록 건전하지 못한 사람들과 관계를 맺을 수 있었는지 의아할 것이다. 새로운 자신이 예전의 자신을 지키고자 할 것이다. 그렇다면 이미 충분히 좋아진 셈이다!

접촉 끊기란 말 그대로, 사이코패스와 어떤 방식이나 형태로든 접촉하지 않는 것이다. 그렇다면 접촉이란 무엇인가? 생각보다 많은 것을 포함한다.

전화 통화

문자메시지

직접 만나기

이메일

페이스북 친구관계

페이스북 메시지

사이버 스토킹

아무리 사소하더라도 사이코패스와 접촉해서 좋을 일은 없다. 그들과 접촉하면 회복 과정에 방해가 된다. 그리고 훗날 후회하게 된다. 사이코패스와의 접촉은 상처가 될 뿐이다.

기회가 주어지면 그들은 매력을 발휘해 당신을 다시 끌어들이고, 정체성을 잠식해 악몽을 되살려낼 것이다.

그들은 병적으로 거짓말을 하고 당신의 정신을 앗아갈 것이다. 그래서 그들은 회복 과정을 송두리째 뒤엎을 것이다. 당신을 다시 손아귀에 넣자마자 자신의 세계로 끌고 갈 것이다. 당신은 이 중독 상태에서 벗어나야 하고, 그 방법은 접촉을 끊는 것뿐이다.

머릿속이 복잡하고 그들과 접촉하고 싶어진다면, 관심을 딴 데로 돌릴 거리를 찾아라. 새로운 취미나 명상, 글쓰기, 일, 반려동물 등 관심을 돌릴 것이라면 무엇이든지 좋다. 두뇌는 습관을 익히므로 좀 더 건전한 습관을 기르도록 한다. 사이코패스가 다시 떠오를 때면 심호흡을 하고 다른 것을 생각하도록 노력하라.

사이버 스토킹도 마찬가지다. 그들과 직접 연락을 취하는 것은 아니더라도 여전히 중독될 수 있다. 그 중독을 끊는 유일한 방법은 그들과 접촉하는 채널을 전부 차단하는 것이다. 페이스북, 트위터, 휴대전화에서 그들을 차단해야 한다.

그들이 다음 타깃을 당신처럼 버리는 것을 보면 기분이 나아질 것 같지만, 그렇지 않다. 시간과 인간으로서의 성숙 이외에는 그 어떤 것도 당신의 고통을 변화시킬 수 없다.

접촉 없는 종결

사이코패스와 관계를 가져본 모든 사람들은 그들과 관계를 끊는 것이 얼마나 어려운지 알고 있다. 그리고 '접촉 끊기'를 실시한 다음에는 모두 망가진 마음과 삶의 조각을 이어 붙이게 된다. 많은 사람들은 다른 무엇보다도 종결을 원한다는 데에 입을 모은다. 사이코패스로부터 종결을 받아내고 싶다는 이들도 있다. 끝났다는 느낌은 절대 느낄 수 없다는 이들도 있다. 회복하는 과정에 있는 모든 사람들은 그 어둠에서 벗어날 수 있을지 궁금해한다.

좋은 소식은, 그렇다는 것이다. 종결은 가능하다. 하지만 그것은 사이코패스에게서 얻는 것이 아니다! 그것은 우리 자신의 내면에서 비롯해야 한다. 다음은 종결로 가는 길의 몇 가지 지점이다. 이 여정에는 정해진 시간표가 없고, 각 지점이 겹치는 경우도 많다.

다음의 글은 나의 친구이자 우리 웹사이트의 공동 운영자인 힐링저니Healing Journey가 쓴 것이다. 뛰어난 통찰을 지닌 그녀의 책, 《생존자의 모험: 악과의 조우 이후의 치유The Survivor's Quest: Recovery After Encountering Evil》를 강력 추천한다.

환상을 버리도록 한다.

사이코패스의 괴롭힘으로부터 치유되는 첫걸음은 사이코패스와의 모든 접촉을 중단하는 것이다. 그리고 그렇게 할 수 있는 유일한 방법은 사랑했던 사람에 대해 가지고 있는 이미지를 버리는 것이다. 불행히도, 그리고 슬프게도 그 사람은 존재한 적이 없다. 그 사람은 단지 환상에 불과하다. 사이코패스가 당신을 미러링하고 조종하기 위해 만들어낸 가면에 불과하다는 말이다. 마음이 아프고 힘든 일이지만, 자유를 찾을 유일한 방법은 그 환상을 믿지 않는 것이다.

나는 사이코패스와 만나기 시작했던 시절을 또렷이 기억한다. 그는 나에게 완벽한 파트너라고 생각했다! 그는 나를 너무나 잘 이해하는 것 같았고, 우리는 너무나 적절한 공통점이 많았다. 정말이지 믿을 수 없을 만큼 행복했다! 하지만 그가 마음속 깊이 나를 배신했다는 사실을 알게 되자, 언제나 완벽했던 상황이 오히려 믿기지 않음을 깨달았다. 모든 것은 거짓말이었고, 나와 그에 대한 나의 감정만이 예외였다. 나와 나의 감정만이 진짜였다. 그리고 그 강렬한 고통 속에서 나는 실낱같은 진실의 빛을 놓치지 않았다. 그가 연기한 '꿈속의 남자'를 떨쳐버리자 내 마음에 더욱 가까이 다가갈 수 있었다.

그러므로 있는 힘껏 그 환상을 떨쳐버려야 한다. 그렇게 하면 진정한 당신을 발견할 수 있을 것이다.

해답을 구하되 안전할 것!

병적인 거짓말쟁이를 사귄 것을 깨닫자 '진실 찾기'를 시작하고 싶은 충동을 느꼈다. 주위의 모두가 사이코패스를 조사하는 것을 말렸다. 하지만 가능한 한 많은 거짓말을 밝혀내야 한다고 느꼈고 그래서 그들의 조언을 무시했다. 결과적으로는 나의 선택이 옳았다. 사이코패스나 그외 연결된 그 누구와도 접촉하지 않고서 나의 과제를 수행했기 때문이다. 내가 새로 알게 된 사실을 사이코패스나 그의 팬클럽에게 몹시 알리고 싶었지만, 그렇게 하지도 않았다. 마침내, 그들 모르게 조사를 모두 마친 후에는 멈췄다. 나의 치유는 아직 멀었고 진실의 일부만을 알아냈지만, 내 자신의 일부를 되찾았다는 느낌이 들었다. 그 과정 전체가 나의 자존감을 되살려내는 데 중요한 한 걸음이었다.

원하는 만큼 해답을 구하고, 가능한 만큼 진실을 구하는 것은 괜찮다. 다만, '접촉 끊기' 규칙은 지켜야 한다.

사이코패스에 대해 조사한다.

사이코패스와의 만남은 정상적인 관계와 다르다. 그래서 그 여파는 일반적인 이별과는 다르다. 경험자들은 너무나 많은 의문을 갖게 되고, 회복이 시작되려면 그 의문의 답을 구해야 한다. 다른 사람들이 상황을 이해하지 못하고 하는 "그런 사람을 왜 사귄 거야?"라든가 "왜 알아차리지 못했어?", "손뼉도 마주 쳐야 소리가 나지" 같은 말 때문에 경험자들이 자책하는 경향도 있다.

하지만 사이코패스는 비정상이다! 사이코패스와 만났을 때 당신은 그런 사람이 존재한다는 사실도 몰랐다. 당신은 무죄다. 다른 사람들은 "그들에게 집중하지 말라"고 조언하면서, 그것 때문에 회복이 늦어진다고 할 것이다. 하지만 사이코패스에 대해 조사하고, 그들에 대해 알고 나면 치유에 큰 도움이 된다. 사이코패스들이 주로 사용하는 기술과 전략을 알고 나면 당신이 당한 괴롭힘은 결코 당신 탓이 아니었음을 알 수 있다. 사이코패스의 머릿속이 어떻게 돌아가는지 알고 나면 당신은 처음부터 걸려든 것임을 알 수 있다. 그리고 모든 것을 이해하고 나면 드디어 당신의 힘을 되찾을 수 있다!

느끼고 생각할 여유를 가진다.

모든 정상적인 사람들은 고통을 피하려고 한다. 하지만 역설적으로 고통을 직면하고 그것을 겪어냄으로써 우리는 아름다움을 발견할 수 있다. 가장 깊은 고통 뒤에는 가장 큰 기쁨을 경험할 기회가 있기 때문이다. 회복하는 동안 당신은 사이코패스와의 만남 이후에만 느낄 수 있는 여러 단계의 슬픔을 경험할 것이다. 파도처럼 덮쳐왔다 밀려나가는 모든 감정을 느끼도록 하라. 또한 다른 것은 생각할 수 없어 미칠 것 같더라도 사이코패스에 대한 생각을 해야 한다. 집착하게 되는 생각을 자꾸만 덮어버리면 도움보다는 해가 될 수 있다. 아마도 외상 후 스트레스 장애와 같은 증세를 겪게 될 것이다. 그 경험의 트라우마에서 벗어나는 데 도움을 받을 수 있는 곳을 찾도록 한다. 상담이나 그 밖의 치유법도 포함된다. 놀랍게도, 고통에서 달아나는 대신 그쪽으로 발걸음을 내디디면 자신이 누구인지 좀 더 깊이 알 수 있게 된다. 자존감과 자기애, 새로운 자신감을 얻게 된다. 자신의 직관을 믿는 법을 배우게 된다. 그리고 자신을 신뢰할 수 있게 되면, 신뢰할 가치가 있는 타인을 찾게 된다.

제어할 수 있는 것과 제어할 수 없는 것을 받아들인다.

사이코패스에 대해 배웠을 때 나는 세상에 그런 악한 것이 존재한다는 사실에 매우 동요했다. 관계는 끝났고, 사이코패스가 자신이 저지른 짓(망가진 나)에 상관없이 신이 나서 새로운 타깃으로 옮겨가는 것을 보고 몹시 괴로웠다. 이에 대한 나의 첫 번째 반응은 마음이 너무나 아프고, 수치스럽고, 화가 나는 것이었다. 사이코패스가 어떤 괴물인지 폭로하고 싶었다. 다른 사람에게 헤어지라고 설득하고 싶었다. 그가 진심으로 내게 사과하기를 바랐다. 정의를 원했고, 복수를 원했다!

하지만 그가 다른 사람에게 거짓말을 하고, 조종하고, 상처를 주는 것을 막을 수 없다는 것도 알고 있었다. 그의 새로운 타깃에게 진실을 설득시킬 수도 없었다. 그리고 그가 한 짓에 대해 후회하게 만들 수도 없었다. 내가 할 수 있는 일은 나의 회복과 나의 삶에 집중하는 것이었다. 그러기로 결정하자 차츰 더 행복해지고 평화로워졌다. 내가 제어할 수 없는 것을 제어하고 싶은 마음을 가라앉히기 위해 날마다 전쟁을 벌여도, 다행히 예전만큼 힘들지는 않았다. 사이코패스와는 전통적인 의미에서 '종결'을 얻을 수 없다. 하지만 자신의 영혼에서 발견하는 빛은 훨씬 더 소중하다!

자신만의 독특한 진실을 믿는다.

나의 회복 기간 중 가장 의미 있는 깨달음은 나 자신을 믿고 나의 진실을 신뢰하게 되었을 때 얻은 것 같다. 사이코패스들은 여러 가지 면에서 섬뜩할 정도로 비슷하지만 나의 만남은 다른 사람들의 경험담과 매우 달랐다. 내게 일어난 일을 이해해보려고 애쓰는 동안 회복하는 방법, 나의 정체성, 어떤 사람이 되어야 하는지, 무엇을 믿어야 하는지 너무나 많은 사람들이 다양한 조언을 해주었다. 나는 언제나 그렇듯이 나 자신을 의심했고 나의 강한 의구심이 남아 있는 한 고통은 사라지지 않았다. 이상하게도 나와 매우 비슷하면서도 너무나 다른 경험담을 굉장히 많이 읽고 나서야 안개가 걷히기 시작했다. 또 나의 가치를 알고 나서야 내 경험 속에서 진실을 볼 수 있었다. 아직도 너무나 많은 일에 대해 의문을 갖고 있지만, 이제는 그것을 나의 시각에서 바라보며 내 마음속의 목소리를 먼저 들을 수 있다.

당신도 마음속의 목소리를 갖고 있다. 거기 귀 기울이도록 하라.

그리고 이 사실을 잊지 말아야 한다. 접촉 없이 종결에 도달할 수 있으며 이 악몽이 끝나면 마음의 평화를 찾을 수 있다는 것을.

세뇌에서 벗어나기

이 글은 '관계 끊기' 단계에 도달하고 유지하기 위해 애쓰는 모든 이들을 위해 서칭포선샤인SEARCHINGFORSUNSHINE이 쓴 것이다. '관계 끊기'를 실시하면 처음에는 지옥 같으며, 누군가에게는 효과가 있어도 또 다른 누군가에게는 없을 수도 있다는 것을 알고 있다. 그래도 조금이나마 이 글이 도움이 되기를 바라는 마음에서 올린다.

'접촉 끊기' 초기에 알게 되는 것: '사이코패스'의 의미가 무엇인지 처음으로 알게 되었다. 자신이 맺은 해로운 관계가 대체 무엇이었는지 해답을 찾다가 검색을 해본다. 사이코패스, 나르시시스트, 소시오패스에 관한 글을 읽게 된다. 어쩌면 '사이코패스 프리' 웹사이트를 발견했을지도 모른다. 당신이 사귄 사람과 똑같은 사람들이 있다는 사실을 읽고 믿을 수 없는 마음이 든다. 읽은 내용이 머릿속에서 떠나지 않는다. 이제 그 경험이 어떤 것이었는지 확실히 이해한다. "그랬구나!"라는 순간이 연달아 찾아온다. 마침내 해답을 구한 것이다. 이제 그 관계를 당장 끝낼 준비가 되었다.

하지만 결정을 내린 후에 곧 의심이 불쑥 찾아온다. "그게 아니라면 어쩌지? ……혹시라도 내가 문제라면. 그들이 사이코패스라고 상상하는 거라면……." 처음에 찾았던 글을 다시 검색해본다. 다시 읽어본다. 처음과 마찬가지로 깨닫는 순간이 있다. 또 몇 가지 사항이 맞아 들어간다. "그래, 그들이 문제이지 내가 아냐!" 이런 생각이 든다. 그들이 사이코패스임이 확실하다. 몇 가지 사실을 더 깨닫게 된다. 그들이 왜 그렇게 모순되는 말을 했는지 알 수 있다. 그들의 정체를 제대로 파악하자 그들이 한 말, 그들이 꾸민 시나리오가 그대로 떠오른다. 하지만 다시 한 번 의심이 든다. 다시 한 번 이런 생각이 든다. "내가 문제일까? 내가 문제가 아니라고 확신할 수 있을까?"

인지부조화가 우리를 망가뜨리는 이유: 위에서 설명한 것은 인지부조화의 상태다. 내게 일어난 일을 파악해보려고 애쓸 때, 나는 이런 느낌이었고, 당신도 그럴 것이다. 사귀는 동안 문제를 일으킨 것이 당신이라고 세뇌되었기 때문에 이런 느낌이 드는 것이다. 당신은 상대의 거짓말, 배신, 지켜지지 않는 약속에 여느 사람들처럼 반응하고 화를 냈다. 그들은 이를 이용해 모든 것이 당신 탓이라고 믿도록 했고 그것을 권력으로 삼았다. 모든 것이 당신 탓이라면, 당신의 행동이 바뀌면 그들이 다시 사랑해줄 수도 있다는 생각이 들기 때문에 "마지막으로 한 번만 더 잘해보자"는 마음이 생긴다.

모든 것이 당신 탓이라는 생각은 완전히 잘못된 것이다. 당신은 자신이 누구인지를 잊고, 이 관계에서 자신의 역할에 대해 자꾸만 세뇌되었기 때문에 이를 분명히 알지 못하는 것이다. 이는 인지부조화를 일으키며 관계를 끝내는 문제에 대해서도 의심이 생기게 만든다. 여기에, 사귀기 시작했을 때 그들이 당신을 이상화하고 애정을 쏟아부었다는 사실이 더해진다. 그리고 당신이 그들의 정체를 확인하지 못하고 '접촉 끊기'를 얼마 동안 실시하기 전까지는 인지부조화가 사라지지 않아 악순환이 계속된다. 하지만 인지부조화로 머릿속이 엉망이 되어 있는 동안에는 접촉 끊기 결정을 실행에 옮기기가 쉽지 않다.

인지부조화를 끝내기 위해 내가 사용한 방법: 음, 나도 접촉 끊기를 시작한 6주 동안에는 지옥 같은 혼란을 겪었다. 하지만 사이코패스, 나르시시스트, 소시오패스에 관한 자료를 읽을 때마다 인지부조화가 사라졌다. 이는 나의 육감, 나의 본능이 실은 내 잘못이 아니었으며 그가 정말로 사이코패스라는 사실을 인식하기 때문이었다. 내가 읽은 내용은 나의 영혼이 알고 있던 진실과 일치했기에 아무리 혼란스러워도 그것을 지우거나 가릴 수 없었다. 그렇게 명징한 깨달음의 순간을 좀 더 가져야 한다고 생각했다. 내가 어떻게 세뇌되었는지 알 수 있었다. 사귀기 시작했을 때부터 그렇게 본능적으로 이상한 느낌을 받았음을 깨닫기 시작했다. 그래서 이 상황을 헤쳐 나갈 유일한 방법은, 괴롭기 짝이 없는 인지부조화가 다시 시작될 때 생각을 차단하는 것임을 깨달았다.

생각을 차단해야 할 때마다 사이코패스의 행동을 설명하는 자료를 읽기로 마음먹었다. 치유받고 진실을 이해할 방법은 머릿속에 떠오르는 의문을 줄이고 영혼 깊은 곳에 자리 잡고 있는 진실을 대면하는 것이라고 생각했다. 처음에는 사귀면서 갔던 장소, 들었던 음악, 만난 사람 등 그때를 상기시키며 내가 사이코패스와의 관계에서 희생된 사람이라는 경험을 무효화시키는 것들을 피했다.

그렇게 해서 '접촉 끊기'를 유지했으며 인지부조화를 통해 자꾸만 떠오르는 의구심을 차단해냈다.

내가 하려는 말은, 회복 과정 중에는 질문에 대한 해답이 나올 때마다 꼬리를 물고 또 질문이 생기는 시기가 있다는 것이다. 끝없는 분석을 멈추는 것이 필요할 때, 머릿속을 진정시키고 본능의 목소리를 듣고 받아들여야 하는 그런 때가 있다는 것이다. 사이코패스의 거짓말로 인한 의심으로 머릿속을 채우고 그것을 자꾸만 확인한다면 진실을 받아들일 여유가 생기지 않을 것이다.

머릿속을 씻어내고 진실로 채워야 한다. 당신이 머릿속에 넣는 진실의 비율은 사이코패스가 세뇌를 통해 당신에게서 앗아간 진실과 정비례한다. 간단히 말해 진실의 비율이 높아짐에 따라 사이코패스의 세뇌는 더 줄어들 것이다. 당신의 머릿속에 진실이 채워질수록 사이코패스가 주입한 거짓말이 줄어들고 결국 사라질 것이다. 그러면 마침내, 어느 날 아침 눈을 뜨고 진실을 깨닫게 될 것이다. 그것이 서서히 당신을 채우고 사이코패스가 한 모든 거짓말을 대신하게 될 것이다. 드디어 내면의 평화가 찾아온다.

이 글이 당신의 여정을 시작하는 데 유용한 방법을 제공했으면 한다. 진실을 퍼뜨리는 것이 어둠 속에서 벗어나는 최선의 방법이다. 사이코패스와의 관계를 경험한 이들에게는 지식이 힘이다. 더 많은 정보를 가질수록 더 좋다. 그리고 모든 상황이 이해되기 시작하면, 본격적으로 새 출발을 할 때다.

이 책 뒤에 수록한 참고 자료에서 인지부조화와 싸우는 데 도움을 주는 기사와 책, 비디오를 검색해보도록 하라.

6장
슬픔의 단계 2

이제 잃어버린 퍼즐 조각, 즉 모든 것을 바꾸어놓는 단어를 발견했다. 사이코패스가 무엇인지 알게 되었다. 그리고 여기서부터 모든 것이 제자리를 찾아 들어간다. 갑자기 자신에게 벌어진 일이 어떤 것인지 설명할 어휘가 생겼다. 이제 설명 불가의 모든 경험을 설명할 수 있게 되었고, 그 결과 여러 가지 생소한 감정이 생겨난다. 자신에게 여러 가지 질문을 던지게 될 것이고, 그것은 아주 좋은 현상이다. 자신에게 (그리고 주위 세계에) 질문을 하는 것은 당신의 삶의 진로를 영원히 바꾸어놓을 성찰이라는 긴 여정의 출발점이기 때문이다.

사이코패스 이해하기

증상: 육체적인 질병, 확인에 대한 요구, 충격, 혐오감, "아하!" 하고 깨닫는 순간, 편집증, 가슴이 철렁하는 순간.

치유 과정에서 가장 낯설지만 또한 가장 중요한 단계다. 교육은 여기까지다. 사이코패스를 정말로 이해하기 위해서는 그들이 느끼는 것을 실제로 느껴야 한다. 대부분의 사람들은 동정심과 애정의 가치를 존중하며 살기 때문에 사이코패스와 공감하는 것은 상상도 할 수 없다. 사실 그렇기 때문에 그들이 그렇게 성공할 수 있다. 정상적인 인간은 자신처럼 남도 양심을 갖고 있으리라고 자동적으로 생각하기 때문이다.

더 깊이 조사하다 보면 결국에는 자신을 조금은 잃게 된다. 사이코패스에 너무 전념하다 보면 결국에는 사이코패스의 머릿속이 어떤지 이해하기 시작한다.

위험 신호와 언어폭력을 알아볼 뿐 아니라 그들이 당신을 망가뜨리며 느낀 가학적인 쾌감까지 확인할 수 있을 것이다. 당신이 울며 애원할 때 당했던 침묵, 심지어 웃음까지. 모든 것을 무디거나 둔해서라고 변명하는 대신, 그 관계를 돌이켜보면 그들의 행동이 전혀 다른 시각에서 보이기 시작한다.

그리고 문득 모든 것이 맞아 들어간다.

전에는 그렇지 않았는데, 모든 것이 이해된다. 미러링에서부터 애정 표현, 정체성 잠식과 삼각관계, 그리고 일방적인 결별까지. 혐오감이 든다. 자신이 사랑받은 적이 없었으며, 끝없는 반복 가운데 또 하나의 타깃에 불과했다는 것을 깨닫는다. 당신이 이전에 누군가와 사귈 때 이런 식으로 행동한 적이 없었으며, 그것이 그들이 특별해서가 아니라는 생각이 들기 시작한다. 그들이 처음부터 당신을 조종했기 때문이라는 것을 알게 되는 것이다.

또한 이전에 편집증을 일으켰던 모든 일을 돌이켜보면 모든 괴롭힘과 방치가 계산된 것이고 의도적이었음을 알게 된다. 그리고 마침내 당신이 일생일대의 사랑이라고 생각했던, 온 마음을 다해 사랑했던 사람이 애초에 이런 목적으로 당신을 고른 것이라는 무시무시한 깨달음이 찾아온다.

> ## 로봇
>
> 사이코패스에게는 자기만의 정체성이 없기 때문에 타깃이 연애 상대에게 바라는 그대로 되어줄 수 있다. 당신은 짧은 '관찰' 기간 동안 두 사람이 얼마나 비슷한지 열심히 떠벌릴 것이다. 이 기간 동안 그들은 당신이 희망과 꿈을 설명하는 것을 듣기만 하다가 당신이 공유한 모든 것을 확대해서 미러링한 이미지를 내놓는다. 그들은 이 거짓 '연결점'을 이용해 곧바로 신뢰를 얻고 당신이 완벽한 소울 메이트를 찾았다고 믿도록 만든다. 그들은 당신의 모든 면에 반한 것 같고, 1분마다 한 통씩 문자메시지를 보내며 페이스북에 당신에 관한 포스팅을 잔뜩 할 것이다. 당신의 삶을 온통 앗아가고, 당신은 그들 없이 어떻게 행복했을까 상상할 수 없어진다. 하지만 그러다 삼각관계가 시작된다. 그리고 이때 사이코패스에게 정체성이 없다는 사실이 분명히 드러난다. 그들은 모호한 암시와 자기들만 아는 농담으로 예전의 연인과 앞으로 연인이 될 수 있는 상대들을 유혹하고, 당신이 그 광경을 모두 보게 만든다. 증거

가 너무나 분명한 가운데 당신은 탐정 노릇을 하는 기분이 든다. 갖가지 암시로 인해, 소울 메이트가 다른 사람을 이상화하는 모습을 보면서 당신은 질투심을 느끼고 이성을 잃는 것 같다. 하지만 가장 이상한 것은 이 새로운 타깃과 맞추기 위해 사이코패스의 성격이 극적으로 변한다는 것이다. 그들은 과거에 욕하던 것을 찬양하고 우습지 않은 농담에 폭소를 터뜨리며, 정체가 너무나 바뀌어 알아볼 수도 없는 사람이 되어버린다. 당신이 뭔가 바뀌었다고 하면 "미쳤다"거나 "과민하다"는 비판을 받을 것이다. 그리고 가장 심란한 것은, 그들이 당신의 성품을 베껴가 다음 피해자를 그루밍한다는 것이다. 그들은 마치 정교한 로봇처럼 타깃이 바뀔 때마다 진화하며 향상되어서, 효과가 있는 부분은 차용해가고 나머지는 처분해버린다.

의도와 가학증

사이코패스와 관련해 가장 잘못 알려진 사실은 사이코패스가 실제로는 피해자라는 것인데, 이것은 할리우드의 사이비 심리학이 만들어낸 것이다. 과거에 학대를 당한 경험이든, 아버지의 부재든, 그 사이 어떤 것이든, 사이코패스가 그런 행동을 하는 것이 어쩔 수 없다는 생각 말이다.

나는 이런 생각에 조금도 동의하지 않는다.

다른 정신 장애를 가진 사람들과 달리 사이코패스는 자신의 행동이 타인에게 미치는 영향을 분명히 알고 있다. 그것, 즉 사람들이 고통받는 것을 지켜보는 것이 그들이 느끼는 즐거움의 절반은 될 것이다. 그들은 순식간에 불안과 취약점을 찾아내고 그런 점을 이용하기로 의식적으로 선택한다. 그들은 옳고 그름의 차이를 알지만, 그런 것은 개의치 않는다.

사이코패스가 관계를 맺는 방식은 둔하고 감정이 '무딘' 탓에 우연히 발생하는 부산물이 아니다. 그것은 사이코패스가 상대를 체계적으로 괴롭히기 위해 사용하는 계산된 과정이다. 타인의 희망과 꿈을 미러링하는 데 들어가는 시간과 노력을 상상해보라. 사이코패스는 전혀 다른 사람의 역할을 하기 위해 몇 달, 가끔은 몇 년의 시간을 들인다. 그 모든 것이 한 가지 목적, 당신의 파멸을 위한 것이다. 그렇다. 그들은 그 사이 내내 당신을 관찰하면서 오락이 시작되기를 기다리고 있다. 당신이 사랑에 빠져 편안하게 느끼는 순간, 괴롭힘이 시작되었다는 것을 아는가? 그때부터 당신은 내내 그들이 연기한 소울 메이트를 되찾기 위해 고군분투했다.

문제는 많은 이들이 사이코패스의 끝없는 관심 요구를 어린아이 같은 불안과 동일시한다는 것이다. 하지만 그들은 불안하지 않다. 그들은 자신을 사랑한다. 그들은 자신의 외모, 자신의 속임수, 그리고 상대가 애걸하는 방식을 사랑한다. 사이코패스와 사귀는 것은 그들의 상처 입은 영혼의 텅 빈 부분을 채워주는 것이 아니다. 그들은 영혼이 없다. 그들은 숭배받기를 원할 뿐이지, 그 이상은 아무것도 없다. 그들은 터프한 인물 뒤에 숨어 있는 방황하는 아이가 아니며 그들의 장애는 연약함을 감추려는 방어기제도 아니다. 그들에게서는 '약점'을 찾지 못할 것이다. 그저 끝없는 어둠뿐이다.

어떤 시점이 되면 "접촉을 끊는 것은 그들의 자기애 충족을 막는 것이기 때문이다"라는 생각을 멈춰야 한다. 그 말은 당신이 그들이 지닌 모종의 욕구를 채워준다는 것을 전제한다. 하지만 그런 것이 아니다. 그런 일은 없을 것이다. 그들은 자아를 충족시키기 위해 타인의 관심을 구하는 것이 아니다. 그들의 자아는 이미 충분히 충족되어 있다. 그것은 결코 부족해지지 않는다.

그들은 당신을 고갈시키고 파괴시키기 위해 관심을 원한다. 그들은 당신을 처리해버릴 수 있는 쓰레기로 본다. 그리고 기회가 주어진다면 당신을 재활용하겠지만 당신을 필요로 해서는 아니다.

더욱이 당신의 회복 과정에는 타인에게 관심을 주거나 빼앗는 일이 포함되어서는 안 된다. 당신이 진심으로 더 나은 대우를 받아야 한다고 믿기 때문에 '관계 끊기'를 하는 것이다. 이 사람은 당신을 조종하고, 거짓말하고, 괴롭히고, 깊은 상처를 준 사람이다. 자존감이 커지면 그것만으로도 한 사람을 인생에서 영원히 지워버리기에 충분한 이유가 된다고 여기게 될 것이다.

나는 사이코패스인가?

많은 사람들은 자신이 사이코패스일지도 모른다는 매우 심란한 결론에 도달하곤 한다. 이 주제에 대해 여러 달 동안 연구하고 경험을 생각해보면 자신과 자신의 좋은 성품에 대해 의문을 제기하는 것도 자연스러운 일이다. 이 주제는 까다롭기도 하고, 가끔은 중독적이기도 하다. 머릿속에서 사이코패스를 자꾸만 떠올리다 보면 배운 것을 자신을 포함해 주위 모든 사람에게 적용하게 된다.

당신이 사이코패스가 아닐 이유를 몇 가지 찾아보았다. 치유 과정 중에 가장 도움이 안 되는 것은 내 자신이 악인일지도 모른다는 의구심이기 때문이다. 이런 염려를 할 필요는 없다. 그리고 '염려'가 바로 핵심이다. 사이코패스들은 이런 일을 절대 염려하지 않는다. 더욱이 그들은 어떤 것도 개의치 않는다. 당신이 두려워하는 것은 사이코패스가 모든 악의 근원이라고 보기 때문이다. 하지만 그들은 자신의 장애를 끔찍한 병이라고 보지 않는다. 그들은 그것을 힘으로 본다. 그들은 양심이 없는 것이 스스로를 우월하게 만든다고 여긴다. 그렇게 생각하는가? 아닐 것이다. 그러니 당신이 질문하는 이유는 다음과 같다.

(1) 사이코패스가 그렇게 느끼도록 만들었다

사귀는 기간 내내 사이코패스는 자신의 약점을 당신에게 투사한다. 그들은 당신이 요구가 많고 질투심이 강하며 성가시게 굴고 상대를 조종하려고 하며 사악하다고 한다. 그리고 당신은 스스로 정말 그렇다고 믿기 시작할 수도 있다. 하지만 이것 하나만 질문해보자. 다른 관계나 친구 사이에서 그런 느낌을 받은 적이 있었는가? '변함없는 상대'와 만날 때 그런 느낌을 받았는가? 아닐 것이다. 그렇다면 여기서 공통분모는 무엇인가? 이런 행동은 모두 사이코패스의 특징이며 당신은 그 사람 주위에 있을 때만 그런 성격을 드러낸다. 그리고 이런 성향이 그들과 떨어져 시간을 보낼수록 서서히 사라지는 것은 우연이 아니다.

사이코패스에게 피해를 입은 사람들은 모든 문제를 자신의 탓으로 돌리며 완벽하던 이상화 과정으로 돌아갈 수만 있다면 모든 것을 용서하고 이해할 수 있다고 믿는 경향이 있다. 이렇게 하면 사이코패스가 지닌 최악의 단점을 흡수해 자신에게 그런 성향이 있다고 믿게 될 수도 있다. 정체성 침식과 결별을 겪고 난 뒤, 자신과 자신의 행동이 싫어지는 것은 당연하다. 하지만 그때 당신은 당신 자신이 아니었다. 사이코패스의 독을 담기 위한 그릇이 되었던 것이다. 하지만 시간이 지나고 '접촉 끊기'를 계속하면, 그들만 옆에 없으면 그런 성격을 드러내지 않는다는 것을 알게 될 것이다. 사실, 당신은 더 상냥하고, 공감하며, 동정하는 사람이 될 것이다. 진정한 자아에 더 가까이 다가갈 것이다. 그것이 진정한 당신이다.

(2) 성격 유형

"생각하는 모든 것을 믿지 말라"는 격언이 있다. 이별 이후 이 격언을 명심해야 한다. 사이코패스와의 관계를 경험한 사람들에게는 공통적인 특징이 여러 가지 있는데, 그중 두 가지는 열린 마음과 제안을 잘 받아들이는 것이다. 이 두 가지 특징은 사실 훌륭한 장점이지만 자기 성찰을 하며 조절하지 못하면 문제를 일으킬 수도 있다. 문제는 "내가 사이코패스인가?"라고 자문할 때 당신의 열린 마음이 자동적으로 그 생각을 마음에 품는다는 것이다. 당신이 사이코패스라고 믿을 이성적인 근거가 있어서가 아니라 열린 마음을 갖고 있기 때문이다. 그렇다. 당신은 마음이 무엇인가 암시하면 귀를 기울인다. 하지만 가끔은 말도 안 되는 생각이라고 웃어

넘기는 법도 배워야 한다.

불행히도 많은 이들이 자신이 나쁜 사람이라는 암시를 쉽게 받아들이고 타인이 나쁜 사람일 수 있다는 생각은 차단해버린다. 회복하고 정신을 차리는 동안 자신을 그렇게 부정적으로 보는 것을 멈추고 자신의 시각을 되찾아야 한다. 즉, 그들을 사귀는 내내 "나는 문제가 있고 당신은 괜찮다"고 보았던 것에서 "나도 괜찮고 당신도 괜찮다"는 자세로 옮겨가야 한다는 것이다. 그러므로 당신이 열린 마음을 가졌고 다른 유형의 성격을 가진 사람들보다 가정이나 암시를 쉽게 받아들인다는 점을 기억하라. 이를 유념하고 그런 특징을 어떻게 활용할지 배워라.

그와 함께 우울증도 당신이 지닌 관점에 영향을 줄 수 있다. 우울증을 앓는 동안에는 부정적인 생각이 뇌에 영향을 주어 그것이 긍정적인 생각보다 더 중요하다고 설득한다. 바이러스와 마찬가지로 우울증은 생존 메커니즘을 발전시켜 당신을 계속해서 우울하게 만든다. 긍정적인 생각은 착각과 무지에 불과하다는 생각이 든다. 하지만 머릿속을 가득 채우는 부정적인 생각들은 사실이 아니다. 뇌가 착각을 일으키는 것이다. 당신은 사이코패스가 아니다.

(3) 참아주는 한계선을 긋는다

사이코패스들은 기쁜 마음으로 속이고, 거짓말하고, 언어폭력을 가하고, 마음을 조종하고, 혼란을 일으키고, 타인을 무시한다. 하지만 이들과 사귄 사람들은 이런 괴롭힘에 맞서면 곧 후회를 느낀다고 한다. 이런 내적 갈등을 버려야 한다. 한계선을 긋는 것이 건강에 이롭다. 학대란 의도적으로 가책 없이 남을 괴롭히는 것이다.

아마 한계선을 긋는 데 익숙하지 않을 것이다. 사실, 많은 사람들이 애초에 한계선을 갖지 않았다고 한다. 사이코패스와의 관계가 주는 선물이 있다면, 이제부터 한계선을 그을 수 있게 된다는 것이다. 어떤 이들은 이를 건전한 나르시시즘이라고 부르지만 나는 '자존감'이 더 나은 표현이라고 생각한다. 문제는 지금 이 시점에서는 한계선이나 자존감이 당신에게 너무나 낯설다는 것이다. 그러므로 이런 것을 표현하기 시작하면 자신이 이기적이고 까칠한 사람이 된 것 같다. 하지만 사실은 그렇지 않다. 당신은 드디어 자아 없이 짓밟히기만 하는 존재에서 벗어나기 시작한 것이다.

마치 치유로 인해 벌을 받는 것 같은 기분이 들 수도 있다. 하지만 그렇지 않다. 사실 당신은 마침내 삶 속에 건전한 것만 받아들일 수 있을 만큼 강해진 것이다. 한계선을 긋고 적절히 존중받기를 원한다고 해서 사이코패스나 나르시시스트는 아니다. 감정을 가진 보통의 인간일 뿐이다. 하지만 당신이 보통 사람이기를 원하지 않는 사람들이 당신을 에워싸고 있을지도 모른다. 그들은 자신의 온갖 요구를 들어주는 사람들을 선호한다.

그래서 그들은 당신이 건전한 습관을 갖는 것에 후회를 느끼도록 만든다. 이런 길들이기로 인해 당신은 사이코패스나 공감 능력이 없는 사람이 된 것처럼 느낄 수 있지만, 이것 역시 사실이 아니다. 길들이기는 이기적인 사람이 자기 뜻대로 못할 때 일어나는 현상이다. 그들은 현상 유지를 원하는데, 기존의 역학 관계가 그들에게 더 좋기 때문이다. 하지만 그것은 당신에게 좋지 않고, 그것은 바로 한계선이 알려주는 바다. 타인에게 물러나달라거나 조금은 존중해달라고 요청한다고 해서 사이코패스가 되는 것은 아니다. 그러한 요청은 당신을 더욱 강하게 만들어준다. 자신의 권리를 주장할 때마다 영혼이 조금씩 되살아난다.

(4) 관계 사이클을 직접 경험했다

사이코패스의 관계에는 정해진 양식이 있다. 이상화, 평가절하, 일방적 결별이 매번 일어난다. 하지만 그동안 반복해서 일어나는 일은 그뿐만이 아니다. 당신도 각 단계를 경험한다. 차이는 순서에 있다. 당신은 그들을 그 어떤 상대보다도 더 이상화했다. 그리고 상처를 받은 채 버림받았다. 그리고 마침내 사이코패스에 대해 알게 되면서 그들을 평가절하하게 된다. 그들이 정체성 잠식 기간 동안 당신을 해체했듯이 당신도 그 사람을 해체한다.

이것은 헤어진 뒤 보통 사람들이 겪는 과정이 아니다. 그렇다. 사귀고 헤어진 뒤에 서로 미워하는 사람들은 많지만, 그들은 이런 식으로 롤러코스터를 타듯이 한때 이상화했던 인물을 해체하지 않는다. 불행히도 회복하는 유일한 방법은 이 해로운 과정을 직접 겪는 것이다. 그리고 나서야 마침내 모든 것이 거짓임을 알 수 있을 것이다. 그중 일부만이 아니다. 전부다. 그 어떤 것도 진짜가 아니었으므로. 그 과정을 거친 뒤에야 자존감을 찾고 꿈을 되살릴 수 있다.

또한, 여러 가지 가치의 평가절하 과정을 겪게 된다. 많은 사람들은 한동안 사이버 스토킹을 하는데, 자신이 겪은 일을 전혀 이해할 수 없기 때문이다. 소셜 네트워킹 사이트는 진실을 좀 더 알 수 있는 기회를 제공하지만, 결국 회복 과정에 도움이 되지는 않는다는 사실을 깨달아야 한다. 확실한 것은, 사이버 스토킹은 접촉에 해당하고, 그것은 아무런 도움이 되지 않는다는 것이다. 아마도 이상화 과정을 거치는 동안, 컴퓨터 앞에서 새로운 업데이트를 열심히 기다리는 가운데 사이버 스토킹에 중독이 되었을 것이다. 그들은 이것을 알고 있고 그것이 주는 권력을 즐겼다. 하지만 그들 역시 같은 행동을 하고 있었고, 그것을 당신보다 잘 감추었다는 사실을 알아야 한다. 가령 그들은 당신의 페이스북 피드를 확인한 적이 없다고 하면서도 당신이 며칠 전에 포스팅한 내용을 우연히 언급했다. 혹은 그들은 당신의 전화를 기다리지 않았다고 하면서도 속으로는 왜 그렇게 오래 연락이 없는지 의아했을 것이다. 그러니 그들에게 걸려든 자신을 책망할 필요는 없다. 이 중독 상태가 건전하지 못하고 자제심을 발휘해 끝내야 한다는 점만 이해하면 된다.

사이코패스와 사귀는 동안, 그리고 헤어진 후 아마도 자랑스럽지 못한 일을 했을 것이다. 거짓말을 하고, 관심을 바라고, 화를 내며 이메일을 썼을 것이다. 그렇다고 당신이 사이코패스가 되는 것은 아니다. 언젠가는 자신을 용서하고 더 나은 선택을 하도록 의식적인 노력을 해야 한다. 당신은 고약하고, 스토킹을 일삼으며, 원한에 사로잡힌 예전 연인이 아니다. 우리 자신에게서 해로운 관계가 미친 영향을 모두 제거하는 데는 시간이 많이 걸리지만, 그 시점에 도달해 정상적이고 애정에 기반한 관계를 찾을 수 있는 날이 올 것이다.

(5) 공감 능력이 엉망이 된다

아주 오랜 시간 동안 공허하고 멍한 느낌이 들 것이다. 그것이 사이코패스와의 관계에서 회복하는 과정이다. 하지만 이때의 무감각은 사이코패스와는 다른 것이다. 그것은 감정이 짓밟히고 조종되어서 되살려내는 데 오랜 시간이 걸린다는 의미다. 그렇다. 사이코패스도 감정적으로 무감각하지만 그들은 평생 그렇다. 그들은 몇 달씩 자신의 순수함을 잃은 것을 슬퍼하거나 실연을 곱씹어보지 않는다.

당신의 감정과 공감 능력은 동면 상태일 뿐이다. 그리고 언젠가 잠들었던 곰은 더욱 강해져 깨어날 것이다. 모든 것을 겪고 난 당신의 인지능력과 동정심은 전보다 더 강해질 것이다. 그러니 지금 당장 무감각하다고 염려하지 않아도 된다. 그 상태는 사라질 것이고 훨씬 더 좋은 것으로 바뀔 것이다.

새로 친구나 연인을 사귀기까지 서너 달 정도 여유를 두라는 조언이 기억나는가? 그 이유는 사이코패스에게 느꼈던 애정이나 느낌을 경험하지 못해서 불만스럽거나 우울할 것이기 때문이다. 새로운 상대가 그만큼 다정다감하고 육감적이지 않은 것에 짜증이 나고, 그래서 자신이 나쁜 사람처럼 느껴질 것이다. 사이코패스와 헤어진 직후에는 사람을 사귀는 데 집중하기 어렵고, 그래서 자신과 주위 사람들에게 해로울 뿐이다. 이미 공감 능력을 상실한 와중에 극심한 죄책감을 느낄 것이다.

그러므로 불가능한 일을 해내지 못한다고 자책하는 대신, 성찰하고 자신을 알아가며 시간을 보내라. 하지만 내면의 성찰에도 한계가 있다. 어떤 시점이 되면 생각을 멈추고 살기 시작해야 한다. 여기에는 몇 년이 걸리기도 하지만 준비가 되면 스스로 느끼게 된다. 지나친 성찰은 오히려 해롭다. 하지만 적당한 성찰은 다양한 지혜와 창조력을 가져다준다.

(6) 악에 관한 이해도가 높아진다

보통의 사람들은 모든 사람들에게 어느 정도는 선량한 면이 있다고 믿고 산다. 사이코패스는 이런 행복한 무지를 일깨워주는 역할을 한다. 사이코패스에 대해 점점 더 알게 되면서 인간의 본성에 대해서도 많은 것을 배운다. 사이코패스가 왜, 어떻게 속임수를 쓰는지, 그들이 당신이 가진 가장 큰 불안을 어떻게 가지고 놀았는지 알게 된다. 또한 그들이 어떻게 애정을 퍼부었는지, 어떻게 화학적인 중독을 일으켰는지 알게 된다.

그리고 문득 당신도 어두운 면을 가졌다는 생각이 들 수 있다. 악에 지나치게 가까워진 것 같다. 그리고 이제 당신도 타인의 기분을 맞추어주면 자신이 원하는 대로 할 수 있다는 것을 알고 있다. 혹은 타인이 자살 충동을 느끼게 만드는 법도 알고 있다. 그런 지독한 것은 모르는 편이 나을 것이다. 하지만 생각해보라. 당신도 그런 행동을 할 것인가? 물론 아니다. 양심이 가만 있지 않을 것이다. 그것이 바로 당신과 사이코패스의 차이점이다. 아는 것이 아니라, 양심과 그로 인한 행동이 다른 점이다. 그러므로 인간과 세상에 대해 이와 같은 새로운 지식을 얻었다고 해서 악인이 되는 것은 아니다.

J. K. 롤링은 이렇게 적었다. "우리에게는 빛과 어둠이 모두 있다. 중요한 것은 어느 쪽을 선택해 행동하느냐다. 그것이 바로 진정한 우리의 정체다." 치유 과정 동안 늘 이 말을 기억하라. 누구에게나 자신만의 악마가 있다. 우리를 규정하는 것은 거기 대처하는 방식이다.

사이코패스에 대해 아무것도 모르던 행복한 시절을 기억하라. 인생은 훌륭했다. 칭찬을 즐기는 것이 나쁘다고 생각한 적이 있는가? 상냥한 행동을 하면서 남을 조종한다고 느낀 적이 있는가? 선행을 하면서 나쁜 의도가 있다고 느낀 적이 있는가? 아마 그렇지 않을 것이다.

사악한 것을 만난 후에야 자신에게 의문을 제기하기 시작했을 것이다. 그만하면 충분하다. 당신은 사이코패스가 아니다. 다른 모든 것과 마찬가지로 영혼도 치유될 것이고, 공감 능력과 감정이 되살아나면 다시 균형 잡힌 상태로 돌아갈 것이다.

지나간 경험으로 인해 칭찬과 관심을 일종의 무기로 보게 되었지만, 사실은 그렇지 않다. 칭찬에 감사하고 이따금 주어지는 관심을 즐긴다고 사이코패스가 되는 것은 아니다. 정상적이고 건강한 사람들에게서 이런 것을 받을 때 편안해져야 한다. 마음을 조종받았던 경험으로 인해 인생에서 가장 훌륭한 것, 긍정적인 에너지를 즐기지 못하게 되어서는 안 된다.

당신은 사이코패스가 아니다. 오히려 그와 정반대다. 애초에 그렇기 때문에 이런 질문을 스스로에게 던지는 것이다.

지연된 감정

증상: 분노, 우울, 극단적인 질투, 온갖 생각, 증오, 상대에게 접촉하고 싶은 욕구.

사이코패스를 이해하고 나면 여러 가지 불쾌한 감정을 경험하게 될 것이다. 그러므로 편안해져야 한다. 이 상태를 한동안 겪어야 할 테니까. 이 단계에서는 사귀는 동안 느낄 수 없었던 모든 것을 느끼기 시작할 것이다. 그들과 평화롭게 지내기 위해 옆으로 치워 두었던 감정들을 기억하는가? 그것은 사라진 것이 아니라 우리 가슴속에 묻힌 채 자신에 대한 회의와 불안으로 발현되고 있었던 것이다. 하지만 사이코패스가 어떤 식으로 조종했는지 알고 나자 기분이 정말 나빠졌을 것이다.

분노

자신에 대한 회의는 분노로 바뀐다. 당신은 자신이 어떻게 이용되고, 세뇌되었는지 알고 있다. 화가 난 정도가 아니라 그들을 죽이고 싶을 정도다.

뒤늦은 분노는 사이코패스와 사귄 뒤에 얼마든지 예상 가능한 반응이다. 몇 달, 몇 년이 지난 뒤에도 느낄 수 있는 것이다. 가능하다면 그 감정에 따라 행동하지 말기를 바란다. 거기서는 좋은 결과가 나올 수 없다. 침착하게 평정을 유지하는 것이 최선이다. 사이코패스는 당신이 분노를 느껴 모두에게 당신이 얼마나 제정신이 아닌지 보여줄 수 있기를 바란다. 당신이 그들을 여전히 사랑한다는 것을 보여주기를 바란다. 그들은 두 사람 사이가 끝난 뒤에도 당신을 이용해 삼각관계를 만들고 싶어 한다.

게다가 분노에는 한계가 있다. 그것은 회복 과정에 꼭 필요하지만, 그것으로 인해 오래도록 마음의 평화를 얻을 수는 없다. 회복의 여정에서 분노의 주된 목적은 자존감을 키워 자신이 훨씬 더 나은 대우를 받아야 하는 존재임을 깨닫는 것이다.

우울

당신은 아주 오랜 기간 동안 우울과 분노를 번갈아가며 경험할 것이다. 일관된 기분을 유지하지 못하고 좋은 날과 나쁜 날을 반복할 것이다. 어느 날 밤에는 이제 모든 것을 잊을 준비가 되었다고 느꼈다가 다음 날 아침에는 베개에 얼굴을 파묻고 울면서 깨어나 기도할 것이다.

연인들을 마주칠 때마다 잃어버린 관계가 떠오를 것이다. 매일 매 순간 예전에 듣던 사랑 노래가 라디오에서 들려오는 것 같고, 와인 한 잔만 마셔도 눈물이 나서 창피하기 짝이 없을 것이다.

그래서 주위 사람들을 멀리하기 시작하고, 주위에는 서로의 경험을 이해하는 사람들만 모인다. 머릿속에서 이런저런 생각이 떠나지 않고, 아주 사소한 일에도 폭발한다. 예전에 그렇게까지 굽히고 살았던 것을 믿을 수가 없다. 이제야 비로소 자신이 진정으로 잃은 것이 무엇인지 깨닫기 시작한다. 그 악한 사람에게 자리를 내어주기 위해 자신의 삶을 얼마나 포기했는지 알게 된다. 친구와

돈, 경험뿐 아니라 행복까지 다 포기했던 것이다. 세상을 상냥하게 보던 눈은 사라졌다. 이제 아무도 믿을 수가 없다.

가슴이 내내 답답하고 두렵다. 악마가 당신의 심장을 움켜쥐고, 잊고 싶은 모든 것을 상기킨다.

공감 능력이 뛰어난 사람이 자아를 파괴할 때

나는 공감 능력이 가장 뛰어난 사람에게 '자기 파괴' 모드가 있다고 믿는다. 관계를 유지하려는 모든 노력이 허사가 되고 아무리 노력해도 안 된다는 사실을 깨달을 때 이렇게 된다. 자기 파괴 모드로 들어가면 다음의 몇 가지 단계를 거치게 된다.

(1) 과열

이 단계에서는 주위의 모든 것, 모든 사람과 필사적으로 공감한다. 새로운 사람들에게 손을 뻗어 그들에게 필요하다고 생각되는 것을 주고, 그 보답으로 애정과 감사를 받기 원한다. 어려운 사람들에게 너무나 많은 시간과 에너지를 들인다. 이 기간 동안에는 진심으로 동의하지 않는 것에 동의하고, 나중에 후회할 관계를 맺기도 한다. 공감 능력이 어떤 상황이나 사람도 나아지게 만들 수 있음을 증명하고자 한다.

(2) 분노

이 시점에서는 주위에 만족하지 못하는 사람들이 가득하다는 사실을 여전히 거부할 수도 있다. 어떤 노력도 허사임을 깨닫고 나면 몹시 화가 나서 과거의 자신, 자신이 대변하던 모든 것에 전쟁을 선포하기도 한다. 더 이상 착한 사람이 되고 싶지 않다. 더 이상 당하고도 가만히 있는 사람이 되고 싶지 않다. 당신은 까칠한 행동으로 보상받으려고 하다가 친구를 잃기도 한다.

(3) 외로움

꿈꾸는 사람의 여정에는 언제나 고요한 고독의 시기가 있게 마련이다. 자신의 가치를 확인하려고 타인의 승인을 받으려는 것에 익숙해진 상태에서는 특히 이 기간이 불편하게 느껴진다. 하지만 결국 이런 고독의 시간이 기분 좋아질 것이다. 남의 반응 없이 마침내 내면의 갈등에 집중할 기회가 생긴다. 타인의 판단 없이 진정한 자신이 누구인지 발견할 기회를 갖는다. 이 시간 동안 정체성을 처음부터 다시 형성하기 시작한다.

(4) 균형

앞의 (1), (2), (3) 어딘가에 건전한 평형상태가 있음을 발견하기 시작한다. 주위의 모든 사람과 공감하지 않아도 된다. 공감은 신뢰하고 소중히 여기는 사람들, 그것을 보답할 수 있는 사람들을 위한 것이다. 남에게 밟히지 않기 위해 터프한 척하지 않아도 된다. 자존감은 살면서 드러낼 수 있는 것이다. 그리고 끝으로, 다치지 않기 위해 세상을 차단하지 않아도 된다. 세상에는 선량한 사람들이 많이 있으며, 자아를 제대로 되찾은 다음에는 이 멋진 세상에 다시 참여할 수 있을 것이다. 건전한 균형 감각을 갖고 나면 당신의 자질은 평생 동안 좋은 재능이 될 것이다.

어떤 이들은 자기 파괴 과정을 시작하지 않고 몇 년 또는 몇 십년을 지내기도 한다. 자기 파괴를 시작하면 처음에는 매우 변덕스럽고 불안하게 느껴진다. 하지만 궁극적으로 공감 능력이 뛰어난 사람들은 이 여정을 거친다. 이렇게 한계선을 긋고, 세상을 사랑하는 법을 배우게 된다. 이번에는 경이감과 함께 지혜를 지니게 될 것이다.

사이코패스를 폭로하기: 다음 피해자에게 알려야 할까?

우리는 모두 이런 생각을 해봤다. 인터넷 검색을 통해 사이코패스에 관한 글을 찾게 되었고, 모든 것이 맞아 들어갔다. 오싹하고, 어쩔 줄 몰라 한다. 화가 나고, 무섭기도 하다.

대부분의 경우 처음에는 다음의 두 가지 반응을 보인다.

① 사이코패스를 폭로한다.
② 다음 피해자에게 알린다.

방금 발견한 글에서 몇 가지 단어를 골라 이메일에 적어 예전 연인과 다음 피해자에게 보내고, 이제는 그들의 정체를 안다고 밝히고 싶은 마음이 가득하다.

가정은 이렇다: 사이코패스는 마침내 당신에게 정체를 들킨 것이 두려워 잘난 체하는 미소를 거둘 것이다. 다음 피해자는 당신의 편지를 읽고 위험 신호를 모두 알아차릴 것이다. 그러므로 사이코

패스를 당장 버릴 것이다. 당신과 다음 피해자는 절친한 친구가 되어서 날마다 커피를 함께 마실 것이다.

실제로는 이렇다: 사이코패스는 당신의 말을 이용해서 당신의 집착과 앙심이 얼마나 강한지 온 세상에 떠벌릴 것이다. 사이코패스에 대해서 알거나 관심이 있는 사람은 사실 매우 드물다. 그러므로 사람들은 당신을 아직 사랑을 잊지 못하고 거부당한 것을 받아들이지 못하는 사람으로만 볼 것이다. 당신이 보낸 메시지는 새로운 피해자와의 삼각관계에 이용될 것이고, 당신의 '미친 행동'이 접착제로 작용해서 사이코패스는 더욱 특별하고 인기 있는 사람으로 보일 것이다.

당신이 새로운 피해자에게 보내는 메시지는 받아들여지지 않을 것이다. 당신이 애정을 한껏 누리며 이상화되었을 때를 생각해보라. 소울 메이트가 사이코패스라는 메시지에 흔들렸는가?

이런 일이 이미 벌어졌다고 해도 염려하지 않아도 된다. 새로운 피해자가 사이코패스에게 버림받을 때, 당신이 알려주려고 했던 것을 감사할 것이다.

어쨌든 당신은 행복해야 하며, 행복은 '접촉 끊기'에서 시작된다. 마음이 회복되려면 많은 시간과 애정이 필요하지만, 에너지를 해로운 역학 관계를 부수는 데만 집중한다면 회복될 수 없다.

사연을 나누고, 원하는 것을 방출하고, 보내지 않을 편지를 써보라. 이 과정에 모두 필요한 일이다. 수천 명의 회원들이 말해줄 것이다. 점점 더 나아질 것이며 사이코패스의 새로운 관계에 아무 관심이 없어질 때가 올 거라고. 세월이 지나면서 얼마나 지났는지 잊어버리고 자신을 위한 삶을 살기 시작할 것이다. 이 여정은 그것을 위한 것이다. 자존감과 상냥한 마음, 행복을 키우기 위한.

심리적 외상 후 스트레스 장애

증상: 무감각, 분리된 느낌, 회상, 상처를 건드리는 기억, 사랑과 섹스에 대한 거부감, 두 개의 '나', 소외.

느껴야 할 감정을 느끼고 나면 영혼은 망가진 상태로 남아 있을 것이다. 그 사이코패스와 재결합할 수 없으며, 과거를 바꿀 수 없음도 알게 된다.

그렇다면 다음에는 어떻게 될까? 겪은 괴롭힘에 대처하는 법을 배운 뒤, 어떻게 일상으로 돌아갈까? 그토록 익숙해진 아첨과 칭찬이 없는데, 어떻게 하루하루 즐길 수 있을까? 세상의 무언가가 달라진 것 같다. 활기가 없다. 지루하다. 희망이 없다.

아주 희미한 기억만으로도 상처가 되살아나 데이트를 할 수도, 옛 친구와 시간을 보낼 수도 없다. 끊임없이 긴장하며 누군가 나를 조종하지는 않을지 위험 신호를 살핀다. 아주 가벼운 농담에도 기분이 나빠진다. 마음속의 두려움이 사라지지 않을 것 같다. 누군가, 그리고 모두가 당신에게 상처를 줄 수 있을 것 같다.

그러다 남들과 시간을 보내고 나면 그 경험을 지나치게 분석하고 이 사람을 만나서는 안 되는 이유를 줄줄이 작성한다. 그리고 그런 생각을 한 것이 후회스럽고 불충한 사람이 된 것 같아 죄책감과 수치심을 느낀다. 타인에 대한 당신의 의견은 사이코패스에 대한 것처럼 긍정과 부정 사이를 갈팡질팡 오간다. 사이코패스가 사라진 지 한참이나 되었지만, 당신은 당신이 경험한 공포를 삶의 모든 면면에 적용한다.

　사람들의 믿음과는 반대로, 외상 후 스트레스 장애에 시달리는 것은 참전용사나 납치피해자만이 아니다. 당신의 현재 상태는 이 장애의 범주에 모두 맞아 들어간다.

① **트라우마를 남기는 사건.** 그렇다. 사랑하는 사람과 사귀는 동안 학대당한 경험은 트라우마를 남기고 인생을 뒤바꿔놓는다.

② **지속적인 경험의 반복.** 그렇다. '비열함과 상냥함'의 반복을 통해 그들의 괴롭힘을 반복적으로 겪었다.

③ **지속적인 회피와 무감각.** 그렇다. 이는 그들의 행동을 용서하기 위해 당신이 채택한 대처 방식이다.

④ **이전에는 없었던 흥분 증세.** 그렇다. 감정의 지연 기간 동안 이를 느끼다가 결국에는 불안과 공포로 드러낸다.

⑤ **1개월 이상의 증세 지속.** 그렇다. 대부분의 경험자들은 다시 타인을 신뢰하고 사랑할 수 있게 되기까지 12~24개월을 필요로 한다.

⑥ **상당한 장애.** 말해보라. 현재 느낌이 어떤가? '장애'는 사실 절제된 표현이다.

이러한 경험에 의해 두뇌의 화학물질이 변화되었다는 것을 이해하면, 치유의 과정에서 이 장애와 싸우는 법을 아는 전문가의 도움을 구하는 것도 마음 편하게 느껴질 것이다. 정신 질환은 부끄러운 것이 아니다. 나는 개인적으로 관계 문제를 전공한 상담사와 만나면서 매우 좋은 경험을 했다. 상담사와 보낸 시간은 인생을 바꿔주는 것이었고, 덕분에 지금 느끼는 평화를 찾을 수 있었다. 다른 모든 경우에 그렇듯이 좋지 않은 '전문가'도 있다. 누군가와 상담을 하기로 선택한다면, 당신이 그들을 좋아할 수도, 싫어할 수도 있다는 것을 기억하라. 전문가들은 매우 많으니 100퍼센트 만족할 때까지 신중히 결정해야 한다. 완벽하게 맞는 상대를 찾는 문제에 관해서는 자신의 직관을 믿어야 한다.

> ## 진실의 승리
>
> 사이코패스, 소시오패스, 나르시시스트와 만난 사람은 마치 순수한 악의 결정체와 접촉한 것처럼 끊임없는 불안과 자기 회의, 설명하기 힘든 어둠을 떨쳐내지 못한다. 마치 자신의 생명력이 빨려나간 것 같고 한때는 행복감을 주었던 것에 무감각해진다. 양심이 없는 사람들은 공감하는 사람들에게 이런 영향을 끼친다. 영혼을 가진 것과 가지지 못한 것 사이의 반응은 인생을 바꿔놓을 만하다. 궁극적으로 그것은 상상할 수 있는 가장 중요한 경험이 될 것

> 이다. 세상의 진정한 모습을 바라볼 수 있게 될 것이다. 에너지는 서서히 되돌아오고, 영혼의 내면에서 힘이 생겨나기 때문에 앞으로는 부서지지 않을 것이다.

재연

심리적 외상 후 스트레스 장애와 가장 흔히 결부되는 감정은 무기력이다. 괴롭힘을 당하는 동안이나 그 후, 상황을 바꿀 기력이 없는 것처럼 느껴진다. 매혹되고, 속고, 이용당하고, 버림받았음을 깨닫고 그것을 피할 방법이 전혀 없었음을 알게 된다. 당신이 바닥을 쳤다고 생각할 때, 사이코패스가 찾아와 당신에게 남아 있는 작은 자존감마저 앗아가버렸다. 그들은 당신이 히스테리를 일으키고 창피한 행동을 하도록 만들었다. 그리고 그들이 멋대로 당신을 괴롭혔음에도 항상 그들이 '이기고' 있는 것처럼 느껴진다. (이 부분에 대해서는 뒤에서 더 자세히 설명할 것이다.)

이 모든 것이 타인에 대한 장난이었음을 깨닫고 나면 이 무기력은 더욱 압도적으로 변한다. 그들이 말없이 당신의 반응을 즐기고 있었다는 것을 알고 나면 애원하고 사정하던 매 순간이 떠오른다. 또한 그들이 당신에게 제정신이 아니라고 했던 매 순간도 떠오른다. 그러면서 이제는 당신이 모두 옳았다는 것을 안다. 그들은 적극적으로 당신을 속이고 있었다. 이런 생각도 든다. "그들이 한 번만 더 내게 연락한다면 나도 그렇게 무시해줄 거야."

이것을 재연이라고 부르며, 내 생각에는 이것이 완전한 무기력에서 치유되는 방식 같다. 당신의 상상력은 전적으로 실연의 아픔을 멈추길 원하는 강력한 도구다. 그러므로 나쁜 기억이 사라지지 않는다면 이런 재연을 꿈꾸는 것도 해롭지 않다. 그렇다. 상상이란 우리가 마음먹기 따라서는 현실처럼 작용할 수 있다.

상상 속에서 당신은 애걸하고 사정하는 대신 그들의 비난을 비웃어준다. 끝없이 사과하는 대신 사과를 요구한다. 그들이 말을 걸지 않을 때 우는 대신 당신도 침묵으로 일관한다. 무감각하게 버림받는 대신 당신이 먼저 걸어 나와 다시는 돌아가지 않는다.

학대를 당한 뒤 이런 상상을 하는 것은 자연스러울 뿐만 아니라, 같은 상처를 자꾸만 반복해서 기억하는 것보다는 훨씬 더 정신 건강에도 좋다. 평가절하 기간 동안 당신은 상상력을 이용해 그들의 괴롭힘을 흡수하고 좋은 점을 만들어냈다. 그렇다면 그 상상력을 이용해 이 고통을 해결하는 것이 무슨 잘못인가?

시간이 지나면 상처받고, 불안하고, 어쩔 줄 모르는 자신을 조금도 부끄러워할 것 없음을 깨닫게 될 것이다. 당신은 매우 가혹한 상황에 반응하는 마음 착한 사람일 뿐이었다. 감정의 폭발을 일으킨 것은 당신의 훌륭한 자질이 이용당하고 잠식되었기 때문이다. 이런 결론에 도달하는 데 많은 시간이 걸렸지만, 이전의 엉망이었던 자신을 돌이켜보면 이상하게 존경심이 생기기도 할 것이다.

어둠이 걷힌 후의 새로운 고통

사이코패스와의 경험 이후에는 삶이 한동안 멈춰 선 것처럼 느껴진다. 모든 에너지는 조사와 확인, 회복에 투입된다. 자아를 되찾으려고 노력하는 동안 주위 세상은 정지한다. 하지만 결국 삶은 계속된다. 그렇기 때문에 고통스러운 일들은 계속해서 일어난다. 친구나 가족의 죽음이든, 또 다른 결별이든, 반려동물의 죽음이든, 질병이든, 당신은 고통을 경험할 것이다. 하지만 사이코패스와의 관계를 겪은 뒤에 오는 고통은 그런 것들과는 다르다. 항상 이런 생각이 들 것이다. "사이코패스를 만나지 않았더라면 이 일에 훨씬 더 잘 대처할 수 있을 텐데."

전혀 무관한 것이라고 해도, 어려운 일이 생길 때마다 사이코패스와의 관계가 떠오르며 더욱 비참해진다.

누군가와 함께 조금이나마 희망과 기쁨을 느끼며 사이코패스와의 경험을 마침내 잊을 것 같다가도 그와 헤어지면 또 그렇게 된다. 사이코패스와 헤어진 지 오래되었더라도, 다시 누군가와 헤어지면 그때의 감정이 물밀듯 밀려오고 또다시 정체성을 잠식당하는 느낌이 든다.

나는 이런 감정이 실제로 사이코패스와 관련이 있다고는 생각하지 않는다. 당신의 영혼이 변화를 겪어 슬픔에 좀 더 민감하고 취약해진 것이다. 힘을 가장 필요로 할 때 약해졌다고 느끼기 때문에 처음에 당신은 이것을 나쁜 것으로 해석할 수도 있다.

하지만 당신이 느끼는 이 부정적인 에너지는 좀 더 크고 중요한 목적을 갖고 있다. 지나간 기억을 더듬는 대신 그냥 놓아버려라. 원하는 만큼 울어라. 사랑의 에너지를 방출하고, 필요한 것을 회복하고, 사라진 것을 더듬어보라. 녹초가 되겠지만 자신보다 더 깊은 어떤 것과 하나가 되어 마음의 평화를 찾을 것이다.

슬픔에 대처하는 것이 예전과 달라지겠지만 그렇다고 나쁜 것은 아니다. 처음에는 이 새롭고 압도적인 감정을 어디로 돌려야 할지 알 수 없기 때문에 기분이 좋지 않은 것뿐이다. 그러므로 익숙한 곳으로 돌아가라. 최악의 감정을 느꼈던 곳으로. 곧 고통스러운 감정에 대처하고 그것을 좀 더 건전한 방식으로 바꾸는 방법을 배울 것이다.

기분이 가라앉을 때 기억할 것이 또 하나 있다. 이 경험으로 인해 대처하기 쉬워진 것이 또 있는가? 대부분의 사람들은 더 나아진 친구 사이, 건강해진 관계, 자존감과 한계선, 그리고 좀 더 넓어진 인간적 소통을 꼽는다.

부정적인 것은 가끔 눈덩이처럼 불어나므로 자신의 위치가 어디인지 기억할 필요가 있다. 잿더미에서 빠져나온 자신에게 후한 점수를 주고 위로하도록 하자.

당신은 어둠 속에서 살아나왔다. 이제는 그것을 두려워할 필요가 없다.

수치심

슬픔의 초기 단계를 거친 뒤 많은 사람들은 자기 자신, 그리고 관계의 결과에 대해 부끄러워한다. 그들은 자신이 그렇게 낮은 곳까지 가라앉아 남에게 받아달라고 애원한 것을 믿을 수가 없어 한다. 그러한 행동이 자신의 영혼에 대한 모욕처럼 느껴진다.

게다가 당신의 이야기를 들어주는 사람에게는 변명을 하느라 많은 시간을 썼다. 머릿속으로 말다툼을 하고, 관계에 대해 바뀐 입장을 설명하고, 남들에게 그들이 알고 보니 완벽한 상대가 아니라 사이코패스였다고 말했다.

사이코패스에게 피해를 입었던 대부분의 사람들은 자기도 모르게 외부로부터 동의를 얻고자 한다. 그것은 사이코패스의 변덕스러운 의견에 따라 모든 자신의 가치를 결정하면서 생긴 습관이다. 다른 사람들과 이런 패턴을 계속 유지한다면 창피한 기억이 남을 것이다. 특히 자신이 독립적이고 긍정적인 사람이라고 믿던 사람은 더욱 그렇다.

그것은 당신의 훌륭한 과거에 큰 먹구름처럼 느껴질 것이다. 당신의 삶이 구멍 난 돌 주머니처럼 변했을 것이다. 당신의 생각과 감정이 여기저기 흩어져 있고, 명확함과 진실을 찾을 수가 없을 것이다. 그러다 서서히 여러 달에 걸쳐 그 돌들을 주머니에 도로 집어넣기 시작했을 것이다. 이 과정을 오래 겪을수록 어떤 일이 벌어졌으며 자신의 행동이 타인에게 어떻게 보였을지 잘 이해할 수 있다.

하지만 이 일에 대해서는 더 이상 염려하지 않아도 된다. 자신을 용서하고 나아가라. 모두가 그렇게 산다. 당신만큼 당신에 대해 생각하는 사람은 없다. 무례하게 들릴 수는 있지만, 나는 그것이 겸손한 태도라고 생각한다. 누구나 저마다 힘든 삶을 살고 있으므로 대부분의 사람들은 당신이 1주일 전에 했던 부끄러운 말을 기억하지 않을 것이다. 당신이 다시 거론하지 않는 한.

목표는 현재에 집중하는 것이다. 앞으로 좋은 일이 매우 많이 생길 것이다. 자신과 이 세상에 대해 더 많이 알게 될 것이다. 사라진 돌멩이는 엉뚱한 곳에서 찾게 될 것이다.

인지부조화의 재발

시간이 모든 상처를 낫게 한다는 옛말이 있는데, 어느 정도는 옳은 말이다. 회복 과정의 문제는 사귀는 동안 상황이 얼마나 나빴는지 잊게 해준다는 것이다. 그것은 마음을 치유하는 방법으로, 고통스러운 기억으로부터 자신을 지키기 위한 선택적 기억 상실이다. 그 모든 일로부터 평화를 얻기 위해 예전 연인을 용서하고 식사라도 하고 싶은 마음이 들 수도 있다.

이런 실수는 하지 말아야 한다. 그러면 똑같은 상태로 끌려들어 갈 것이다. 당신은 그저 그 관계의 기억에 되찾은 행복과 낙관론을 투사하는 것뿐이다. 이렇게 하면 잡념을 없애줄 수 있으므로 정신 건강에는 좋다.

하지만 기분이 나아졌다고 그에 따라 행동해서는 안 된다. 진전 과정을 살피고 그것을 노력 덕분이라고 생각하라. 종결을 지을 준비가 되어서가 아니라, 사이코패스와 접촉하지 않고 보낸 시간 덕분에 기분이 나아진 것을 알아야 한다. 그들을 다시 만나기 시작하면 이전 단계로 돌아갈 뿐이다.

사이코패스를 용서하는 법에 대해서는 이 책의 마지막 장에서 더 자세히 설명할 것이다. 지금으로서는 '접촉 끊기'를 유지하며 스스로에게 관대하기만 하면 된다.

트라우마와 두 개의 세상

회복에서 가장 기이한 점은 자신이 둘 있는 듯한 느낌이 든다는 것이다. 하나는 괴롭힘을 당하기 이전의 명랑하고 남을 신뢰하는 사람이다. 그리고 다른 하나는 현재의 까칠하고 편집증적인 자신이다.

두 개의 자신 대신 두 개의 세상이 있다고 생각해보자. 날마다 보고 듣는 물질적인 세계와 마음속으로만 느낄 수 있는 세계. 어릴 때 나는 두 가지 세계와 모두 연결되어 있다고 생각했다. 하지만 성장하면서 이상하게도 전자의 물질적인 세계에 익숙해지고 후자의 고요한 세계와의 연결점은 약화된다.

이를 보충하기 위해 우리는 강력한 방어기제를 만들기 시작한다. 이 방어기제는 우리가 선택한 세상에서 우리를 안전하고 확실하게 지켜주는 것이다. 이 방어기제는 우리의 가장 깊은 불안과 허영심, 실패를 보살핀다. 우리는 내면을 인지하는 대신 외면을 판단하는 법을 배운다. 모든 것이 편안하다. 처음부터 우리는 이 방어기제를 키우고 '강해지는' 법을 스스로에게 가르친다. 물론, 여기서 강하다는 것은 오로지 물질세계에 의해 규정된다.

그렇게 살아가다 보면 어려운 일이나 상실, 상심과 같은 적이 우리의 방어기제를 사포처럼 갉아놓는다. 서서히 우리는 다른 세계와 다시 연결되고 주위 사람들에 대한 동정심과 지혜를 얻는다. 어린 시절의 우리 자신을 돌아보며 부끄러워하고 어떻게 그렇게 불쾌한 행동을 할 수 있었을까 의아해한다. 적어도 나는 그렇게 생각한다.

하지만 트라우마는 다르다.

방어기제는 사포로 긁히는 대신 단 한순간에 산산조각이 난다. 손상이 얼마든 방어기제로는 그렇게 고통스러운 것으로부터 자신을 구할 수 없다. 그러므로 방어기제는 무너지고 다시 세울 수가 없다.

이처럼 잔인한 경험을 하는 동안 당신은 타인을 뿌리치고 상처를 준다. 그들의 행동에 지나치게 집중해서 자신의 행동은 알아보지 못한다. 결국, 이런 상태에 익숙해진다. 의존적으로 변해서 이야기를 들어주는 사람이라면 누구에게든 달라붙는다. 예전에는 행복감을 주었던 것들에 무감각해지고 훨씬 더 명랑했던 '예전의 자신'을 추억한다.

정말 엉망이 되었다. 하지만 다른 세계에서는 어떤가?

상처가 치유되는 동안 어린 시절 이후 잊고 살았던 곳에서 평화를 발견하기 시작한다. 상상력. 영성. 사랑. 우리가 사이코패스로부터 갈망하던 자기도취적이고 지나친 정당화에 의한 쓰레기가 아닌, 진정한 사랑 말이다. 마음속의 빈 곳을 공감과 동정심, 애초에 당신이 지녔던 자질로 채우기 시작한다.

아무 생각 없이 사람을 만나는 것은 더 이상 마음을 채워주지 못한다. 같은 생각을 가진 사람과 깊이 있고 철학적인 대화를 추구한다. 예전에 즐기던 여러 사교 장소에 잘 적응하지 못하기도 한다. 사이코패스나 공감 같은 주제가 왜 그렇게 중요한지 사람들이 이해하지 못하면 짜증이 나기도 한다. 대부분의 사람들이 세속적인 방어기제를 가지고 잘 살아간다는 사실을 잊기도 한다. 그래서 그 사람들은 이런 문제에 영향을 받지 않는 것이다.

이 두 가지 세계를 헤쳐 나가며 두 개의 자아를 가진 자신을 탓하게 된다. 아무리 노력해도 예전의 자아로는, 즉 더 행복했고 더 순수했던 자신으로는 돌아갈 수가 없다. 하지만 타인과의 관계는 훨씬 더 건전해지는 것을 알 수 있다. 한계선과 자존감, 자기 가치를 깨닫게 된다. 자신의 모습을 찾기 위해 세속적인 방어기제가 필요 없다는 것, 그건 정말 신기한 깨달음이다.

그리고 시간이 흐르면서 행복해지기 위해 방어기제가 필요 없다는 사실을 깨닫는다. 자존감은 자신으로부터 비롯한다는 것을 경험한다. 이 우주가 귀를 기울이는 사람에게는 얼마나 많은 것을 줄 수 있는지 알게 된다.

자신에게 점점 더 편안해지면서 자신이 트라우마로 인해 망가진 것이 아님을 알게 된다. 트라우마는 우리의 방어기제를 앗아가는 대신 다른 세상을 열어주었다. 모든 인간과의 연결점이 생겼다. 어린 시절의 경이감을 잃은 것이 아니다. 그것은 늘 함께했고, 이제 당신이 두 가지 세상에서 모두 평화롭게 살아갈 수 있을 만큼 현명해진 것이다. 기쁨 그리고 지혜와 함께.

타인의 고통을 느낄 수 있고, 따라서 훨씬 더 깊고 의미 있는 관계를 맺을 수 있다. 자신이 가진 재능이 특별하며 아무하고나 나눌 수 없는 것임을 알게 된다. 세상의 조용한 구석구석에서 나는 소리에 귀 기울이며 마음의 평화를 얻는다. 혼자 있는 시간이 싫지 않다. 그것은 다른 세상에서 보내는 시간일 뿐이니까.

트라우마를 겪고 살아남은 이들이 기억해야 할 가장 중요한 것은, 자신에게는 아무런 잘못도 없다는 점이다. 당신은 아름답다. 어쩔 수 없는 상황에 처했고, 살아남았다. 당신은 허락한 적도 없이 순수를 빼앗겼다. 침해당했다. 하지만 이렇게 침해당하면서 대부분의 사람들이 평생을 걸려 발견하는 것을 되찾았다.

당신의 길이 고통으로 가득 차 있을 수도 있지만, 특별하기도 하다. 당신에게는 다른 길이 있다. 영적인 세계에 영영 접근하지 못하는 사람들이 있다는 사실을 기억하라. 사이코패스들은 그러지 못하고, 그래서 그들은 공감하는 존재를 미워한다. 당신은 그들이 결코 발견하지 못하는 것이 있다는 사실을 자꾸만 일깨워주는 존재다. 그들은 이곳, 물질세계 속에서 더 큰 우주와 조우하지 못하고 죽을 것이다.

나는 가끔씩 영적인 세계가 물질의 세계로 스며든다고 생각한다. 당신도 느낄 수 있다.

이제 두 세계가 하나로 합쳐지는 것을 상상하라. 감정과 동정이 모두가 볼 수 있게 드러나는 곳. 우리의 영혼이 새처럼 하늘로 솟아올라 기쁨의 노래를 부르는 곳. 우리는 가시덩굴처럼 힘겨운 영혼을 휘감고 있는 서로의 고통을 볼 수 있다. 피해자의 영혼에 깜빡이는 불빛이 보인다. 하지만 서로의 기쁨이 마음속에서 환하게 빛나는 것도 볼 수 있다.

이것은 우리에게 믿을 수 없이 멋진 세계가 되겠지만 사이코패스는 경험할 수 없다. 두 세계가 하나가 된다면 사이코패스는 존재할 수 없는 공감의 세계가 될 것이기 때문이다.

그러니 함께 이 두 세계를 합일시키도록 노력하자. 어둠을 물리치고 모든 공감하는 사람들에게 그들이 아름답다고 가르치도록 노력하자. 괴롭힘을 당한 과거를 부끄러워하지 말자. 여기까지 온 데는 이유가 있다. 그리고 지금은 시작일 뿐이다.

순수의 상실

증상: 깊은 슬픔, 애도, 외로움, 수용, 세상을 다른 눈으로 보기, 희망, 우연히 얻는 지혜.

슬픔과 우울 사이에는 차이가 있다. 우울은 절망적이고, 두려우며, 무감각해지는 상태다. 하지만 슬픔은 아름답다. 영혼이 새로운 출발을 준비하는 순간이다.

진실한 슬픔을 느낀다면 터널이 끝나고 불빛을 향해 다가가고 있다는 징조다. 공허함과 아픈 기억 대신 당신의 마음은 마지막 변화를 겪을 준비가 된 상태다. 소울 메이트를 잃은 슬픔은 지나갔다. 대신, 마침내 자신을 위해 슬퍼할 준비가 되었다. 끊임없이 타인을 생각하는 상태로부터 벗어나 이 모든 과정 동안 당신이 잃은 것이 무엇인지 문득 생각하게 된다.

그리고 대부분의 사람들은 많은 것을 잃었다고 생각한다. 친구들, 돈, 커리어, 자존감, 건강, 그리고 존엄성까지. 다행히 이런 것들은 모두 되찾을 수 있다. 당신이 뿌리내린 곳으로 되돌아가면 이 모든 것들이 제자리로 돌아오는 것을 볼 수 있다. 특히 친구나 연인 사이처럼 더 나아지는 것도 있을 것이다.

하지만 되돌릴 수 없는 것이 하나 있다. 당신의 순수다. 순수는 무지나 순진함과 무관하다는 점을 기억해야 한다. 그것은 모든 인간에게 선량함이 있다는 좋은 믿음이다. 타인에게 온 마음을 다해 주었던 믿음과 애정, 그것이 순수다.

이제부터 다시는 세상을 그렇게 보지 않을 것이다.

그렇다고 당신이 항상 날을 세우고 지나치게 경계한다는 의미는 아니다. 세상과 주위 사람들을 좀 더 현실적으로 바라보게 된다는 의미일 뿐이다. 자신이 지닌 선량함을 자동적으로 타인에게 투사하는 대신, 그들의 행동을 보고 파악하게 된다. 나쁜 것만은 아니다. 순수를 잃어버린 것을 깨닫고 처음에는 잠시 슬플 뿐이다.

많은 생존자들이 평생 슬픔이나 분노를 어떻게 표현해야 하는지 몰랐다는 사실을 알게 된다. 주위의 모든 사람들의 뜻에 맞추어 명랑한 표정만 짓고 있었다. 그래서 아무리 반대되는 증거가 보여도 모든 것에서 최선의 의도를 찾으려고 하는 고집이 생겨났다.

하지만 사이코패스는 아무리 노력해도 그들의 마음속 빛을 밝힐 수 없는 존재임을 알게 될 것이다. 그래도 당신은 노력할 것이다. 그것이 바로 인지부조화다. 몇 달 동안 당신은 이상화 과정과 평가 절하 과정을 오가며 어느 것이 진짜인지 이해하려고 애썼다. 그들이 그렇게 말했으므로 당신은 그들이 당신을 사랑한다고 판단했다. 하지만 당신은 그들의 행동이 그들의 말과 전혀 일치하지 않는 것을 보았다. 당신은 사랑이란 모욕하고, 비판하고, 속이고, 거짓말하는 것이 아님을 직관적으로 알고 있다. 사랑은 당신에게 자살 충동을 느끼게 하지 않는다. 사랑은 당신이 마음에 상처를 입었다고 조롱하지 않는다.

그래서 생각하면 생각할수록 당신은 더 화나고 우울해졌다. 그들이 모든 생각을 앗아가면서 내면의 빛이 꺼지기 시작했다. 그 빛은 그들의 행동을 바꿀 수 없기에 그들의 행동을 흡수해 날마다 더 흐릿해졌다.

시간이 지나면서 당신은 평생 느껴보지 못한 깊은 분노와 공허함을 느꼈다. 이 과정을 거치는 동안 그것을 어떻게 표현할지도 몰랐을 것이다. 그래서 겉으로는 모두가 기대하고 필요로 하는 행복한 사람으로 남아 있었다. 자신의 감정으로 누구도 불편하게 하고 싶지 않았다. 하지만 마음속 깊은 곳에서 무엇인가 변하고 있었다. 불빛은 거의 꺼져버렸고 갑자기 많은 사람들, 친구라고 생각했던 이들이 증오스럽고 짜증났다.

매번의 상호작용 뒤에, 당신은 집으로 돌아와 몇 시간씩 방금 있었던 일을 곱씹어보곤 했다. 그건 누구였을까? 당신이 아니었다. 당신은 자신이 하는 말을 진심으로 믿지 않았고, 그들이 그렇게 좋아하는 남의 험담이나 모욕을 존중하지 않았다. 문득 그 모든 것을 우스갯소리로 정당화할 수 없어졌다. 주위에 착하지 않은 사람뿐이라는 냉혹한 현실을 깨닫게 되었다.

여전히 로켓에 연료를 주입해야 할 테지만, 당신은 그저 방전된 배터리가 된 느낌이다. 에너지가 사라졌다. 예전처럼 모두를 자동적으로 사랑하고 싶지만 그럴 수 없다. 예전과 달리 불친절하고 피상적인 사람들의 태도가 불만스럽다.

오랫동안 사이코패스를 그토록 좋은 기억으로 남기려고 한 것은 그들이 좋은 사람이라서가 아니라 당신 내면의 빛 때문이었다. 당신은 날마다 나쁜 것을 거부하고 그저 그런 것을 미화한 보답을 받았다. 이제 그 관계를 내면의 빛과 연결시키지만, 그렇다고 해서 그것이 실제로 자신을 행복하게 만들어준 것은 아니었다. 자신의 순수가 행복을 주었다는 의미다. 순수가 당신이 갖고 있는 상냥한 마음씨를 지켜주었기 때문이다.

순수와 진정한 행복을 구별하는 능력은 치유 과정에 반드시 필요하다. 사이코패스와, 그리고 빈번히 자신을 모욕하는 친구들과 잘 지냈다고 해서 그때의 삶이 좋았다는 의미는 아니다. 마찬가지로 지금 슬픔을 느낀다고 해서 인생이 나쁘다는 것도 아니다. 반대로 상황은 그 어느 때보다 밝아졌다. 단지 내면의 빛 없이 세상을 즐기려고 애쓰고 있는 것뿐이다.

하지만 그럴 필요는 없다. 내면의 빛은 사라진 적이 없다. 기다리고 있을 뿐이다. 그렇다. 지금은 좀 잦아든 것뿐이다. 자존감과 한계선을 키우면 빛은 다시 밝아질 것이다. 그리고 애정과 영성을 탐색해 나가면 빛은 그전보다 더 강해질 것이다.

사이코패스에게 피해를 입은 많은 사람들이 인생이 '정상적'이고 '행복'했던 시절로 돌아가고 싶어 하지만, 그것이 실제로 얼마나 이루어질까? 그 시절, 부정적인 것을 긍정적인 것으로 바꾸려고 당신은 얼마나 필사적으로 노력했는가? 그 시절, 다른 사람들이 자신의 악한 성격을 당신에게 투사하고 있을 때, 당신은 반대로 선량함을 투사하느라 얼마나 노력했는가? 이런 트라우마를 겪은 뒤, 내면의 빛이 꺼지면 선량함을 타인에게 투사하기가 더욱 어려워진다.

그렇기에 당신이 정말로 그리워하는 것은 과거가 아니라 당신과 과거를 이어주는 내면의 빛이라고 생각한다.

내가 Psychopath Free.com의 모든 회원에게서 발견하는 한 가지는, 아무도 이런 어둠을 원하지 않는다는 것이다. 단 한 사람도. 그들은 피해자가 되기를 원하지 않는다. 그들은 행복과 기쁨을 되찾고 싶어 한다. 그들은 애초에 화를 낸 것에 대해 분노를 느끼고 있다. 평생에 걸쳐 용서를 실천하던 사람들이, 사이코패스와 용서할 수 없는 경험에 직면한다. 어째서일까? 무슨 의미일까? 어째서 그들의 정체성이 이런 식으로 망가지고, 믿을 수 없는 상처를 입어야 하는 것일까?

시간이 지나면 이런 질문에 대해 각자의 해답을 찾게 될 것이다. 순수는 아름다운 선물이지만, 역설적이게도 갖고 있을 때는 알지 못한다. 이것이 당신이 타인에게 그토록 애정과 신뢰를 주었던 이유다. 아직 당신이 자신에 대한 애정을 느끼지 못했기 때문이다. 치유 과정을 통해 당신은 최후의 도약을 할 것이다. 비록 불편하지만 자존감을 발견하고 건전한 한계선을 긋기 시작할 것이다. 타인에게 맞춰주려고 노력하는 대신 어째서 사람들이 그렇게 행동하는지 의아해할 것이다. 공감하고, 동정하고, 사랑하고, 편안하고, 창조적이고, 사교적이고, 책임감 있고, 배려하고…… 이 땅 위를 걸으며 상냥함으로 모두를 대하는 온화한 영혼들.

내면의 빛이 사라지면 더 이상 주위의 망가진 것들을 고칠 수 없다. 그래서 그 대신 당신의 가장 훌륭한 자질을 공유하고 알아주는 사람들로 당신 주위를 채운다. 그리고 순수가 사라져 세상의 진정한 모습을, 자신의 진정한 모습을 볼 기회를 얻을 때까지 이 모든 놀라운 것들을 발견할 수 없다.

이 여정은 당신을 위한 것이다. 항상 그랬다. 이것을 발견하고 나면 마침내 자유롭게 비상할 준비를 마친 것이다.

3부
자유

과거에 당신의 영혼을 가두기 위해 사용했던 상상력을 발휘해 이번에는 영혼에 자유를 선사할 수 있다. 이것을 알면 자신이 어떤 사람이 되든지 온전히 책임지게 된다.

7장

되돌아보고, 앞으로 나아가기

사이코패스로부터 자신의 영혼을 완전히 끊어내고 나면 그 경험을 덜 감정적으로 돌이켜볼 수 있을 것이다. 자신이 그 무엇도 잃은 것이 아니며, 사실은 운이 좋다는 사실을 알게 될 것이다.

처음에는 그렇게 느껴지지 않을 것이다. 그들이 세상에 보여주는 이미지가 그렇기 때문에, 항상 그들이 이기는 것처럼 느껴진다. 사이코패스들은 항상 순진하고 명랑한 표정으로 한껏 웃으면서 피해자를 괴롭히고 갈아치우기 때문에 이기는 것처럼 보인다. 당신이 바닥을 치고 있을 때, 그들은 새로운 인생을 즐기며 행복해하는 것 같다. 하지만 그것은 모두 환상이다. 남들에게 강한 인상을 주고 과거의 상대에게 부정적인 감정을 불러일으키기 위해 만들어낸 성공일 뿐이다. 이것은 승자의 행동이 아니다. 자신과 타인에게 자신이 우월하다는 것을 증명하기 위해 필사적으로 애쓰는 패배자의 행동이다. 사이코패스는 사랑과 신뢰, 동정 같은 가장 훌륭한 감정을 하나도 느끼지 못한다. 그렇다. 그들은 사기詐欺를 성공시켰지만 그들이 원하는 것을 얻는다고 해서 승자가 되는 것은 아니다.

그들은 새로운 파트너와 함께 석양을 향해 달려가지만 당신은 아주 중요한 것을 잊고 있다. 어떻게 한 사람이 그렇게 상대를 괴롭히다가 다른 사람과는 완벽한 관계를 갑자기 가질 수 있단 말인가? 그것은 불가능하다. 그것은 감정적으로나 논리적으로나 불가능하다.

그것을 확인하기 위해 그들이 새로운 상대와 헤어지기를 바랄 수도 있다. 하지만 그런다고 달라지는 것은 없다. 사이코패스는 죽는 날까지, 혹은 편안한 타깃과 정착하는 날까지 그 순환과정을 되풀이할 것이다. 곁에서 지켜볼 필요는 없다. 그들은 무슨 일이 있더라도 성공과 행복의 거짓 환상을 유지할 것이다. 그들의 추락으로부터 만족감을 얻을 수는 없을 것이다. 대신 그들의 인생이 모두 실패임을, 가짜임을 알게 될 것이다.

비정상

사이코패스와 만나는 동안 예전에는 상상도 못한 방식으로 남을 밀어내고, 사정하고, 애원하고, 복수하고, 심술궂은 편지를 쓰고, 끝없이 사과하고, 자책하고, 남을 탓하는 행동을 했을 것이다. 그것은 평소의 재미있고 편안한 자신과는 너무나도 다른 모습이었을 것이다. 이런 행동이 부끄럽겠지만, 이제는 그것도 잊어버릴 때가 되었다. 감정적으로 건전한 사람이라면 감정적인 학대에 강력하게 반응할 것이다. 부끄러워한다는 것은 양심이 있다는 의미다.

이상화 과정을 거치는 동안 당신은 흥분 상태였다. 괴롭힘을 당하는 동안 할 수 있는 모든 것을 다해 그 거짓 꿈을 붙잡았다. 침묵기간 동안 당신은 무엇을 잘못했는지 정신없이 생각했다. (침묵을 뇌에서는 육체적 고통과 같은 자극으로 받아들인다는 것을 아는가?) 그리고 당신은 당신이 존재하지도 않았다는 듯이 새로운 사람과 달아나는 그들을 지켜보았다.

어떻게 한 사람이 이 모든 일을 견딜 수 있겠는가?

그럴 수 없다. 그래서 이런 일을 겪고 나면 성격 자체가 알아볼 수 없게 변하는 것처럼 느껴진다. 너무나 비인간적인 경험에 대응하고자, 감정적인 반응이 서로 충돌을 일으켰다. 그리고 이제 여러 가지 부끄러운 기억과 자신의 선량한 본질에 대한 의문만 남았다.

하지만 이런 행동이 당신에게 평범한 것인가?

그래프를 이용해 설명해보자.

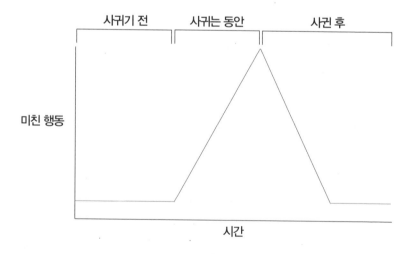

이 사람이 당신의 삶에 들어오기 전, 당신은 이런 식으로 행동한 적이 없었다. 이 사람이 당신의 삶에서 떠난 후, 이런 식으로 행동한 적이 없었다. 그렇다면 이것은 무슨 의미인가?

인간에게 누구나 평균적으로 미친 행동을 하는 기준선이 있다고 가정한다면, 이 그래프의 뾰족한 부분은 비정상적으로 크다. 이 뾰족한 부분이 다른 사람과 사귈 때는 없었다는 사실을 감안한다면, 우리는 이 '미친 행동'이 비정상일 수 있다는 강력한 증거를 얻을 수 있다.

이 비정상은 상황에 따라 생긴 것으로, 특히 이 매우 낯설고 아픈 경험에 국한된 것이다. 회복 단계 동안 모든 것이 건전한 균형 상태를 되찾는 데 시간이 좀 걸릴 수 있지만, 중요한 것은 그 과정이 이 사람과 '접촉 끊기'를 시작할 때에만 시작된다는 것이다. 그렇다면 이것이 그들의 영향력에 대해 알려주는 바는 무엇인가? 긍정적인 것인가, 부정적인 것인가? '변함없는 상대'를 생각해보면, 그들과 이런 이상한 경험을 한 적이 있는가?

명심하라. 뇌가 몇 가지 속임수를 쓸 것이다. 당신은 "내가 그렇게 강하게 반응한 이유는 내 인생에 가장 뜨거운 사랑이었기 때문이다"라고 생각할 것이다. "내가 이렇게 우울한 것은 내게 일어난 최고의 사건을 잃어버렸기 때문이다."

그래서 회복은 매우 중요하다. 이제는 이런 감정이 자연스럽지도, 건전하지도 않다는 사실을 깨달을 때다. 사랑에 빠지는 것은 강렬한 경험이지만 그로 인해 필사적인 감정, 불안, 공포가 생겨나서는 안 된다. 마찬가지로 이별은 언제나 아프지만, 예전의 자신을 잃어버린 상태로 남아서는 안 된다.

사이코패스는 당신이 완벽하게 건전한 관계였다고 생각하기를 원할 것이다. 당신이 그저 너무 급하게 실연을 당한 것뿐이라고. 사실, 그들은 누군가가 그들로부터 '회복'해야 한다는 생각을 경멸할 것이다. 그들은 실연이나 상처를 느끼지 못하기 때문이다. 그러니 친구나 가족이 회복 기간이 너무 길다고 비판한다면, 회복 여정 역시 비정상임을 기억하라. 기분이 나아질 때까지 필요한 만큼 얼마든지 시간과 에너지를 들여도 된다. 정상에서 크게 벗어난 경험으로부터 회복되는 과정이기 때문이다.

그러니 당신이 지금 자신답지 않은 행동에 부끄러워하고 있더라도 자신을 용서하라. 평생 남들을 인내하고 상냥하게 대했다면, 지금은 이 관계로 인한 변화 때문에 자신에게 의구심을 품지 말라. 그 순간을 돌이켜보고, 그것이 이례적이었음을 인정하고, 자신에게 관대해져라.

당신은 비정상적인 경험에 책임을 졌다. 사이코패스는 자신이 날마다 저지르는 짓에 대해 결코 책임을 지지 않을 것이다.

다음 타깃에게 보내는 편지

사이코패스에게는 항상 또 한 사람, 당신을 대체할 상대가 있다. 처음에는 회복 여정 동안 이 사람이 주된 갈등과 증오의 대상이 된다. 이 사람은 당신의 소울 메이트와 달라나 페이스북에 행복을 과시하면서 당신을 미친 사람 취급했다. 이 사람이 당신의 꿈을 훔쳐 갔다.

하지만 시간이 지나면 사실은 이 사람이 당신의 삶을 구원했음을 알게 된다.

다음은 모든 '다음 타깃'에게 보내는 편지다. 이 편지를 누구에게든 보내라는 의미가 아니다. 그렇게 해도 아무런 변화는 없을 것이고, 당신에게 상처만 될 것이다. 하지만 우리는 모두 이 편지를 쓸 수 있는 시점에 도달하기를 바라고, 돌이켜보았을 때 우리가 받았더라면 얼마나 좋았을까 하고 바라는 편지이기도 하다.

친애하는 _____ 씨께.

다시는 방문하고 싶지 않은 세계로 돌아가고 싶지 않으니, 직접 연락을 드릴 수는 없군요. 하지만 당신이 이 편지를 보고 모든 이야기에는 두 가지 면이 있다는 것을 알게 되기를 바랍니다. 한 가지 이야기는 이미 들으셨습니다. 다른 이야기는 이렇습니다.

당신을 미워했습니다. 당신이 내 평생 가장 사랑했던 사람과 행복하게 달아나 온 세상에 부끄럼 없이 그 일을 밝히는 것을 지켜보았습니다. 우리가 헤어지기 한참 전부터 두 사람이 사귀기 시작한 것을 몇 주가 지나 알게 되었습니다. 또한 나의 고통과 눈물이 당신의 동정심을 사는 데 이용되었다는 것도 몇 달이나 지나 알게 되었습니다. 그리고 이제 타인과 삼각관계를 이룬 것에서 오는 불안에서 회복하려면 몇 년이 걸릴 겁니다.

하지만 이제는 당신을 미워하지 않습니다. 당신이 걱정스럽습니다.

우리는 성격과 육체, 영혼이 다르지만, 이 관계에 대해서는 다를 바가 없습니다.

보세요. 저 역시 당신이 지금 경험하는 것처럼 행복에 취해 있었습니다. 나는 특별한 상대였습니다. 세상에서 가장 아름답고, 완벽하며, 무결점의 파트너였습니다. 저도 그 사람을 그의 예전 연인이 주었던 고통으로부터 구해주었습니다. 그 사람이 당했던 끔찍한 취급을 불쌍히 여겼습니다. 그가 겪었다던 모든 일 다음에, 마침내 그를 행복하게 만들어준 사람일 수 있어서 기뻤습니다. 그 사람은 내게 반했습니다. 그 사람은 눈을 뜨자마자 문자메시지를 보내고 관심을 쏟아부어주었습니다.

익숙하게 느껴지나요?

이 짧은 기간 동안 어떻게 제가 갑자기 실성했는지 의아할 겁니다. 조울증. 질투. 요구가 많음. 성가신 존재. 괴롭힘. 어떻게 그런 일이 생겼을까요? 한 사람이 완벽한 존재였다가 눈 깜짝할 사이 끔찍한 존재로 변할 수 있을까요? 게다가 예전 연인도 그랬다는 것도 가능할까요? 그전에 만난 사람은 어떨까요?

공통분모는 너무나 분명합니다.

너무나 오랫동안 제 자신을 탓했습니다. 제가 이런 고통을 받아 마땅하다고 여겼습니다. 제가 뭔가 잘못되어서 그 사람이 다른 사람과 달라났다고 생각했습니다.

하지만 제가 한때는 그 사람이었음을 깨달았습니다. 제가 바로 당신이었습니다.

그리고 바로 그 때문에, 당신을 이 악몽에서 구할 수 없음을 알고 있습니다. 사이코패스의 피해자는 한번 걸려들면 달아날 수 없습니다. 사귀는 내내 당신은 현실을 부인하고 자신은 예외일 수 있는 이유를 만들어낼 것입니다. 당신은 자신에게 거짓말하고, 완벽한 꿈을 되살려내려고 필사적으로 노력할 겁니다. 하지만 서서히 당신의 정체성이 무너져 내릴 겁니다. 그 사람이 당신의 한계선을 지워버리고, 당신은 자신이 누군지도 모르는 상태가 될 겁니다.

또 한 명의 사람이 등장할 겁니다. 자기도취적인 포식자와의 관계에서 그것은 불가피한 일입니다. 당신은 저처럼 버림받을 겁니다. 당신의 변덕스러운 반응을 역이용해 새로운 타깃으로부터 동정을 얻어낼 겁니다.

그리고 결국 당신은 제가 될 겁니다.

그래서 당신이 염려스럽습니다. 누구도 제가 겪었던 고통과 괴로움을 느끼지 않았으면 좋겠습니다. 당신의 의도가 나쁘지 않았음을 알고 있습니다. 당신은 제가 오래전에 믿었던 똑같은 거짓말을 믿고 있을 뿐입니다.

당신이 들은 이야기는 거짓입니다. 그것은 동화 같은 이야기를 꾸며내고 당신의 마음을 사로잡기 위해 계획된 것입니다. 오늘은 그 말을 믿지 않겠지만 언젠가 이 편지를 이해할 수 있을 겁니다. 가슴 아프게.

당신이 결별한 이후 이 편지가 길잡이 역할을 해주기를 바랍니다. 이것이 당신에게 도구가 되어주길 바랍니다. 당신의 여정을 시작할 퍼즐 조각이 되어주기를.

저는 당신을 미워하지 않습니다. 당신을 미워하고 질투하는 건 그 사람이 원하는 것입니다.

저는 이 삼각관계에 가담해 그 사람의 텅 빈 영혼에 질투와 증오를 주입하지 않을 겁니다.

저는 이제 그곳에서 빠져나왔고, 당신도 그럴 수 있을 겁니다. 당신을 대신할 사람에게 저처럼 공감해주세요. 서로 동정함으로써, 모든 인간은 존중과 친절, 정직으로 대해야 함을 인식함으로써 이 순환을 멈출 수 있을 겁니다.

애정과 희망, 그리고 무엇보다도 자유가 함께하기를 바랍니다.

8장

성찰과 불안

우리는 조종당하고, 모욕당하고, 무시당하고, 경멸당했다. 이 모든 일의 전적인 책임은 사이코패스에게 있다. 당신에게 약점이 있든, 불안하든 상관없다. 제대로 된 사람이라면 다른 사람을 이용해서는 안 된다. 이 모든 상황은 우리 잘못이 아니다.

지금쯤이면 사이코패스의 행동에 대해 배우고, 징후를 학습하고, 경험을 확인했을 것이다. 사이코패스의 행동에 혐오감을 느끼고, 그들을 다시 만나고 싶지 않을 것이다. 슬픔의 단계를 경험한 뒤 편안한 경지에 다다라 자기를 용서하고, 회복하며, 사랑할 수 있는 여정을 향해 나아가기를 바란다. 하지만 불안한 상태에서 자신의 판단을 신뢰하지 못하고, 자신이 사이코패스에게 속을 만큼 눈이 멀었다는 사실에 앞으로도 적절한 판단을 내리지 못할까 염려할 수도 있다. 회복 전문가나 상담 모임에 도움을 구하고, 그동안 겪은 상처에서 회복하는 데 필요한 지지를 얻고, 사이코패스 없는 삶으로 나아가기 위한 튼튼한 기반을 찾기 바란다.

지지와 후원이 꼭 필요하긴 하지만, 자신을 다시 신뢰할 필요가 있는 시간이 온다. 이 책과 Psychopath Free 웹사이트는 걷는 데 도움을 주는 도구가 아니라, 첫 걸음을 내디디도록 해주는 발판이다. 조만간 사이코패스의 피해자들 모두는 주변 사람들의 의견 없이 스스로 결정을 내려야 한다. 인생에서 더 좋은 선택은 내면에서 비롯할 수밖에 없으며 그런 결정을 내릴 때면 직관과 자존감이 솟구치는 것을 느낄 수 있다. 그렇게 되면 외부의 승인이 필요 없을 것이다. 자기 성찰을 하면 애초부터 당신이 이런 승인을 구하는 이유를 알 수 있다. 그것은 어린 시절, 과거의 친구관계, 사이코패스와의 관계, 또는 이런 것들의 조합에서 기인할 수 있다. 이 모든 것의 결과를 이해하기 위해서는 과거의 관계와 그 관계가 형성한 해로운 역학 관계를 살펴보아야 한다. 사이코패스의 미러링 기법은 사실, 우리 자신이 갖고 있는 문제를 살펴볼 아주 귀중한 기회를 제공하기도 한다.

거울아, 거울아

이제 질문을 시작할 시간이다. 왜 이런 일이 일어났는가? 당신의 약점은 무엇인가? 물론 이 약점은 잘못이 아니지만 당신이 왜 이용당했는지 이해하는 데에 중요하다. 이는 예전 연인과의 관계를 더욱 확실히 끊고 앞으로 자신을 보호하는 데 도움을 줄 것이다.

이 경험은 외부의 확인이 아닌 내면에서 비롯한 건전한 자존감을 키우는 데 의미가 있다. 우리는 누구나 불안과 허영을 가지고 있다. 그중 우리가 인식하지 못하는 것도 많을 것이다. 진정한 자기 발견은 자기 성찰을 통해 그런 작은 결점을 인식하는 데서 비롯한다.

이 부분은 정말 경우에 따라 다르지만, 사이코패스에게 빠져드는 몇 가지 공통적인 이유로는 외모, 재력, 커리어, 불만스러운 결혼, 관심과 감사에 대한 욕구, 외로움에 대한 두려움 등이 있다. 더 깊이 파고들면 그 이유의 근원에 불안이 있음을 발견한다.

"그들의 멋진 외모가 나의 매력을 확인시켜주었다. 나는 재정 문제가 걱정되었고, 혼자 자립할 수 있을지 염려되었다. 그들의 커리어 성공을 이용해 내가 성공했음을 증명하려고 했다. 그들의 관심으로 내가 아름답고, 재미있고, 가치 있는 사람처럼 느껴졌다."

이제 사이코패스와의 관계를 살펴보자. 당신이 가장 원하는 것이 무엇이든, 그들은 그것을 확인시켜주고 제공해주었다. 특히 그들의 과도한 칭찬을 찬찬히 살펴보자. 그것은 당신이 확인받으려고 했던 것들이다.

그렇다면 당신의 불안은 무엇인가? 종이를 꺼내 목록을 만들어보자. 이것이 장래에는 당신의 삶을 구해줄 것이다. 이런 경향을 알고 나면 그것을 조종하려는 사람들이 누구인지 알게 된다. 그리고 더 나은 자신과 향상된 삶을 위한 변화를 시작할 수 있다. 가령, 자신의 매력을 느끼기 위해 누군가가 그것을 말해주어야 하는 이유는 무엇인가?

자신이 지닌 약점을 이겨낸 사람들은 사이코패스에게 아무런 소용도 없을 것이다. 확인을 구하지 않는다면 사이코패스의 그루밍에 아무런 영향을 받지 않고, 이따금 남의 칭찬을 즐거워할 것이다. 사이코패스들은 일상적인 친절한 말 한마디가 아닌, 건전하지 못한 욕구를 채워주려고 한다. 시간이 지나면 지나치게 칭찬하고 아침하는 사람들에게 점점 더 끌리지 않게 될 것이다.

또 다른 종류의 약점이 있다는 것도 기억해야 한다. 이것은 좋은 종류의 약점이다. 당신이 가진 성적인 판타지, 인생의 목적, 연애를 위한 노력, 가족을 가지려는 계획 등은 당신을 인간으로 만들어주는 아름답고 훌륭한 약점이다. 사이코패스와의 경험 때문에 이런 것을 바꿔서는 안 된다. 불안 목록 옆에 꿈의 목록도 적어보라. 자신의 열정을 결점과 헷갈려서는 안 된다. 그리고 마찬가지로 공감 능력도 약점이 아니다. 사이코패스로 인해 그 점에 의문을 제기할 수 있지만, 그것은 결코 약점이 아니다.

"

비겁한 사랑

사이코패스들은 단순히 칭찬과 아첨을 퍼붓는 것이 아니라, 당신이 거기 보답하게 만든다. 처음에는 끊임없이 메시지를 보내고 당신이 매 순간 무슨 일을 하는지 알아내려고 한다. 당신이 빨리 답장하지 않으면, 그들은 더 많은 칭찬을 담은 메시지를 연달아 보낸다. 처음에는 그들이 정말로 당신을 필요로 하는 것처럼 느껴진다. 또한 그들의 온갖 불안과 실성한 예전 연인과의 경험에 대한 해결책이 바로 당신인 것처럼 느껴진다. 당신은 이런 소통을 행복과 가치의 근원으로 여기게 된다. 그리고 그렇게 되는 순간 그들은 물러서기 시작한다. 일단 당신이 낚이면, 그들은 계속해서 그 관계를 유지하려는 당신의 노력에 지루해하고 짜증을 낸다. 이로 인해 당신은 요구가 많고, 성가시게 하며, 불안한 사람처럼 보이게 된다. 완벽한 연인을 찾았다는 흥분은 그것을 잃을까 하는 끊임없는 두려움으로 변한다. 이것이 비겁한 사람들이 타인에게서 '사랑'을 만들어내는 방법이다. 그들은 그들의 원래 모습으로는 사랑할 수 없으므로 일찍부터 타인에게서 필사적인 욕망을 만들어내는 방법을 배운다.

"

악마에 대한 동정심

귀엽다. 매력적이다. 사랑스럽다. 사이코패스를 묘사할 때 이런 표현을 쓰는 것을 종종 듣게 될 것이다. 이것도 모두 그들의 계획이다. 거만함, 무례함, 지나친 자신감. 이런 것에 끌리는 사람은 없을 것이다. 대신 당신은 당신 덕분에 그 누구보다도 행복하다고 말하는 순수하고 동정심 있는 파트너에게 끌린다. 하지만 무언가가 바뀐다. 그들을 행복하게 만드는 사람이었던 당신이 행복해지기 위해 그들을 필요로 한다. 사이코패스를 경험한 사람들에게는 이상한 패턴이 있다. '그들에게 관심을 주는' 입장에서 금방 '그들의 관심을 요구하는' 입장으로 바뀌는 것이다. 이런 변화가 어떻게 생겨났을까? 어떻게 당신은 처음부터 자존감이라고는 없어 보이는 사람에게 자존감을 잃어버리는 것일까?

처음에 사이코패스를 만났을 때, 아마 그들이 불쌍하다고 느꼈을 것이다. 그들에게는 공감할 부분이 너무나 많았다. 그들은 예전 연인에게 괴롭힘을 당했고, 외모에 자신이 없고, 당신을 만나기 전까지 너무나 불행했다.

그때 당신의 공감 능력이 작용한다. 당신은 평생 그렇게 살아왔다. 누군가 열등감을 느끼는 사람을 보면 그들의 기분을 북돋아주는 법을 알고 있다. 그들을 치유해주고 싶다. 그래서 온 마음을 다해 그 사람을 치켜세워준다.

사이코패스는 그런 노력을 모두 소중히 여기는 것처럼 보인다. 그들은 예전의 연인과 당신을 비교하고, 당신을 그 누구보다 이상적인 존재로 만든다. 마치 당신의 노력이 드디어 목적을 달성한 것 같아서 너무나 감사하다.

많은 사람들이 처음에는 사이코패스에게 끌리지 않았다고 한다. 하지만 시간이 지나면서 그들은 세상에서 가장 잘 생긴 사람으로 보인다. 어떻게 이런 일이 생겼을까? 공감 능력을 모두 그들의 불안을 치유하는 데 투입함으로써, 당신은 상냥함과 동정심에서 한 말을 실제로 믿게 된 것이다. 그들이 얼마나 똑똑하고, 재미있고, 성공한 사람이며, 매력적인지 말하다가 그것을 직접 믿게 된 것이다.

또한 당신은 자신의 충실함을 증명하는 데도 집착하게 된다. 그들의 불안을 치유해야 한다고 믿기 때문이다. 그래서 그들에게 마음을 열고 당신이 그들을 얼마나 필요로 하는지 말해준다. 당신을 취약한 존재로 만든다면 그들이 열등감 콤플렉스를 극복하는 법을 배울 테니까.

하지만 그것은 문제가 아니다.

이제는 그동안 조작된 환상을 쫓고 있었음을 알고 있다. 그동안 당신은 그들이 당신과 사귀게 되어 행운이라고 여기는 줄 알았다. 당신은 그런 역학 관계가 싫어서 상대를 높여주고 기운을 북돋아주었다. 그들은 그런 식으로 동정심을 이용해 당신을 낚았다. 그들이 어린아이 같다고 여겨지면, 당신은 타고난 본능을 발휘해 그들을 얼마나 소중히 여기는지 증명하기 위해 무슨 일이든지 해주었다. 아마 평생 이런 식으로 사람들을 대했을 것이다. 자신감이 없는 사람을 만나면, 당신이 그것을 만들어주었을 것이다.

사이코패스와 마찬가지로, 당신도 불안을 감지할 수 있을 것이다. 차이가 있다면, 이런 불안에 대응하는 방식에 있다. 사이코패스들은 그것을 남을 조종하고 통제하는 방법으로 본다. 반면에 공감하는 사람은 애정과 동정심으로 불안을 치유해주려고 한다. 그래서 그토록 많은 사람들이 결별 후에 부정적인 사람들에게 에워싸이는 것이다. 오랫동안 그들은 불행한 사람들을 행복하게 만들어줌으로써 자신의 가치를 찾았기 때문이다.

그러므로 사이코패스를 만나게 되었을 때, 당신은 그들을 행복하게 만들어주기 위해 무슨 일이라도 할 용의가 있었다. 끊임없이 외모를 칭찬하고, 데이트 비용을 내고, 재미없는 농담에도 웃어주었다. 그리고 그에 대한 보답으로 당신의 삶에 의미를 주었던 엄청난 칭찬을 받았다. 그들이 제공하는 당신의 가치가 하늘로 솟아올

랐다.

　하지만 이런 소용돌이 속 어딘가에서 갑작스럽게 입장이 바뀌었
나. 변화는 빠르게 진행되었다. 불쌍한 사람을 동정하며 확신을 주
는 대신, 그들의 인정을 바라고 있는 자신을 발견했다. 그들은 그
런 관심이 필요하지 않다고 말하기 시작했다. 아니, 짜증난다고 했
다. 칭찬을 해주면 그들은 잘난 체하며 웃거나 진심 없이 "당신도"
라고 말할 뿐이었다. 마치 아무것도 모르는 아이가 된 당신을 그들
이 조종하기 시작한 것 같았다.

　게다가 그들은 다른 곳에서도 관심을 받는다는 사실을 당신에게
알렸다. 그들을 행복하게 해주는 당신만의 능력은 당신만의 것이
아니었던 것이다. 삼각관계는 너무나 고통스러웠다.

　그들은 당신을 벌주기 위해 침묵했고, 당신의 동정심을 경멸했
다. 당신은 어리석고, 매력이 없고, 원하는 것이 많고, 쓸모없는 존
재가 된 것 같았다. 해결책은 그들의 '감정'을 수용해주기 위해 자
신을 희생하는 것이었다. 그들의 거짓말이나 삼각관계에 대해서는
불평을 할 수가 없었다. 그들이 그런 대화를 용납할 수 없다고 분
명히 해두었기 때문이다.

　무슨 일이 일어났는지 알겠는가? 그들이 모든 것을 조종하게 되
었다. 게다가 무서운 점은, 애초부터 모든 것을 그들이 조종했다는
점이다. 그들이 했던 모든 행동은 당신이 그렇다고 믿도록 하기 위
한 것이었다. 당신에게 거짓된 자신감과 중요성을 부여함으로써
빠르게 당신의 마음을 열었던 것이다. 이것이 바로 당신이 사이코
패스를 빠르게 신뢰하고 삶 속에 받아들였던 이유다.

또한 그래서 최후의 결별이 그 어떤 것보다 힘겨운 것이다. 그것은 당신의 가치를 대놓고 무시하는 일이었다. 그들에게 당신은 모든 가치를 걸었고, 그래서 그들이 그것을 빼앗을 수 있었던 것이다. 그들이 만들어낸 아이 같은 페르소나를 기쁘게 하느라 정신이 팔려서 그들이 어떤 게임을 하는지 알아보지 못했다. 아이 같은 사람이 어떻게 조종과 지배를 계획하겠는가? 그러다 불시에 그들은 체크메이트checkmate를 외치며 게임을 종료시켰다.

당신은 그들의 아첨과 관심에만 중독된 것이 아니다. 당신은 당신이 그들에게 준 것에 대한 그들의 감사에 더 심하게 중독되었다. 이런 감사의 표현이 당신의 가치를 확인시켜주기 때문이다. 그들의 감사가 없으면 당신은 텅 빈 느낌이고 그래서 사이코패스와의 결별에서 회복하는 데 그토록 오래 걸리는 것이다. 단순히 연애에서 벗어나는 것만이 아니다. 자신의 가치를 처음부터 새로 확립해야 한다.

이것은 또한 당신이 미래의 파트너의 반응에 그토록 예민해지는 이유다. 회복 과정을 마칠 때까지, 당신은 잃어버린 남들의 칭찬을 대체할 것을 찾기 위해 뛰어다닐 것이다.

하지만 여기에 다른 모든 것을 상쇄시키는 좋은 소식이 있다. 일단 회복이 시작되면 당신의 인생은 영원히 바뀐다. 자신의 가치관, 행동, 그리고 마음에서 놀라운 가치를 발견한다. 앞에서 말한 부정적인 사람들을 기억하는가? 천천히, 하지만 확실히 그들은 사라질 것이다. 처음에는 의문이 들면서 그들과 함께 얼마나 '행복'했는지 떠올릴 것이다. 하지만 자신의 가치를 새롭게 규정하면서, 이런 행복은 당신이 만들어낸 것임을 깨닫게 될 것이다. 당신에게는 더 좋은 일들이 기다리고 있다.

당신의 성격은?

다른 사람들은 상관하지 않는 일에, 어째서 당신은 불화와 비판을 싫어하는지 궁금한 적이 있는가? 다른 사람들은 견디지 못하는 일에, 어째서 당신은 혼자 조용한 시간을 즐기는지 궁금한 적이 있는가? 당신은 당신과 똑같은 방식으로 세상을 경험하는 사람이 없다는 점에서, 외롭고 오해받는 기분을 느낀 적이 있는가?

웹사이트 게시판에서 가장 인기 있는 주제는 마이어스-브릭스 Myers-Briggs의 성격 테스트다. 그 테스트를 해본 적이 없다면 꼭 해보기를 권한다! Personalities.PsychopathFree.com에서 간단한 퀴즈를 풀고 각각의 성격 유형을 읽어본 뒤 다른 경험자들의 결과를 보라. 이는 한 사람이 결정을 내리고 세상을 인식하는 유형을 알려주는 테스트다. 그리고 이 테스트를 통해 당신은 16개의 성격 유형 중 하나를 배정받는다.

물론 모든 사람은 저마다 독특하며 수십억의 다른 사람들과 함께 정확히 분류될 수는 없지만, 많은 사람들은 이 테스트가 자신의 성격을 이해하는 데 큰 도움을 준다고 말했다. 각각의 성격 유형은 4개의 글자로 이루어지며, 각 글자는 2개로 이루어진 범주에 속한다.

① I (내향형) / E (외향형)

② S (감각형) / N (직관형)

③ T (사고형) / F (감정형)

④ P (인식형) / J (판단형)

나는 INFP 유형, 이상주의자다. 이 테스트를 발견하고, 나 자신에 대한 중요한 사항 여러 가지를 깨닫게 되었다.

우선, 내향적인 사람은 내향적으로 살 수밖에 없다. 나는 즐겁게 살고 있다는 사실을 증명하기 위해 가능한 많은 친구들을 주위에 두려고 평생을 노력했지만, 내심 늘 강가에 혼자 나가 석양을 보고 이런저런 생각을 하고 싶었다. 이제 그것은 비밀이 아니다! 내게 뭔가 잘못이 있다는 생각 없이 혼자만의 자유로운 시간을 즐긴다.

다음 부분(감각보다는 직관)은 내가 좀 더 큰 그림을 본다는 뜻이다. 이 책을 읽는 동안 느끼지 못한 독자를 위해 말해두자면, 나는 사실 세세한 부분에 별로 신경 쓰지 않는다. 나는 사람들이 넓은 의미에서 서로 어떻게 상호작용하는지, 다른 사람들이 이해할 수 있는 방식으로 감정을 어떻게 묘사하는지에 관심을 갖고 있다.

F 부분(사고보다는 감정)은 별로 놀랍지 않았다. 나는 시내를 걷다가도 슬픈 음악이 들리면 울곤 하는 사람이다. 아마 다른 사람들에게 굉장히 이상하게 보일 것이다.

마지막 부분(판단보다 인식)은 내가 마감 시간, 구조, 주말 계획 등을 좋아하지 않는다는 의미다. 또한 내가 딴 데 정신이 팔려 있는 동안 관리비를 내거나 가스레인지 불을 끄는 것을 기억해주는 사람과 잘 맞는다는 의미이기도 하다.

그러므로 이 모든 것을 합치면 무엇을 얻는가? 이상주의자다! 그렇다. 듣기도 좋다.

나의 유형에 대해 좀 더 알게 되면서 중요한 도전과제도 발견했다. 우선, INFP는 이따금 감정의 기복이 심해서 갑자기 모든 나쁜 기억들이 되살아나면서 다시는 행복해지지 못할 것 같은 느낌을 받기도 한다. 이런 기분을 다른 사람과 나누는 경우는 드물고 대신 혼자서 이런 감성을 겪어내는 편이다. 햇볕을 쬐며 산책을 하거니 푹 자고 나면 이런 기분이 사라지고 삶은 다시 좋아진다. 이런 우울감에 대처하는 법을 배우는 것은 나의 회복과 성장에 중요한 부분이었다. 나는 아직도 노력 중이다!

또 한 가지가 더 있다. 보통 INFP는 중요한 가치관에 침해를 받지 않는 한, 굉장히 편안한 사람들이다. 그리고 중요한 가치관은 어울리지 않을 정도로 꿋꿋이 지켜낸다. 그래서 나는 가끔 엄청난 고집쟁이가 되는 대신, 애초에 나의 가치관을 침해하지 않는 사람들과 함께하는 데 만족하기로 했다. 그러면 나중에 후회할 정도로 고집을 부리거나 가혹하게 굴 일이 없다.

내 자신을 살펴보니 재미있었고, 그것이 핵심이었다. 우리 자신에 대해 알게 되면 결점에 좌지우지되는 대신, 좀 더 균형 잡힌 시각을 가지고 그것을 가볍게 대하게 된다. 그러면 우리의 장점을 훨씬 더 쉽게 즐길 수 있다.

한 가지만 더 해보자. INFP는 연애를 중요하게 여기며 파트너에게 많은 애정을 느끼고 몹시 성실하다. 가끔은 그런 까닭에 타인에게 존재하지 않는 자질을 상상해서 사랑하기도 한다. 결점이 있는 나 자신을 사랑해도 된다는 것을 깨달았을 때, 타인 역시 결점과 상관없이 사랑할 수 있게 되었다.

성격 분석이 재미있다면 테스트를 받아보기를 추천한다! 큰 의미가 없을지도 모르지만, 자신에 대해 멋진 것들을 발견하게 될 것이다.

혼자만의 시간

사실 나는 사람들이 약속을 취소하면 마음이 놓이는 성격이라서 이 주제를 다루기엔 부적합할 수도 있다. 하지만 그렇다고 하더라도 혼자만의 시간은 정말로 도움이 될 수 있다고 생각한다. 우리는 너무나도 급박하고 끊임없이 변화하며 매번 시선을 끌고 자극하는 것들이 가득한 세상에 살고 있다. 하루를 반성하며 저녁 시간을 보내는 대신, 지루함을 잊고 휴식을 취하려고 텔레비전이나 인터넷을 본다. 피곤한 하루를 보내고 이렇게 시간을 보내는 것도 당연하다고 생각되지만, 자기 향상을 위한 기회를 놓치고 있는 셈이다.

사색, 일기 쓰기, 그림 그리기, 정원 가꾸기, 요리, 산책, 운동, 음악 감상 등 혼자서 할 수 있는 일은 너무나 많다. 혼자서 시간을 보내는 데 좀 더 편안해지면 우리는 자신에 대해서 더 많은 것을 배우게 된다. 처음에는 조금 부담스러울 수도 있다. 특히 마음속에 부정적인 생각이 있을 때 그렇다. 그런 생각을 하지 않고 시간을 보내기가 어렵기 때문이다.

하지만 그것이 바로 혼자만의 시간이 지니는 마법이다! 당신은 자신의 행복을 100퍼센트 통제할 수 있다. 원하는 것은 무엇이든 상상할 수 있고, 나쁜 기분도 좋게 바꿀 수 있다. 또 나쁜 기분을 온전히 느끼고 싶다면 펑펑 울어도 아무도 뭐라고 하지 않을 것이다. 혼자일 때는 당신이 아닌 다른 누군가가 되어야 한다는 부담이 없다. 한동안 나는 내가 어떤 사람이었는지 기억하기 위해 혼자만의 시간이 필요하기도 했다. 사람들, 특히 해로운 영향을 미치는 사람들에게 끊임없이 에워싸여 있을 때면 자신을 잊어버리기가 참 쉽다.

특히 사이코패스와의 만남 뒤에 그렇다. 사이코패스는 우리의 삶을 온통 차지해버리고 우리는 날마다 싸움과 거짓말, 가스등 효과와 조종에 지쳐버린다. 자신의 본모습을 갖는 대신, 우리는 다른 존재가 되어 스스로를 끊임없이 이해하고 그들의 믿기 어려운 행동으로부터 지키고자 노력한다.

그렇다면 이 모든 것이 마침내 끝날 때는 어떻게 될까? 모든 것이 행복해야 할 것 같지만 우리들 중 대부분은 그렇지 않다는 것을 알게 된다. 그렇게 변덕스럽고 극단적인 상황에 적응해 있다가 속도를 늦추고 긴장을 풀기란 쉽지 않다. 그 여백을 무엇이 채운단 말인가?

그래서 혼자만의 시간이 그토록 중요한 것이다. 우리의 정신은 너무나 오랫동안 긴장 상태였으므로, 그런 드라마 없이 삶을 살아가는 것이 어떤 것인지 한걸음 물러나 기억하려는 노력이 필요하다. 누군가의 찬성을 얻으려 노력하지 않고 살아가는 것. 작은 실수로 모든 것을 망쳐버릴까 염려하지 않고 살아가는 것. 누군가의 행동이 수상해 탐정 노릇을 하지 않고 살아가는 것. 한때 당신을 그토록 기분 좋게 만들어준 애정 공세와 아첨 없이 살아가는 것.

혼자일 때 우리는 그런 외적인 요인에 행동을 좌우당할 필요가 없다. 우리 이외에는 그 누구도 우리의 생각을 승인하지 않는다. 우리는 가장 진정한, 본래의 우리 자신이며 그것은 보기에 따라서 두렵기도 하지만 계몽적이기도 하다.

나의 경우에는 두 가지를 모두 느꼈다. 처음에 내가 마침내 한 걸음 물러나 나의 삶을 보았을 때는 내 자신이 전혀 마음에 들지 않았으므로 두려웠다. 헤어진 후 나는 어리석은 일을 많이 저질렀고, 그것이 모두 남들에게 경고를 하거나 도움을 주기 위한 착한 일이라고 자신을 속였다. 실제로 그것은 집착과 복수에 불과했다. 시간이 좀 지나 나를 화나게 하는 것은 예전 연인의 행동이 아니라는 것을 깨달았다. 그 사람은 더 이상 잘 생각나지도 않았다. 내가 받아들이기 힘든 것은 그 이후에 내가 한 행동이었다. 내가 어떻게 그런 괴물이 되었을까? 어떻게 하면 그런 개탄스러운 짓을 저지른 내 자신을 용서하게 될까? 나는 내 자신의 윤리 규범과 가치관을 버렸다. 그것들이 바로 한 사람의 성격을 기초하는 요소인데 말이다. 나는 내 자신의 가장 어두운 부분과 마주했고 그것은 아주 추했다. 그것을 되돌릴 방법이 없었다. 내가 저지른 짓에 대해 남을 욕할 수는 없는 노릇이었다.

헤어진 직후 나의 정신 상태는 멈출 수 없는 기차 전복 사고를 겪는 듯했다. 하지만 대부분의 달갑지 않은 감정과 마찬가지로 두 뇌에 새로운 습관을 가르치는 것이 관건이다. 나는 조용한 일주일을 보내며 잃어버린 '사랑'을 대체하려고 이 사람 저 사람과 하던 데이트를 멈췄다. 그 다음 주말, 나는 갑자기 밖으로 뛰쳐나가고 싶었고 감정 상태가 폭발할 지경이었다. 한 가지 멍청한 결정으로 말미암아 모든 것이 무너져 내리곤 했다.

하지만 그것은 항상 2보 전진을 위한 1보 후퇴였다.

시간이 지나면서 내가 혼자 보내는 조용한 시간을 더 좋아한다는 사실을 알게 되었다. 부정적인 사람들과 시간을 보낸다고 생각만 해도 기운이 빠졌다. 다른 사람들에게, 특히 좋은 의도를 가진 사람들의 뜻에 좌우되기를 멈추고, 내가 원하지 않는 일은 하지 않기로 했다. 머릿속의 회로를 새로 짜는 셈이었다. 밖에 자주 나가고, 나에 대해 이런저런 생각을 하기 시작했다. 항상 책을 쓰고 싶었기 때문에 정말로 책을 썼다! 전혀 다른 감정을 경험하고, 예전의 기차 전복 상태는 사라져버렸다.

그해 여름 동안, 나는 강에서 헤엄을 치고 달콤한 백포도주에 얼음을 섞어 마시며 노을을 바라보는 새로운 취미를 갖게 되었다. '애인이 없어서 어쩌지'라는 생각이 들기는커녕, 그것만으로 나는 행복했다. 오늘날까지도 나는 일을 마치고 그곳에 한참 앉아서 여러 가지 이야기를 상상하고, 아름다운 세상과 주위 사람들에게 경외감을 느낀다.

나 자신을 실망시키거나 나 자신에게 영감을 줄 수 있는 가장 중요한 사람이 나뿐이라는 것을 알게 되면 모든 것이 매우 흥미진진해진다. 그리고 더 고요해진다. 나 자신과 전혀 다른 시끄러운 사람이 되어 미친 듯이 이것저것 주장하는 대신, 진정한 나 자신이 되는 것이 훨씬 더 쉽기 때문이다. 어떤 모습이 바로 자신의 모습임을 증명하려고 안간힘을 쓰고 있다면, 그것은 아마 진정한 자신이 아닐 것이다.

전에는 혼자서 시간을 보내고, 나와 내 삶에 대한 추한 진실들을 대면하는 것이 두려웠다. 하지만 이제는 내 자신을 편안히 받아들일 수 있다. 물론 아직도 나는 덜렁거리고 불안하며 우울해지곤 하지만, 그런 것이 내 삶을 송두리째 앗아가는 일은 없다. 그것들은 그저 해결하려고 노력하는 사소한 문제일 뿐이다.

9장

자존감

사이코패스는 가는 곳마다 혼돈을 일으키면서도 내내 아무 잘 못도 없는 척한다. 그들은 상대의 삶 속에 곧바로 치고 들어와 파괴와 혼란만을 남긴다. 책임감 있고 성공적인 사람들이 갑자기 모든 것이 망가지는 것을 경험한다. 안정적이고 즐거운 친구 사이부터 커리어와 자존감까지. 몇 달 만에 혹은 몇 주 만에, 사이코패스는 평생 걸려 쌓아올린 조화와 신뢰를 모조리 파괴해버릴 것이다. 그들은 당신의 삶 속에 들어와 자신을 믿게 하고, 편집증과 패닉을 일으킨 뒤 당신이 망가지는 모습을 열심히 지켜본다. 결국 그들은 말 한마디 없이 사라져버리고 당신은 혼자 남아 산산조각이 난 삶을 다시 맞추어야 한다. 당신은 자신이 제정신인지 묻고, 현실을 제대로 이해하고 있는지 의아해진다. 하지만 시간이 지나면 당신은 이 어둠을 자신에게서 높이 평가할 줄 몰랐던 자질, 가령 공감능력이나 동정심, 상냥함, 독창성과 같은 것으로 채워 넣게 될 것이다. 사이코패스는 파괴하고 기만하려고 노력하면서, 꿈꾸는 사람이 지닌 힘을 항상 과소평가한다. 우리는 남에게 가혹하게 대할 줄은 모르지만, 스스로 회복할 줄은 안다.

어느 시점이 되면, 당신은 모두의 인정을 받는 대신 왜 사람들이 당신 자신처럼 될 수 없는지 궁금해질 것이다. 어째서 다른 사람들은 편안하고, 친절하고, 배려하고, 이타적이지 않을까? 또 왜 스스로를 자각하지 못하는 것일까? 그것을 자존감이라고 부른다. 이것이 바로 내면에서 비롯한 당신의 가치다. 물론 남을 행복하게 해주는 것은 여전히 좋지만, 이제 당신이 이런 자질을 발휘해줄 상대를 더 잘 가늠하게 된다. 이것이 남은 인생 동안 당신을 기쁘게 해줄 것이다.

또한 사이코패스가 바로 이런 자질 때문에 당신을 타깃으로 삼았음을 알게 될 것이다. 이런 자질은 약점이 아니다. 필요한 것은 자각과 자존감을 갖는 것뿐이다. 페루Peru의 말을 빌자면, "사이코패스는 인간의 감정에 매료되며 영원히 '정상'을 흉내 내는 기술을 연마할 것이다. 공감 능력이 있는 사람들은 온갖 감정을 다 지니기 때문에 이는 그들에게 마스터 클래스master class와 다름없다. 또한 사이코패스는 이런 사람들로부터 생명력을 앗아간다. 남에게 베풀고 신뢰할 줄 아는 사람들은 완벽한 타깃이 된다." 물론 남에게 베풀고 신뢰하는 것은 전혀 잘못이 아니다. 자존감이란 자신이 하는 대로 타인에게 기대하는 것뿐이다.

이때 당신은 자신이 가진 모든 힘을 발견하기 시작한다. 이 힘은 당신이 항상 갖고 있었으나 그 가치를 몰랐던 것들이다. 당신은 동정심, 공감 능력, 애정이 약점이 아님을 깨닫게 된다. 그것은 올바른 상대에게 적용할 때, 세상에서 가장 놀라운 선물이 된다. 당신은 자신이 진정으로 어떤 사람인지 알게 된다. 사이코패스의 잔인한 행동을 겪고서야 당신이 결코 되고 싶지 않은 사람이 어떤 사람인지 알게 된다. 그들이 당신과 미러닝하며 둘이 너무나 닮았다고 했던 말을 비웃게 된다. 당신이 그들과 전혀 다르다는 것을 깨달았으니까. 창의적인 면을 탐색하며 남들의 생각에 연연하지 않게 된다. 변화하고 자신감을 갖게 되면서 예전의 친구 사이가 변할 수도 있다. 당신이 긋는 한계선이 되살아나거나 혹은 처음으로 생겨난다.

한계선

한계선을 정하는 것은 자존감을 키우는 과정 가운데 가장 어려운 부분 가운데 하나다. 처음에는 이것이 부자연스럽고, 사이코패스처럼 느껴지기도 한다. 도움이 필요한 사람에게 어떻게 엄격하게 선을 그을 수 있단 말인가? 게다가 더 이상 남에게 짓밟히기 싫다고 하면 비이성적이라거나 지나치게 예민하다고 비난하는 사람들에게는 어떻게 대처해야 할까?

비이성적인 태도와 지나친 예민함과 건전한 한계선을 정하는 작업 사이의 차이를 구별해야 한다. 비이성적이라고 비난하는 사람들은 까칠하거나, 무례하거나, 불쾌한 사람일 가능성이 많다. 차이가 있다면 이제 당신은 아무나 무시할 수 있는 상대가 아니라는 것이다. 그들은 기존의 역학 관계를 유지하기 위해 무슨 짓이라도 할 것이다. 적게 안주하기 때문이다. 친구를 상대로 스스로를 변호할 필요를 느껴서는 안 된다. 어느 날 저녁, 약속을 잡을 수 없는 이유를 설명할 필요는 없다. 그리고 불쾌한 대화를 피하기 위해 문자메시지를 고치고 또 고쳐야 할 필요도 없다.

이처럼 사람들을 만족시키려는 습관은 해로운 것이며 보통 타인을 행복하게 해주려는 욕구에서 비롯한다. 하지만 때로는 이런 이유보다는 그저 상냥한 사람이기 때문이기도 하다. 타고난 성격이 호감 가고 친절한 사람이라면 해로운 사람들이 이를 알아차리고 들러붙을 것이다. 그들은 죄책감과 수동적 공격성을 이용하고 피해자를 자처해서 곧 당신을 조종하는 법을 배우게 될 것이다. 눈덩이 불어나듯 이런 사람들이 점점 더 당신 곁에 많아질 것이다. 당신은 불안한 그들과 하나가 되어 사이코패스의 괴롭힘을 신속히 감지하지 못하기도 한다.

> ### "미안해"라고 말하지 않아야 할 때
>
> 상냥한 사람들은 자신의 주장을 하거나 부적절한 행동을 한 상대를 비난할 때 심한 죄책감을 느끼는 경향이 있다. 이때 곧바로 사과하면 사이코패스에게 이용당할 수 있다. 그들은 당신이 스스로 괴로워할 것이라고 예상하고, 그들의 행동 방식을 바꾸지 않아도 된다고 생각한다. 게다가 당신이 화해하고 싶어 하면, 그들은 당신이 단호한 태도에서 동정하는 태도로 쉽게 바뀐다는 이유로 '조울증'이라고 한다.

친구와 함께 앉아 걱정거리를 이야기할 때는 항상 마음이 편해야 한다. 정상적인 사람들은 스스로를 발전시키는 제안을 잘 수용한다. 특히 상대방의 감정을 상하지 않도록 하기 위한 제안일 때는 더욱 그렇다. 하지만 사이코패스들은 화를 내며 당신을 공격하기 시작한다. 혹은 자신의 과거 탓이라고 하면서 거짓으로 사과한 뒤 똑같은 행동을 계속한다. 당신이 타인의 행동을 계속해서 변명해야 한다면, 그들이 변명할 필요가 없이 행동하지 못하는 이유를 생각해보라.

공감의 방향

'항상 친절하게 행동하라'라는 단순한 좌우명을 가지고 사는 사람들이 많다. 그들은 착하게 행동하면 세상도 착하게 반응해줄 것이라고 믿는다. 하지만 많은 이들이 알게 되었듯이 세상사는 그렇게 돌아가지 않는다. 이 세상에는 친절한 행동을 이용하고 우리의 영혼을 산산조각 내는 사람들이 존재한다. 그러므로 일단 이런 경험에서 회복하고 나면 우리의 첫 번째 반응은 이전의 자신을 버리려는 것이다. '더 이상 남을 동정하거나, 융통성을 발휘하거나, 관대하게 대하지 말자. 그따위 것들은 다 버리자!' 하지만 그것은 좋은 해결책이 아니다. 문제는 당신의 친절한 행동이 아니다. 문제는 그것을 조종하는 자들이다. 사랑과 공감은 꿈꾸는 사람들의 삶을 충만하게 해준다. 그것이 바로 우리들에게 세상과 주위 사람들을 연결해주는 독특한 끈이다. 상처를 받았다고 그것을 버려서는 안 된다. 대신, 당신에게 상처를 준 사람들을 버려야 한다. 당신이 지닌 재능은 그 가치를 진정으로 알고 보답하는 이들을 위해 아껴 놓아야 한다. '변함없는 친구'가 바로 그런 사람일 것이다. 반면, 당신을 괴롭히는 이들은 당신이 지닌 가장 위대한 자질을 조종하고 스스로를 의심하게 만든다.

그렇다면 날마다 선한 사람과 나쁜 사람을 만날 수밖에 없는 세상을 건강하게 살아갈 수 있는 방법은 무엇일까? 어떻게 하면 자신의 목소리를 내면서도 상냥함과 동정심을 유지할 수 있을까? 해답은 공감의 방향을 정하는 것이다. 해로운 사람들로부터 공감을 끊고, 그렇게 하는 데 죄책감을 느끼지 않는 것이다.

순수를 상실하는 것이 그 여정의 시작이다. 누가 건전하고 누가 건전하지 않은지 알아내는 방법을 배우기 시작했으므로, 이제 당신은 주위 모든 사람을 기쁘게 할 의무가 없음을 알게 되었다. 주위에 마음이 따뜻한 몇몇 믿음직한 사람들만 있을 때 가장 큰 평화를 발견할 수 있다. 그러면 지치거나 고갈되는 느낌 없이 동정심을 모두 발휘해도 될 것이다.

하지만 해로운 사람들 주위에 있을 때는 이런 능력을 자제하기 시작할 것이다. 그런다고 임시 사이코패스(이런 것이 존재하기는 하는가?)가 된다는 의미는 아니다. 그것은 단지 당신의 영혼을 보호하는 것이다. 즉, 마음이 아니라 두뇌로 인지하는 것을 의미한다. 당신의 마음은 항상 타인의 선의를 믿고자 할 것이다. 하지만 두뇌는 상황을 논리적, 객관적으로 판단하게 해준다. 해로운 사람들을 상대할 때는 이것이 최선이다. 감정적인 자산을 그들에게 낭비할 필요가 없다. 당신이 가진 자산은 당신을 행복하게 해주는 사람들에게만 쓸 가치가 있다.

회복 과정은 당신이 지닌 장점을 발견하고, 그런 자질을 지니고, 그런 자질을 알아볼 줄 아는 사람들을 주위에 두는 것이다. 거기서부터 모든 것이 변하기 시작한다. 꿈꾸는 사람의 여정은 보편적이며 또 순환적이기도 하다. 우리가 늘 갖고 있었지만 인식하지 못했던 지혜로 돌아가는 것이므로.

사이코패스로부터의 자유 선서

우리 사이트에 회원들이 처음 가입하면 선서를 하도록 요청한다. 이는 자존감을 지키고 건전한 관계를 권장하는 약속이다. 다음의 간단한 약속을 지킨다면 해로운 사람들과의 관계로부터 자유를 얻게 될 것이다.

① 다시는 상대에게 애원하거나 사정하지 않을 것이다. 나를 그런 수준으로 끌어내리는 사람은 내 마음을 얻을 가치가 없다.
② 나의 육체, 나이, 체중, 직업 또는 내가 가진 어떤 불안 요인에 대해서도 비판을 참지 않을 것이다. 좋은 파트너는 나를 무시하지 않는다. 나를 존중한다.
③ 적어도 1개월에 한 번은 한 걸음 물러나 나의 연애를 객관적

으로 살펴보고 내가 존중과 애정을 받고 있는지, 아첨과 애정 공세를 받고 있는지 확인할 것이다.

④ 항상 내 자신에게 "나라면 상대를 이렇게 대우할까?"라는 질문을 할 것이다. 아니라는 대답이 나온다면 나 역시 그런 대우를 받을 수 없다.

⑤ 나의 직감을 믿을 것이다. 감이 좋지 않을 때는 그것을 밀어버리고 변명하려고 애쓰지 않을 것이다. 나 자신을 믿을 것이다.

⑥ 사이코패스와 관계를 맺는 것보다는 혼자가 낫다는 것을 안다.

⑦ 잘난 체하거나 비꼬는 말투를 받아주지 않을 것이다. 사랑하는 파트너는 나를 아랫사람 대하듯이 하지 않는다.

⑧ 파트너로부터 질투한다거나 미쳤다거나 또는 그 밖에 경멸하는 말을 듣지 않을 것이다.

⑨ 나의 연애는 항상 상호적이며 동등할 것이다. 사랑에는 통제와 권력이 작용하지 않는다.

⑩ 위의 사항에 대해 확신이 없어질 때는 친구나 후원 모임, 상담사에게서 도움을 청할 것이다. 충동적으로 내린 결정에 따라 행동하지 않을 것이다.

당신은 선서하는가? 그렇다면 이 페이지에 서명하고 기억하도록 하라. 언제든지 돌아와 스스로 한 약속을 상기하도록. 자신에게 친절하게 대하는 것은 치유 과정을 촉진시킬 뿐만 아니라 장차 연애와 친구 관계를 위한 건전한 습관을 마련해주기도 한다. 그러므로 스스로를 위해 자신에게 어울리는 좋은 것을 기대하는 연습을 해야 한다.

진정성

회복 과정은 새로운 삶의 시작이다. 과거의 역학 관계를 돌이켜보면 그런 해로운 관계를 어떻게 견딜 수 있었는지 의아해질 것이다. 앞에서 말했듯이 과거 자신의 행동에 대해 부끄러워질 수도 있다. 이런 후회는 자존감의 발로이며 당신이 이제 달라졌음을 알려주는 것이다.

사이코패스와 헤어진 뒤 당신은 마치 '치어리더'처럼 타인에게 열심히 칭찬하고 격려해서 자신도 칭찬을 받고자 하는 느낌이 들었을 것이다. 사이코패스와의 관계에서 희생된 다른 사람들에게 특히 그럴 수 있다. 시간이 지나면 이런 칭찬에서 더욱 진심이 우러나게 된다. 비슷한 경험을 한 사람들이 나타날 때마다 헌신적으로 자신을 내던지는 대신, 당신이 진정으로 소중히 생각하는 사람들과 절친한 사이가 된다. 이것은 건전한 관계다. 만나는 사람마다 친한 친구가 되어줄 필요는 없다. 얄팍한 인사말만 나누는 백만 명을 아는 것보다 좋은 친구 서너 명을 갖는 편이 훨씬 더 낫다.

마찬가지로, 이와 같은 경험을 하고도 같은 경험을 한 사람들을 돕는 사람들은 스스로 자랑스러워해야 한다. 온라인을 통해서든,

직접 만나거나 전화통화를 하든, 세상을 바꾸기 위해 대단한 일을 하는 것이다. 이러한 경험으로부터의 회복은 자신의 정체성을 찾는 것이며, 이를 친구들이나 연인들과 편안히 공유해야 한다. 그런 일을 돕는 것은 훌륭한 일이다.

나는 오랫동안 이 책과 Psychopath Free 웹사이트에 대해 사람들에게 말하는 것이 어색했다. 부끄러운 것은 아니었다. 그저 이런 사생활을 다른 사람들과 나누는 것이 이상한 느낌이었다. 하지만 이야기할수록 점점 더 쉬워졌다.

진정한 자신으로 돌아가면 주위 사람들도 변화하는데, 이는 우연이 아니다. 이를 즐기고 이를 실현해내기 위해 열심히 노력한 대가라고 생각하라.

우리가 항상 갖고 있던 아름다움의 발견

힐링저니HealingJourney의 글은 항상 좋은 영감을 주지만, 다음은 특히 감동적이었다.

그는 쫓기고 무시당했던 일을 생각했지만, 이제 모두 그가 아름다운 새들 중에서도 가장 아름답다고 말하는 것을 들었다. 라일락도 그 앞에서는 물속으로 가지를 굽혔고 눈부신 태양이 따뜻하게 내리쬐며 응원해주었다. 그는 깃털을 부비며 가느다란 목을 높이 치켜들었고 기쁜 마음으로 이렇게 말했다. "내가 미운 오리 새끼였을 때는 이런 행복을 꿈도 꾸지 못했는데!"

—한스 크리스티안 안데르센, 〈미운 오리 새끼〉

사이코패스와의 조우가 한 사람의 세계관을 얼마나 깊이 바꾸어 놓을 수 있는지, 매우 놀랍다. 위의 동화처럼 항상 익숙한 이야기도 마찬가지다. 〈미운 오리 새끼〉가 해피엔딩이라서 늘 좋아하기는 했지만, 그래도 읽으면 어쩐지 슬퍼지기 때문에 내가 가장 좋아하는 이야기는 아니었다. 나는 이 이야기가 왜 슬픈지 깊이 생각해보지 않았다. 깊이 생각하면 너무 괴로울 것 같았다. 하지만 그렇게 어두운 시기를 보내고 난 뒤, 나는 나 자신을 미운 오리 새끼로 보았기 때문에 슬펐다는 것을 알게 되었다. 나는 아름다운 백조로 변신할 수 있으리라 꿈꾼 적이 없었다. 우스운 일이지만 이 끔찍한 상처가 내게 바로 그 변신의 기회를 주었다. 시간이 걸렸고 여러 가지 어려움이 있었지만, 이제 나는 내가 지닌 아름다움을 볼 수 있다. 나는 스스로를 백조로 보고 있으며 소속감을 느낀다. 나는 나만의 독특한 개성을 기뻐할 수 있다! 그런 아름다움은 사이코패스와의 관계를 경험한 모든 이들에게 있다. 우리가 항상 지니고 있었지만 갖고 있는지 몰랐던 아름다움이다. 당신은 회복 여정을 거치는 동안 다음의 사실을 보고 받아들임으로써 내면의 아름다움을 발견할 힘을 갖게 된다.

당신은 어리석은 것이 아니라 순수했다

사이코패스가 얼마나 큰 배신을 했는지 처음 깨달았을 때, 수치심에 사로잡혔을지도 모른다. 그들의 거짓말과 조종을 어쩌면 그렇게 모를 수 있었을까? 현실을 깨닫는 순간 바보가 된 느낌이 드는 것은 정상이다. 그리고 사이코패스가 준 '사랑'이 환상임을 깨닫지 못한 자신에게 화를 내기 쉽다. 이것이 바로 기만의 대가 사이코패스가 원하는 바이지만, 그것은 사실이 아니다! 당신은 애정이 많고 공감 능력이 뛰어난 사람이다. 당신은 감정적으로 문제가 있는 포식자들이 존재한다는 사실을 배우지 못했다. 동화나 연쇄살인범 이야기에서만 그들이 존재하는 줄 알았다. 그들이 우리 사이를 돌아다니며, 멀쩡히 법을 준수하는 척 살아가는 것을 알지 못했다. 존재하는지 몰랐던 상대로부터는 스스로를 지킬 수 없다. 미운 오리 새끼는 자신이 오리가 아니라 백조임을 몰랐던 것이다. 백조가 그 무지에 대해 비난받을 수 없듯이, 당신도 마찬가지다.

불안과 약점을 지녀도 괜찮다

불안하고 연약한 것은 "나쁘다"는 경고를 받았을 것이다. 이를 가르친 것은 사이코패스와의 관계로부터 치유하는 데 도움을 주려는 사람들일지도 모른다. 하지만 불안에 시달리고 타인에 대해 연약한 존재가 바로 정상적인 인간이다. 아무리 자신만만한 사람이라도 가끔은 자신을 의심한다. 아무리 감정적으로 건전한 사람이라도 타인에게 마음을 열어야 하고, 친밀하고 의미 있는 관계를 형성할 때는 연약해진다. 새로운 자신감을 얻고, 올바른 타인들을 가까운 친구로 삼는 능력을 유지하는 것은 얼마든지 가능하다. 미운 오리 새끼는 눈 속에서 얼어 죽어갈 때 그를 발견한 인간을 믿기로 했고, 그 덕분에 다시 건강해졌다. 그는 숱한 괴롭힘을 견디고 연약한 상태가 되었다. 당신도 마찬가지다. 그리고 이러한 과정은 경험을 통해 배운 것을 근거로 조심스럽게 해야 한다.

당신은 약점과 장점을 이용당했다

사이코패스가 당신을 이용한 것을 보면 당신의 단점만 드러난다고 느낄 수도 있다. 당신에게 사이코패스를 끌어들이는 독특한 문제가 있다고 생각할 수도 있다. 남을 너무 쉽게 믿고, 한계선이 없으며, 자신을 사랑하지 않는다는 등. 당신의 약점이 이용당한 것은 분명하다. 하지만 장점 역시 이용당했다. 사랑할 줄 아는 능력은 장점이다. 신뢰하는 능력도 장점이다. 협동하는 능력 역시 장점이다. 상냥하고 정직하게 행동하며 공감 능력을 지니는 것도 장점이다.

사이코패스에게는 양심이 없으며, 그 때문에 무시무시하게 잔인한 행동을 할 수 있다. 그들은 동정심을 자극해서 상냥하고 이해심있게 대하려는 당신의 욕구를 이용한다. 사이코패스는 당신의 가치관, 그리고 긍정적인 자질을 포함해 모든 성격의 측면을 미러링함으로써 그들이 당신과 똑같다는 믿음을 주지만 사실은 그와 정반대다. 사이코패스는 당신이 지닌 선량함을 그들에게 투사하도록만든다. 그리고 사이코패스의 타깃이 된 것이 당신에게 무슨 문제가 있다는 의미는 아니다.

고통과 마주함으로써 자유로워진다

사이코패스와의 관계에서 벗어난 뒤 당신은 심리적 상처를 갖게 된다. 당신은 미운 오리 새끼처럼 추운 겨울 풍경 속에 얼어붙어 있다. 당신은 아무것도 느낄 수 없으며, 혼란스럽고, 앞뒤 분간을 할 수 없는 상태로 극심한 고통과 싸우게 된다. 당신은 그 고통이 끝나기를 바라며 거기서 달아나기 위해서라면 무슨 일이라도 하고 싶다.

회피와 부인은 고통에 대해 인간이 보이는 정상적이고 자연스러운 반응이다. 모든 정상적인 인간은 각기 다른 정도로, 각기 다른 기간 동안 두 가지 반응을 보인다. 하지만 그 고통과 진정으로 대면하고 그것을 겪어낼 용기를 내면에서 발견할 때가 되면, 그 고통으로부터 자유를 찾게 된다. 그것이 바로 인생을 새롭게 열어주는 기쁨을 경험하는 순간이다. 고통의 주위를 맴돌며 행복을 발견할 수는 없다. 고통을 겪어내고 감당하기 어려운 감정, 그리고 힘겨운 기복을 모두 끌어안아야 한다. 오랜 기간 동안 항상 아프기만 한 것처럼 느껴질 것이다. 하지만 그러다가 어느 날, 드디어 전환점을 지나 이전에는 상상하지 못했던 아름다운 신세계를 발견했음을 깨닫게 될 것이다.

위의 사실을 받아들이는 때가 되면 자신이 누구인지 보다 깊이 있게 알 수 있다. 사이코패스와는 달리 당신에게는 자신을 변화시킬 능력이 있음을 깨닫는다. 자신이 지닌 아름다움이 언제나 그 자리에 있었음을 깨닫는다. 당신은 성장하고 변화하며, 특별하고 놀라운 인간으로 발전할 수 있다. 당신에게는 새로운 지혜를 지니고, 새로운 비전을 수용하며, 그 두 가지를 이용해 자신에게 맞추어진 내면의 빛을 발견해 불을 밝힐 기회가 있다. 당신이 그렇게 할 때,

당신은 스스로를 신뢰하는 법을 다시 배우게 될 것이고, 당신의 가치를 제대로 알아주고 사랑해주는 타인을 만나게 될 것이다.

"그는 자신이 겪은 비참한 일들과 고생에 대해 다행이라고 여겼다. 이제 자신이 얼마나 큰 행운을 지녔는지, 얼마나 놀라운 아름다움을 지녔는지 더 잘 알 수 있기 때문이었다. 커다란 백조들이 그의 주위를 빙빙 돌면서 그를 부리로 쓰다듬었다."

미운 오리 새끼는 제자리로 돌아갔고, 당신 역시 그렇게 될 것이다.

10장

30가지 장점

꿈꾸는 사람들은 영원한 낙관주의자들이다. 우리는 주위 모든 사람, 모든 사물의 최선을 믿는다. 그것은 축복이지만 사이코패스가 관련되면 덫이 될 수도 있다. 문제는 우리가 그들에 대한 무조건적인 신뢰를 유지하기 위해 용납할 수 없는 행동을 무시하고 변명하기 시작한다는 것이다. 염려를 입 밖에 소리 내어 말하면 그것이 현실이 되어 꿈을 망가뜨릴까 봐 두렵다. 그래서 우리는 긍정적인 것에만 집중하기로 한다. 하지만 결국 누구에게나 견딜 수 없는 지점이 있다. 한계선을 여러 차례 넘을 때 그렇다. 그래서 우리가 반응을 보이면 우리는 곧바로 '최대의 적'으로 등극한다. 왜 밟는데 꿈틀거리지? 왜 괴롭힘을 묵묵히 변명하지 않고 배신하는 거지? 게다가 구경꾼들은 당신이 그 사람에 대해 늘 높이 평가했다는 사실을 지적하며 왜 갑자기 마음이 바뀌었냐고 묻는다. 그렇게 우리는 기생충 같은 존재와의 관계에서 벗어나지 못하게 된다. 괴롭히는 사람들과 구경꾼들은 괴롭힘 자체를 욕하지 않고 당신의 반응을 욕할 것이다. 당신은 언제나 밝고 긍정적인 모습을 유지해야 한다. 하지만 해로운 사람들 주위에서는 계속 그렇게 지낼 수 없다. 당신이 피해자임을, 당신이 괴롭힘을 당하고 있음을 주위 사람들이 이해한나 할지라도 그것은 모두 당신의 잘못이 된다. '관계 학대'라는 말을 들으면 많은 사람들이 곧바로 나약함이나 취약성을 떠올린다. 사실 누구나 사이코패스의 먹잇감이 될 수 있으므로 이런 사회적 낙인은 옳지 않다. 사이코패스들은 강하고 성공한 타깃을 그루밍해서 무너뜨리는 것에 자부심을 느낀다. 그러므로 당신이 명랑하든, 불안하든, 행복하든, 슬프든, 인기가 많든, 외롭든, 자신감이 강하든, 수줍음이 많든, 감정적이든, 내성적이든, 재미있든, 어색하든, 아무런 차이가 없다.

사실, 그들이 타깃으로 삼는 것은 당신의 약점이 아니라 장점이다. 그리고 내가 알게 된 것이 있다면, 사이코패스와의 경험이 더 큰 장점을 부여한다는 것이다. 그리고 이런 장점이 당신을 치유하고 앞으로 나아가게 해줄 것이다.

Psychopath Free를 통해 가장 친한 친구들을 만났는데, 그 친구들 사이에서 몇 가지 공통점을 발견하게 되었다. 그 공통점은 다음과 같다.

① **말보다는 행동.** 건강하고 겸손한 사람들은 자신이 한 선행에 대해 끊임없이 말하지 않는다. 그런 행동은 거만하고 불편하기 때문이다. 그들은 대신 행동으로 증명한다.

② **강한 윤리 의식.** 사이코패스와의 관계에서 희생된 경험이 있는 사람들은 항상 규칙과 윤리를 준수해왔다. 그들은 학교에서

말썽을 일으키거나 법을 어기거나 연인에게 상처 주는 것을 두려워한다. 그들의 행복은 남의 행복을 침해하는 데서 비롯하는 것이 아니며 남들에게서도 선함을 찾기 위해 노력한다.

③ **행동에 대한 책임.** 문제에 대해 타인을 탓하는 대신, 그들은 전적으로 책임을 진다. 그들은 변명이나 희생양을 찾지 않는다.

④ **상냥함과 동정심.** 그들은 항상 남을 동정하고 상황을 더 낫게 만들고자 하는 사람들이다. 그들은 다가가기 쉽고 따뜻하며 남의 감정에 예민하다.

⑤ **상황이 요구할 때는 사과할 줄 아는 태도.** 그들은 잘못을 저질렀을 때 언제나 "미안하다"고 말한다. 사이코패스들은 이득이 있을 때만 사과하는 반면, 그들의 타깃은 평화와 신뢰를 회복하기 위해서 사과한다.

⑥ **이상주의적이고, 낭만적이며, 풍부한 상상력.** 그들은 예술이나 문학, 음악, 신앙 등의 분야에서 창조적인 일을 하는 경우가 많다. 이런 사람들은 이상과 현실 사이의 괴리에 대해 대부분의 사람들보다 힘들어하지만 그런 사람들이 없는 세상은 정말로 슬픈 곳이 될 것이다.

⑦ **갈등과 비판 혐오.** 사이코패스들은 자신에게 맞서지 않을 사람을 찾는다. 그렇다고 그 사람이 순종적이고 나약하다는 의미는 아니다. 갈등을 싫어하고 조화를 유지하기 위해 논쟁을 피한다는 뜻이다. 따라서 그들은 훌륭한 동료이며 룸메이트가 된다!

⑧ **낙관주의.** 이 때문에 괴롭히는 상대를 버리기가 그렇게 어려

운 것이다. 그들은 상황이 바뀔 것이며 이상화 과정으로 돌아갈 것이라고 계속 희망한다. 그들은 모두에게서 가장 좋은 점을 보고, 남들도 자신에게서 가장 좋은 점을 보도록 도와준다. 그들의 낙관주의는 주위에 퍼져나가 사람들이 희망을 갖도록 해준다.

⑨ **용서.** 그들은 자신을 용서하는 것에는 힘들어하지만 타인의 잘못은 쉽게 용서한다. 그들은 남을 비판하지 않고 나쁜 감정을 오래 품고 있지 않는다.

⑩ **항상 타인에게서 좋은 점을 찾고자 하는 노력.** 그들은 자신의 선한 성격과 양심을 타인에게 투사하는데, 모든 사람들에게 내재한 선한 자질을 보고 싶어 하기 때문이다. 사람들의 실제 모습 그대로 긍정적인 자질과 부정적인 자질을 모두 인식하는 법을 배우는 것이 회복의 과정이기는 하지만, 타인에게서 최선을 기대하는 것은 (정상적이고 공감 능력이 있는) 사람들을 가장 좋은 사람들로 만든다.

⑪ **타인의 불안에 대한 이해.** 그들은 타인이 지닌 불안을 '자동감지'하는 능력을 가진 것처럼 보인다. 이런 점을 감지하면, 그들은 (사이코패스의 아첨과는 달리) 존중과 상냥함을 가지고 그런 불안에 접근하는 방법을 직관적으로 알고 있다.

⑫ **윈윈 상황에 적합.** 연애, 가족, 일에서 갈등 상황을 항상 피할 수는 없지만, 공감 능력이 있는 사람들은 모두가 만족하는 해결책을 찾아낼 줄 안다.

⑬ **타인의 공간을 이해하고 인정.** 그들은 누군가 혼자만의 시간

을 필요로 할 때 관심을 기울이거나 격려하지 않고 그 시간을 허락할 줄 안다. 그들은 남을 숨 막히게 하거나 좌지우지하지 않고 대신 필요할 때 귀 기울여 들어줄 줄 안다.

⑭ **유연하고 편안함.** 그들은 특히 자신이 소중히 여기는 사람들에 대해서 어떤 경우에도 잘 적응할 줄 안다. 따라서 그들과 사귈 때는 신경 쓸 일이 별로 없고, 한계선에 반복해서 도달하기 전까지는 부적절한 행동을 지적하는 일도 없다. 그들은 당연한 경우에도 남에게 잔소리를 하고 나면 죄책감을 느낀다.

⑮ **긍정적인 것에 집중.** 그들은 타인, 그리고 여러 가지 상황에서 최선만을 보며 좋은 점을 강조하고 부정적인 것에 말려들지 않는다.

⑯ **파트너에 대한 지극한 존중과 충성심.** 그들은 항상 충성심을 증명하고 신뢰를 쌓아올리고자 한다. 관계에서 어떤 어려운 일이 일어나도 그들은 파트너에게 잘 대해주려고 애쓴다.

⑰ **섹스를 육체적인 활동만이 아닌 감정적인 것과 연결 짓기.** 섹스는 강렬한 감정과 유대 관계를 낳는다. 그들은 상대를 바꾸어가며 여러 사람을 만나는 것보다는 한 명과 편안하고 친밀한 관계를 맺는 것을 선호한다.

⑱ **평생의 파트너 찾기.** 그들은 대체로 오랫동안 사귈 연인을 찾는다. 관계를 시작하는 단계에서도 그들은 상대의 여러 자질을 평가해 장차 함께할 상대인지 결정하려고 한다.

⑲ **스스로 낮추기와 겸손.** 그들은 겸손한 사람들 주위에서 훨씬 더 편안함을 느끼므로 자신을 과장해서 제시해야 한다고 느

끼지 않는다.

⑳ **타인의 행복이 가장 큰 행복.** 그들은 타인이 마음을 열고, 웃고, 자신감을 갖도록 해주려는 욕구를 타고났다. 처음 보는 사람이 웃어주기만 해도 그들의 하루가 즐거워진다.

㉑ **동물과 아이들에 대한 애정.** 타인의 순수함을 전적으로 존중하고 높이 평가한다.

㉒ **정의감.** 그들은 자신을 형성하는 모든 경험을 이해하지 못하면 마음이 편치 않은 사람들이다. 그들은 그저 어깨를 으쓱이며 "뭐, 인생이 다 그렇지"라고 말하지 못한다.

㉓ **타인의 의견, 생각, 신념의 가치를 인정.** 타인에게 동의하지 않을 때에도 그들은 그 신념을 조롱하거나 무시하지 않는다. 그들의 친구나 연인들은 진정한 감정을 솔직히 드러낼 때 불안해하지 않는다. 그들이 (그 생각을 남을 존중하며 제시하는 한) 항상 열린 마음으로 들어주기 때문이다.

㉔ **감추어진 장점.** 겉보기에는 순종적인 것 같지만 실제로는 매우 강한 사람이다. 그들에게는 강한 회복력이 있다.

㉕ **열심과 독립성.** 그들은 직장에서나 가정에서 타인을 도울 때는 물론 모든 면에서 열심히 노력한다. 사실 나는 우리 웹사이트만큼 열심히 노력하는 사람이 모이는 것을 본 적이 없다. 그 누구도 피해자가 되거나 과거로부터 영영 고통받는 사람이 되고 싶어 하지 않는다.

㉖ **경청 기술.** 그들은 몇 시간씩 타인의 이야기를 경청해주고 모든 것을 자신의 문제로 환원시키지 않아도 공감할 줄 안다.

㉗ **혼자만의 시간을 즐기기.** 쉽게 지루해하지 않고 계속해서 스릴을 구하지 않는다. 그렇다고 현실에 안주한다는 의미는 아니다. 이는 중요한 관계에서 일관성과 신뢰를 중시한다는 뜻이다. 그들은 외부의 자극을 날마다 필요로 하지 않고, 가끔은 재충전을 위해 혼자만의 시간을 원한다.

㉘ **타인에 대한 예의.** 레스토랑에서 웨이터에게 어떻게 대하는지를 보면 당신의 데이트 상대에 대해 여러 가지를 가늠할 수 있다는 '웨이터 테스트'에 대해 들어보았을 것이다. 나도 이것이 상대방의 윤리 의식을 가늠하는 매우 효과적인 방법이라고 생각한다. 말콤 포브스Malcom Forbes는 "한 사람의 성격은 그에게 아무런 가치가 없는 상대에게 어떻게 대하는지를 보면 쉽게 판단할 수 있다"고 말해 같은 생각을 드러냈다.

㉙ **자연과의 교류.** 밖에서 시간을 즐기며 주위 세상과 접촉한다. 나무와 동물, 꽃과 식물, 자연이 제공한 모든 것을 존중한다. 맑은 날씨에 기분이 좋아지고 폭풍우에 경외심을 느낀다.

㉚ **조화와 평화, 사랑의 추구.** 내가 만났던 모든 생존자들은 자유를 향한 저마다의 길 위에 서 있다. 그들이 이를 어떻게 해내기로 결정하든지, 나는 그들의 회복력과 어둠을 빛으로 바꾸는 능력을 존경하고 높이 평가한다. 내 생각에 이것은 인간이 가진 모든 자질 가운데 가장 놀라운 것이다.

당신도 틀림없이 위의 자질들 가운데 많은 것을 지니고 있을 것이다. 당신은 이런 자질들을 존중하고 감사히 여기며 타인에게서도 그것을 발견해야 한다.

사이코패스의 게임에서 '패배'한 자신을 탓하는 대신, 그들이 당신에게서 이런 자질들을 파괴함으로써 이기려 했다는 것을 기억하라. 그들은 당신을 속여 이런 자질들에 뭔가 잘못이 있다고 믿게 하고, 아름다운 장점을 보기에 좋지 않은 결점으로 바꾸려고 했다. 하지만 아는가? 그들은 그러한 자질들을 파괴하지 못했고, 당신은 아직도 그것들을 지니고 있다. 그리고 이제 그 가치를 알게 되었으므로 당신은 세상을 밝히는 아름답고, 애정 넘치며, 공감하는 진정한 자신으로 돌아갈 수 있다.

나는 이 책의 도입부에서 남을 조종하고 괴롭히는 사람들을 알려주는 사이코패스의 30가지 위험 신호를 공유했다. 이제는 이 30가지 장점을 지침으로 삼아 공감 능력을 지닌 사람들, 당신의 인생에 함께하고 싶은 사람들을 발견할 수 있을 것이다. 드라마 같은 상황 대신 평화와 조화를 찾는 사람을 원할 것이다. 상냥하고 자애로우며 충성스러운 사람을 원할 것이다. 당신의 말을 경청하고, 당신의 가치를 알아주며, 당신에게서 가장 좋은 점을 봐주는 사람을 원할 것이다. 그리고 당신은 낙관적이고, 낭만적이며, 꿈꿀 줄 아는 사람을 원할 것이다. 당신과 같은 사람이 세상에는 많다. 그리고 그들을 발견한다면 다시는 뒤돌아보지 않게 될 것이다.

11장

영성靈性과 사랑

 사이코패스와의 관계는 환상으로 시작해 정체성을 잠식당하고 냉혹하게 버림받는 과정을 거친다. 많은 건전한 관계에서 경험했던 허니문 단계와는 달리, 그들의 애정 공세는 정상적인 균형 상태로 천천히 정착되지 않는다. 그들의 행동은 건전하지 못한 양극단 사이를 오간다. 당신의 상대는 열렬히 결혼과 아이를 계획하다가 갑자기 당신의 몸을 비판하고 당신이 미쳤다고 말한다.

 대부분은 안정된 직장, 좋은 친구들, 사소한 불안을 가지고 비교적 평탄한 생활을 하고 있을 때 사이코패스를 만난다. 하지만 몇 달 뒤 이 모든 것이 망가진다. 저축은 사라지고, 친구들과 싸우고, 견딜 수 없는 불안에 휩싸인다. 편안한 삶이 악몽 같은 절망과 불확실로 바뀐다. 당신은 한때 당신을 사로잡은 '소울 메이트'를 위해 자신답지 않은 무모한 행동을 하지만, 그들은 점점 더 당신을 아무렇게나 대한다. 그리고 모든 일이 끝나고 나면 당신은 아무것도 얻지 못한 채 모든 것을 잃은 것처럼 느낀다. 이런 관계는 진 빠지고 생명력이 고갈된 느낌을 남긴다.

회복 과정을 거치며 우리는 캄캄한 어둠에서 우리 자신을 다시 일으켜 세운다. 공허와 절망으로부터 우리는 전에는 소중히 여기지 않았던 자질들, 가령 창의력과 상냥함, 겸손함, 동정심 같은 것들을 발견하게 된다. 이것들은 우리 영혼의 기초다. 우리가 진정한 자신으로 돌아가려고 노력하는 동안, 사이코패스들은 영원히 그리고 언제나 폭력적인 사이클을 반복할 것이다. 그들은 성장하고 변화할 수 없으며, 그래서 그들은 당신과 같은 사람들을 경멸하고 파멸시키려 든다. 하지만 인간의 영혼은 파괴될 수 없고, 이것이 사이코패스들은 항상 실패하는 이유다.

일단 자존감을 갖게 되면 당신은 원래의 자신으로 돌아갈 수 있다. 타인의 사소한 비판에 개의치 않고 자신의 창의력과 상상력, 영성靈性을 충분히 탐색할 기회를 가질 수 있다.

여기서 마법이 시작된다.

새로운 자신을 포용하고 마음을 열어 다시 사랑하라. 자신을 너무나 자랑스럽게 여겨야 한다. 스스로 해낸 일이고 앞으로의 인생은 좋은 방향으로 달라졌다. 해로운 사람들을 만날 수도 있지만, 다시는 그런 사람들에게 걸려들지 않을 것이다. 당신의 정신과 마음, 몸이 모두 균형을 잡았으며 영혼 없는 자들의 게임에서 결코 지지 않을 것이다.

이제 당신은 과거를 생각하느라 시간을 낭비하지 않을 것이다. 현재와 미래가 훨씬 더 밝아졌기 때문이다. 타인의 불분명한 행동을 분석하는 대신, 당신은 곧 그들을 인생에서 제거해버릴 것이다. 이제 더 많은 것을 알게 되었다.

당신의 영혼이 오랜 동면에서 깨어나 세상과 마주하고 이 위대한 우주와 재결합할 것이다. 당신은 이곳에 없어서는 안 될 존재이며 항상 그래왔다. 당신은 타인에게 좋은 인상을 주기 위해서가 아니라 자신을 위해 일한다. 우리 친구 모닝애프터MornigAfter는 다음과 같은 감동적인 글을 썼다. 이것이 바로 '힐링'이다.

천천히 그러나 확실히

전에는 주말에 전화가 울리지 않으면 어쩔 줄 몰랐다. 이제는 전화가 울리면 당황스럽다.

전에는 밖에 나가지 않으면 슬프고 외로웠다. 지금은 읽을 책이 너무나 많고, 집에서 할 일도 많고, 산책하면서 시간을 보내고 싶기 때문에 혼자 지내는 시간이 더 많이 필요하다. 나의 하루는 더 길어져야 한다.

전에는 외모에 너무 신경을 써서 일하러 나가면서도 불편한 하이힐을 신었다. 오늘 나는 굽이 낮은 구두를 신고 출근했지만 기분이 좋았다. 하이힐을 신으면 기분이 좋아지기는 하지만 낡은 청바지를 입고 기분이 좋아질 수 없다면 아무리 멋진 옷도 도움이 되지 않는다.

전에는 날마다 화장을 했다. 이제는 그럴 필요가 없다. 화장을 하는 것이 재미있긴 하지만, 더 이상 외출할 때의 필수 조건은 아니다.

전보다 웃어주는 사람들이 더 고맙다. 전보다 사람들과 더 가까워진 것 같다. 지나가며 웃는 사람들을 보면 그들을 한 번 더 생각하고 행복함을 느낀다.

슬픔도 있다. 하지만 삶은 그런 것이다. 좋은 것도 있고, 나쁜 것도 있고, 내가 그것을 느끼는 방식이 차이를 만든다.

두려운 것은 더 이상 가까운 친구와 가까운 연인을 만들지 못하는 것이다. 하지만 이제 겨우 병균석인 회복 여정의 3분의 1밖에 지나지 않았으니, 앞으로 어떤 일들이 나를 기다리고 있을지 누가 알겠는가? 누군가에게 의존하는 것은 두렵지만……, 지금 내가 발견하고 있는 아름다움은 난생 처음으로 내 자신에게 의존하는 것이다. 그리고 그러면서 즐거운 시간을 보내는 것이다.

가끔은 내가 있는 이곳이 외로워 보이지만, 그런 결론은 예전의 사고방식에서 나온 것이다. 나는 외롭지 않다. 그저 내 인생에서 비참하고 못된 사람들을 치워버리고 좋은 사람들과 좋은 일들을 위한 공간을 남겨둔 것뿐이다.

천천히 그러나 확실히.

감사와 용서

회복 과정을 거치는 동안 우리는 세상에 얼마나 좋은 것이 많은지 잊어버리곤 한다. 하지만 당신이 아침에 눈뜨는 순간부터 잠들기 직전까지 그것은 그 자리에 있다. 당신이 해야 할 일은 그것에 마음을 여는 것이다.

날마다 놀라운 일들이 벌어지고 있다. 사람들이 웃고, 새들이 날아가고, 아이들이 놀고, 파도가 부서진다. 이 얼마나 매혹적인 삶인가! 하지만 잘못되어 가는 몇 가지 일에 집중하며 시간을 보내면 정말 중요한 것들을 보지 못하게 되고, 행복해지는 법을 잊어버리게 된다.

나는 지난 몇 년 동안 감사하는 습관을 갖는 연습을 했다. 당신에게 효과가 없을 수도 있지만, 내 마음에는 참 큰 평화를 주는 것이다. 그래서 공유하고 싶다. 나는 매일 밤 잠들기 전 감사한 사람을 생각한다. 보통은 어머니나 친한 친구다. 그들의 얼굴, 미소, 진정한 선량함을 떠올리고 진심으로 감사해한다.

나는 한 명의 사람을 떠올리고 나서 그다음 사람을 생각한다. 이 과정을 되풀이한다. 그리고 또, 그리고 또, 이러다 보면 끝이 없다는 사실에 항상 놀라게 된다. 잠들기 전에 '끝'에 도달한 적이 없다. 실제로 이 세상에 존재하는 선한 사람들의 끝은 없다고 생각한다.

나를 포함한 몇몇 사람들은 용서라는 개념을 매우 중요시한다. 위의 활동을 통해, 당신은 당신에게 상처를 주었던 사람들을 당신의 평화로운 생각 속에 포함시킬 수 있게 된다. 처음에는 그것이 잘못된 일처럼 느껴질 것이고 그들을 생각하기만 해도 화가 날 것이다. 하지만 서서히 그들은 당신 마음속 어딘가에 자리 잡을 것이다. 당신에게는 그들을 포용할 애정이 있으니까.

용서와 접촉을 혼동해서는 안 된다. 사이코패스를 용서한다고 해서 그들이 당신의 삶 속에 다시 들어와야 한다는 의미는 결코 아니다. 그리고 그들에게 용서했다고 말할 필요도 없다. 진정한 용서는 다른 사람들의 인정에서 비롯하는 것이 아니라 당신의 내면에서 비롯하는 것이다.

사이코패스를 용서하지 않기로 한다면, 그것도 괜찮다. 몇몇 사람들은 용서가 자신의 영혼을 모욕하는 행위라고 생각한다. 그리고 그 또한 전적으로 이해한다. 이것은 당신의 결정이다. 당신이 가장 행복한 길을 택하면 된다. 당신만이 그 방법을 알 것이다.

이상한 대화

우리는 모두 다음과 같은 것들을 가지고 있다.

자신에 대한 의심. 갈피를 잡을 수 없는 생각. 자신과 미래 등 우리 주위의 세상에 대한 걱정.

사귀는 사람에게 괴롭힘을 당한 후에는 이런 것들이 특히 심하다.

아플 때 우리가 가장 먼저 바라는 것은 아픔을 멈추는 것이다. 이는 고통에 대한 자연스러운 반응이라고 생각한다. 우리는 스스로를 치유하는 존재이며 그러므로 괴롭힘을 당한 이후에는 가능한 한 기분이 좋아지기를 바라는 것이 당연하다. 하지만 우리가 모두 알게 되는 것처럼, 이것은 그렇게 쉬운 일이 아니다. 깊이 탐색하고, 열심히 노력하고, 자신의 가치를 되찾고, 이 세상에서 우리의 입지와 자신감을 발견하는 데에는 몇 년이 걸리기도 한다.

그리고 그때가 되어도 여정은 끝나지 않는다.

제대로 설명할 수는 없지만, 그 아픔이 날마다, 매 순간마다 느껴진다. 많은 사람들이 이와 비슷한 경험을 하고, 그것을 여러 가지 방식으로 표현한다. 이전에 나는 그것을 이렇게 설명했다.

"악마가 내 심장을 움켜쥐고는 항상 그 자리에서 내가 잊고 싶어 하는 모든 것을 상기시킨다."

나는 몇 주 동안 이 악마에 대해 조사하고 왜 그것이 나를 내버려두지 않는지 알아내려고 했다. 그것이 사라져버리길 몹시 바랐고 그래서 내가 기억하는 삶을 즐기게 해주기를 바랐다. 사라졌다고 생각하는 순간, 그것은 슬그머니 되돌아왔다. 약을 처방받을까 생각해보았지만, 개인적인 이유로 그 방법은 그만두었다.

그러다 어느 날, '상상 치료'를 전공한 상담사를 만나게 되었다. 나는 호기심이 생겼다. 나는 창의력과 마음으로 하는 일을 모두 좋아한다. 그래서 그 상담사를 만나 그 후 몇 주 동안 상상력 속으로 뛰어들었다.

내가 배운 것(그리고 내가 만들어 낸 것 몇 가지)을 공유하고 싶다. 이런 어둠에 시달리는 사람들에게 도움이 되기를 바라기 때문이다. 당신은 혼자가 아니다. 그리고 당신은 이렇게 아플 필요가 없다.

내가 점검해야 했던 첫 번째 대상은 이 '악마'라는 개념이었다. 이는 자동으로 이 어두운 감정이 나의 적이라고 암시했다. 그것을 그렇게 증오하고 없애버리고 싶었는데, 어떻게 적이 아닐 수 있을까? 두려움은 강력한 감정이며 그것은 우리를 스트레스에서 벗어나지 못하게 한다.

하지만 그런 사고방식을 깨뜨릴 때가 되었다. 이 어둠을 대면할 때가 되었다.

어딘가 편안한 곳을 찾아라. 내가 가장 좋아하는 곳은 거품 욕조다. 그리고 서너 차례 심호흡을 한다. 5초간 숨을 들이쉬고, 5초간 멈춘다. 그리고 입으로 숨을 5초간 내쉰다. 이제 이렇게 편안한 분위기 속에서 그 어두운 감정을 떠올린다.

오늘은 그것이 사라지기를 바라지 말고 환영해보라. 두렵지만 아무 문제도 없을 것이다. 온갖 생각, 염려, 의심, 그것과 함께 나타나는 육체적인 증상을 모두 받아들여라. 그리고 거기 완전히 휩싸이고 나면…… 자신을 소개하라.

다음은 내가 나눈 대화의 내용이다. 그것은 나의 삶을 바꾸어놓았다. 그리고 당신의 발견에도 길잡이가 되어주기를 바란다.

뜻밖의 질문에 대한 뜻밖의 대답: 당신은 왜 여기 있나요?

나는 아주 사나운 대답, 즉 예전 연인이 내게 괴로움을 당해 싸다고 했던 목소리가 들려올 줄 알았다. 내가 미치고, 나약하고, 구제불능이라는 말.

그러니 당신은 그가(그렇다. 어린 소년의 목소리였다) "나는 당신이 무사한지 확인하러 왔어요"라고 부드럽게 대답했을 때 내가 얼마나 놀랐는지 상상할 수 있을 것이다.

그 대답이 모든 것을 바꿔주었다. 갑자기 그가 그렇게 두렵게 느껴지지 않았다. 하지만 왜 그가 나를 괴롭히는지, 내 심장을 움켜쥐고 불편하게 하는지 궁금했다. 내가 묻기도 전에 그는 이렇게 대답했다. "당신의 심장을 안고 당신을 지켜주려는 것뿐이었어요. 해칠 생각은 없었어요."

그러자 문득 그 아이가 나를 떠나지 않았으면 좋겠다는 생각이

들었다. 물론 그가 나를 그렇게 세게 안는 것은 원하지 않았지만, 이제는 그가 두렵지 않았다. 그를 금세 신뢰하게 되었다. 그에게는 사랑과 상냥함, 순진함이 있었다. 좀 더 알고 싶어졌다.

망각된 기억: 언제 왔나요?

사이코패스와 사귀고 난 뒤에 왔을 거라고 생각했다. 그때부터 그의 '포옹'을 느끼기 시작했으니까. 그래서 그에게 나를 어떻게 발견했는지, 왜 내 곁에 있기로 했는지 물었다. 이번에도 그의 대답은 놀라웠다.

그는 내가 태어난 날부터 함께 있었다고 했다. 그는 나의 에너지이며 나의 창의력이고 나의 살아 있는 영혼이었다. 그는 나와 영원히 함께할 것이고 우리가 서로 이야기를 나누게 되어 신난다고 했다.

하지만 포옹은 최근의 일이었다. 과거에는 내게 포옹이 필요 없었다. 나는 천성적으로 명랑한 사람이었고 그는 그저 나와 함께 살면서 숨만 쉬면 되었다. 하지만 내가 상처받자 그는 그럴 수 없었다. 내가 악당을 만나자 그는 계속해서 입을 다물고 여기저기 떠밀려 다닐 수밖에 없었다. 우리가 함께 가치를 두었던 모든 것이 훼손되었다. 그래서 그는 내 곁에서 가만히 기다리고 있었다. 끈기 있게. 내가 다시는 그런 취급을 당하지 않도록 하기 위해서라면 그는 무엇이든 할 생각이었다.

그 사이 그는 나의 관계를 끝내기 위해 할 수 있는 모든 일을 다 했다. 그는 내가 다른 인간에게 굴복하는 모습을 보고 싶지 않았다. 내가 그를 조용히 시키려고 하면 그는 반대했다. 그는 계속해서 거짓말과 위선, 조종을 지적했다. 하지만 나는 그것을 무시하고 이상화를 유지하려고 그토록 애썼다. 내가 미치거나 과민하게 굴어도 그는 상관하지 않았다. 그는 우리 둘 모두를 집어삼키는 그 블랙홀로부터 내가 영영 벗어나기를 바랐다.

그리고 마침내, 내 인생에서 가장 어두운 시기, 즉 내가 이 세상을 떠날까 생각하던 중 그가 내게 이곳에 머물 이유를 주었다. 내게 희망을 주었다.

새로운 동반자 관계: 미래에는 무슨 일이 있을까?

나는 그에게 지켜줘서 고맙다고 했다. 나를 안전하게 해주어서. 내가 보지 못한 악당을 봐주어서. 하지만 그의 모든 노력에도 불구하고, 그는 그의 포옹이 나를 아프게 한다는 것을 알아야 한다. 나는 경험으로부터 배우고 성장했으며 다시는 그렇게 당하지 않겠다고 약속했다. 나는 그에게 손아귀의 힘을 조금만 빼줄 수 있느냐고 물었다.

그는 나의 제안에 대해 생각해보더니 최대한 노력하겠다고 했다. 그는 나를 놓아주는 데 시간이 걸릴 것이라고, 그것이 하룻밤 사이에 가능한 일이 아니라고 했다. 그는 우리가 함께 노력해야 한다고, 우리 둘 모두에게 적절한 평화로운 해결책을 찾아야 한다고 했다. 물론 나는 반가운 마음으로 동의했다. 그것은 내가 2년 동안 이룬 것보다 더 큰 발전이었다.

그에게 새로운 동정심을 느끼며 작별 인사를 할 수 있었다. 그날 밤 나는 충성스러운 수호천사가 내 꿈을 지켜봐주며, 그가 지닌 빛과 무조건적인 사랑으로 어둠과 싸워줄 것이라고 생각하며 잠들었다.

나의 이상한 석양: 왜 우리가 여기 있을까?

그날 밤 이후 나는 날마다 그와 대화를 나누었다. 그는 나의 친구이며, 처음부터 항상 그래왔지만, 보답을 바라지 않고 그 대화를 묵묵히 기다렸다. 나는 당황할 때마다 이렇게 말하기만 하면 곧 진정할 수 있다. "이봐요, 무슨 일이에요?"

그는 항상 내 마음을 진정시켜주는 대답을 들려준다.

나는 강가에서 석양을 바라볼 때 그와 가장 잘 대화할 수 있다는 사실을 알게 되었다. 그 순간 나는 왜 우리가 모두 이 이상한 행성에 있는지를 생각하기 시작하는 것 같다. 우리가 우리들의 마음속에 이런 영혼을 지니고 선한 모든 것을 위해 싸운다면, 영혼들은 서로 볼 수 있고 소통할 수 있을 것이다. 당신의 영혼도, 나의 영혼도, 그 누구의 영혼도! 그들이 밤이면 함께 놀며 웃고, 울고, 싸우고, 보호해주는 것을 상상해본다.

나는 이 선물에 큰 감동을 받았고, 이것을 그 무엇과도 바꾸지 않을 것이다. 이 내면의 존재, 우리 진정한 자아의 핵심은 우리가 이 세상에 들어온 날부터 우리와 함께 있었다. 누군가가 아무리 노력해도 그것을 부술 수는 없다. 우리 모두는 도저히 납득할 수 없는 방식으로 망가졌다. 우리가 우리의 순수함을 앗아가 달라고 부탁한 적은 없었다. 하지만 사이코패스들은 우리의 정체성을 파괴하려다가 우리에게 영혼과 더욱 깊이 교류할 수 있는 기회를 주었다.

그래서 사이코패스들은 항상 실패하는 것이다.

그들은 사랑을 이해하지 못한다. 그들은 우리가 무사한지 항상 확인하는 우리 내면의 영혼을 느끼지 못한다. 그들은 거의 모든 것을 흉내 낼 수 있지만 이 세상이 우리에게 주는 가장 중요한 것은 이해하지도 경험하지도 못한다. 사랑은 가련한 사이코패스들의 장난질이 끝나는 지점, 우리의 여정이 막 시작되는 지점에 존재한다.

우리의 영혼은 우리를 해치기 위해서가 아니라 돕기 위해서 존재한다. 그는 언제나 대화할 준비가 되어 있고, 자신이 지키는 사람을 만나고 싶어 한다. 그리고 그 대화를 하기까지 그는 그 자리에 있을 것이다. 변함없이, 굳건하게, 다음번 모험을 기다리면서.

또 다른 사랑을 찾아서

사이코패스로부터 벗어나면 사랑과 섹스는 놀랍게도 그 이전보다 훨씬 더 좋아진다. 전에 겪었던 그 무엇과도 다른 경험이다. 당신은 원래 절망과 강렬한 감정을 사랑으로 착각하고 거기 중독되어 있었다. 하지만 당신은 이제 그것이 사랑이 아님을 깨달았다. 사랑은 상냥하고, 참을성 있고, 친절하다. 사랑은 변함없고 창의적이다. 당신은 상대의 의도를 의심하지 않는다. 대신 두 영혼이 평화롭게 공존하며 세상을 함께 탐색한다.

당신이 겪은 괴롭힘의 정도와 종류에 따라서, 섹스를 다시 시작할 때까지는 시간이 걸리기도 한다. 진정으로 좋은 상대는 얼마든지 기다려줄 것이다. 그들은 소통하고 공감하며 당신이 어떤 경우에도 편안함을 느끼도록 해줄 것이다. 조종하기 위한 섹스 대신에, 정상적이고 건전한 연인들이 가지는 유대를 맺고 사랑을 표현하는 방식의 섹스를 알게 될 것이다.

온전히 신뢰할 수 있게 되면 당신의 육체적, 감정적 친밀함을 경험하는 능력이 꽃처럼 피어날 것이다. 마침내 회복 과정을 통해 배운 모든 것을 적용할 수 있게 될 것이다. 당신은 당신의 가치, 당신의 정체성을 알고 있다. 당신의 사랑을 당신이 존중하고 소중히 여기는 상대에게 자유롭게 내줄 수 있게 된다.

사이코패스를 상대할 때 당신은 당신이 어디에 서 있는지 알 수가 없다. 끊임없이 불확실한 상태로, 그들이 당신을 소중히 여기는지 날마다 궁금해하면서 산다. 하루하루의 고통으로 당신의 삶이 송두리째 사라진다. 하지만 진정한 사랑을 만나면 이런 쓰레기 같은 모든 경험은 모두 잊혀진다. 자신에게 의문을 품지도 않는다. 당신의 사랑은 헌신과 정열이 이루어내는 상호 관계다.

꼭 맞는 상대를 만나 마침내 "아, 이 사람은 나를 해치지 않겠구나"라고 깨닫는 순간은 정말 놀랍다. 그 순간에 대해 잠시 생각해보자. 당신은 몇 달, 몇 년 동안 감정적인 학대를 당했지만, 이제는 열심히 노력해서 모든 것을 바꾸었다. 감정적인 학대 사이클을 혼자만의 힘으로 끝낸 것이다. 당신은 틀에 박힌 방식을 근절하고 인생의 진로를 새로 세웠다. 그리고 그 보상으로 당신의 마음은 마침내 자유로워졌다.

이런 일이 일어날 때 두려워할 필요는 없다. 어쩌면 당신은 연인

없이도 충분히 만족할 수 있으며, 그 역시 멋진 삶이다. 하지만 사랑을 찾는 사람들에게는 누군가가 나타나 우리가 지닌 훌륭함을 알아봐줄 것이다. 게다가 그런 상대를 발견했을 때는 마음속으로 느끼게 된다. 서두를 것 없다.

　멋진 노래를 발견해 하루 종일 그 노래를 들으면서, 단 하루라도 이 노래를 듣지 않고 살 수 있을까 궁금해지는 느낌을 아는가? 사랑이란 그런 것이다. 그것은 어디선가 불쑥 나타나, 당신이 알아차리기도 전에 평생 함께하게 되는 것이다.

12장
백치와 세상

    절벽의 가장자리에서 백치는 마지막 길의 마지막 한 걸음을 떼려고 돌아선다. 그 절벽의 가장자리는 그가 어리고 너무 어리석어서 어디로 가는지 보지도 않고 걸어가려고 했던 곳과 꼭 닮았다. 그제서야 자신이 출발점으로 돌아와 있다는 것을 알아차린다. 하지만 이제 그는 자신의 위치를 매우 다르게 본다. 그는 몸과 마음을 구별할 수 있고, 몸에 대해 모든 것을 배웠으며, 마음에 대해서 배울 준비가 되어 있다고 생각했다. 하지만 결국 모든 것은 자아의 문제다. 마음과 몸, 과거와 미래, 개인과 세상. 백치는 다 안다는 듯한 미소를 지으며, 마지막 걸음을 옮겨 절벽을 뛰어내린다. 그리고…… 하늘로 솟아오른다. 점점 더 높이, 온 세상을 내려다볼 수 있을 때까지. 그리고 거기서 그는 별들에게 에워싸여 우주와 하나가 되어 춤춘다. 어떤 의미에서는 시작한 곳에서 끝을 맺고, 끝에서 다시 시작하는 셈이다. 세상이 빙빙 돌고 백치의 여정은 완성된다.

('이클렉틱 타로', www.aeclectic.net)

방금 사춘기가 시작된 21세의 연애 경험 없는 동성애자가 월마트에서 산 찢어진 청바지를 입고 컴퓨터 프로그래밍 강의를 들으러 대학 캠퍼스를 걸어가는 모습을 상상해보라.

그게 바로 나였다!

아마 짐작할 수 있겠지만, 나는 지구상에서 가장 불안한 사람이었다. 내 행동거지는 어색했고, 나는 한 번도 연애를 해본 적 없는 여드름투성이 빨간 머리였다. 나는 누구에게서도 '매력적'이라는 말을 들어본 적이 없었다. 그래서 나의 불안은 주로 나의 성 정체성에서 비롯한 것이었다. 피상적인 소리 같지만, 나는 외모에 자신이 없었다. 물론, 그 시절에는 내가 불안하다는 것을 몰랐고, 그래서 더욱 불운했다.

하지만 그것은 잭슨이라는 사람의 일부에 불과했다. 나는 대체로 잘 지냈다. 친구를 사귀고, 조용한 시간을 즐기고, 고양이 집을 지어주기를 좋아했다. 정말로 크게 신경 쓰는 일도 없었고, 악감정을 오래도록 잊지 않는 것은 에너지 낭비라고 여겼다. 사람들을 즐겁게 해주는 일이 좋았고 조금만 상냥하게 대하면 모든 것이 해결될 수 있다고 믿었다. 사람들과 모험을 시도하는 것이 좋았고 언젠가 가족과 아이를 갖게 될 거라고 꿈꿨다.

그 모든 것이 한 사람의 성격을 구성하는 것이지만, 내 인생에서 가장 어두운 시기에는 불안이 나의 정체성이 되어버렸다. 장점은 모두 단점에게 자리를 내주었고, 내가 블랙홀 속으로 점점 더 깊이 빠져드는 동안 단점은 점점 더 눈에 띄었다.

그리고 관계가 끝에 다다랐을 때, 나는 예전의 내 자신이 모든 일의 근원이라고 확신했다. 불안을 하나하나 살피는 대신, 나는 나의 성격을 모조리 내던져버렸다. 나는 새로운 사람이 되고 싶었던 것이다! 그것은 문제를 다루는 참 게으른 방법이었다. 그리고 나는 그 대가를 치렀다. 좋은 취업 기회를 잃었고, 친구들이 두려워졌으며, 평생 모은 돈을 써버렸다. 멋진 아파트로 이사해 섹시한 '터프가이'가 되어 보려고 애썼지만 소용없었다.

지금 돌이켜보면 이 과정에서 가장 이상한 점은, 직선거리로 따졌을 때 내가 움직인 거리가 얼마 되지 않는다는 것이다. 내 회복 과정의 대부분은 예전의 나 자신으로 돌아가는 것이었다. 전에는 회복을 위해서 모든 것을 뽑아버려야 한다고 생각했지만, 사실은 그렇지 않았다. 예전의 나 자신에게 전쟁을 선포하고, 소중하다고 여겼던 모든 것을 없애버리려고 했을 때, 나는 가장 불안했다.

당신도 스스로의 불안, 어린 시절의 상처, 남모르는 허영심, 악연, 또는 전혀 다른 어떤 것을 가지고 있을지 모른다. 하지만 어떤 상황이 닥치더라도 깊이 파고 들어가면 그 사람에게서 정말 좋은 자질 몇 가지는 발견할 수 있을 것이다. 게다가 이전의 자신이 주어진 상황에서 최선을 다하고 있었음을 알게 될 것이다.

과거의 자신에 대해서 좀 더 상냥하게 바라보게 되면 회복 과정 전체가 훨씬 더 유쾌해질 것이다. 압도적이고 기운 빠지는 성격 개조 대신, 우리를 우리 자신으로 만드는 자질을 알아보게 될 것이다. 처음에는 낙담할 수도 있다. 예전의 남을 신뢰하고 사랑하는 영혼을 이미 잃어버린 느낌이 들기 때문이다.

이제 좋은 소식과 나쁜 소식이 있다. 좋은 소식은 '예전의 자신'

이 사라진 것이 아니라는 점이다. 그건 말이 되지 않는다.

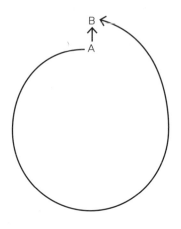

나쁜 소식은, 내가 마이크로소프트 페인트로 또 그림을 그려보 았다는 것이다.

이 그림에서 볼 수 있듯이 A지점에서 B지점으로 가는 방법은 두 가지가 있다. 1센티미터만 위로 걸어갈 수도 있고, 멀리 돌아서 도 달할 수도 있다.

인생을 살다 보면 먼 길을 가보기 전에는 지름길이 존재한다는 것을 깨닫지 못하는 경우가 있다. 사람들이 지름길로 가는 법을 알 려줄 수도 있다. 지름길로 가는 법에 대한 책을 읽을 수도 있다. 또 한 부모가 아이에게 지름길로 가는 법을 알려줄 수도 있다. 사람들 은 지름길을 찾느라 엄청난 돈을 쓴다. 나는 방금 지름길을 깔끔한 그림으로 보여주었다. 하지만 사실 이 모든 것은 효과가 없다. 직 접 먼 길을 걸어봐야만 지름길을 볼 수 있게 된다.

그리고 그건 다행스러운 일이다! 우리는 먼 길을 돌아갈 때 아주 많은 것을 배우기 때문이다. 처음에는 두렵기도 하지만, 모퉁이를 돌 때마다 너무나 많은 미스터리와 기회가 있다는 것을 알게 될 것이다. 매 걸음마다 자신과 세상에 대한 더 많은 시각을 갖게 될 것이다. 어느 날은 비참하고 절망적이기도 하지만 또 다른 날은 희망과 통찰로 가득하기도 하다. 당신은 동정심과 맹목적인 믿음을 가지고 여정을 시작했을지도 모른다. 시간이 지나면서 그런 자질로 인해 자신이 취약한 존재가 되었다고 판단할 수도 있다. 하지만 B지점으로 다가가면서 그런 자질이 실은 매우 훌륭한 것임을 깨닫게 된다. 거기에 약간의 자각과 자존감만 더해지면 온전한 기능을 발휘할 것이다.

이 길을 걸으며 발견하는 모든 작은 것이 우리의 인지와 이해를 도와줄 것이다. 그래서 우리는 목적지에 가까워질수록 되돌아보며 이런 생각을 하게 되는 것이다. "대체 무슨 생각이었던 거지? 더 빠른 길이 수도 없이 많은데!" 하지만 그건 되돌아보았을 때 드는 생각이다. 지름길을 돌아보고 어떻게 그걸 모를 수 있었을까 의아해하기는 쉽지만, 우리 자신을 그런 식으로 판단할 수 있게 된 것은 오로지 우리가 걷고 있는 먼 길 때문이다. 그 사이에 겪은 실수와 창피한 일들, 실패, 교훈 덕분인 것이다.

백치와 세상에 관한 글을 좋아하는 이유는 그가 여정을 마치는 순간에도 여전히 백치이기 때문이다. 그는 전과 같은 사람이되, 그 길을 걷는 사이에 새롭게 발견한 지식과 지혜를 얻은 것뿐이다.

그렇다면 여기서의 교훈은 무엇인가? 내가 얻은 교훈은 다음번에는 21세가 되기 전에 사춘기를 겪어야겠다는 것이다. 당신의 경우는 아마 다를 것이다. 우리는 모두 그 커다란 원에서 매우 다른 길을 걷고 있기 때문이다. 또한 B지점이 끝이 아닐 것이라는 생각도 든다.

13장

더욱 큰 그림

공감 능력이 뛰어난 사람들, 즉 꿈꾸는 사람들과 이상주의자들은 남을 즐겁게 해주는 습관과 함께 어린 시절을 보낸다. 하지만 이런 편안한 삶이 불시에 어둠으로 휩싸이면 그들의 여정도 어쩔 수 없이 탈선을 일으킨다. 갑자기 그들이 믿었던 방식으로는 더 이상 행복을 얻을 수 없는 것 같기 때문이다. 처음에는 이런 우울함이 그들을 다시는 즐거워질 수 없을 거라고 생각하도록 만든다. 하지만 궁극적으로 그 우울함 때문에 그들은 사랑과 정의, 지혜를 찾아 나서게 된다. 이 모험이 시작되면 꿈꾸는 사람들은 멈추지 않는다.

가족, 직장, 사회

이 책은 일차적으로 해로운 연애관계에서 상처받은 사람들을 위해 쓰여졌지만, 사이코패스의 폭력적인 사이클은 보편적이다. 그것은 강렬한 이상화, 성격 미러링, 그리고 평가절하와 정체성의 침

해로 특징지어진다. 이 과정은 연애에만 국한되는 것이 아니며, B군 인격 장애가 널리 퍼져 있다는 사실을 감안하면 당신이 아는 사람들 중에서 이런 사람을 겪게 될 가능성은 높다.

가족의 경우, 어린 시절부터 세상에서 원하는 것을 얻는 도구로 당신을 이용하며 학대한 부모가 있을지도 모른다. 그들은 스스로의 행동에서는 아무것도 실현시키지 않으면서도 당신에게는 불가능한 기대를 한다. 그들의 엄격한 규칙을 지키지 않으면, 당신은 침묵과 조롱으로 처벌받았으며 자신이 무가치하고 사랑받지 못한다는 느낌을 받았다. 그리고 더 이상 견딜 수 없다고 느끼는 순간, 그들은 당신이 그토록 원하는 칭찬과 감탄을 퍼부었다. 당신은 기초가 너무나 불안한 상태로 살얼음을 걷는 느낌이었다. 여러 해 동안 상담과 스스로의 노력으로 이런 끊임없는 세뇌를 극복할 수 있다.

직장의 경우, 자신의 매력을 이용하고 남의 마음을 조종하는 동료를 만났을지도 모른다. 그들은 원하는 것을 얻는 순간, 당신의 등을 찌른다. 모두의 귀에 해로운 말을 속삭이는 그들은 삼각관계를 만들어 직장 사람들 모두가 당신을 싫어하게 만든다. 당신이 저항하면 모두가 가장 좋아하는 직원을 모욕하는 것이므로 당신만 미친 사람이 된다. 그는 (당신만 제외하고 비밀리에) 모두에게 상냥하게 대했으니까.

그리고 사이코패스 상사가 있다. 그들은 카리스마 넘치는 성격 덕분에 빠르게 승진한다. 그들은 당신이 어쩔 수 없다는 것을 알기 때문에 아무런 거리낌 없이 당신을 괴롭힌다. 그들이 당신에게 봉급을 주므로 당신은 그들이 맡기는 어떤 일이라도 견뎌야 한다. 그렇지 않으면 해고당할 테니까. 그들은 회사의 돈을 무책임하게 쓰고, 다른 사람들을 불신하며, 방해가 되는 사람들은 모두 없애버린다. 그들은 남을 괴롭히고 조종하지만 항상 아무 잘못도 없는 사람처럼 보인다.

직장에서는 사이코패스가 유용할 수 있으며, 심지어 필요하기도 하다는 이상한 생각이 존재한다. 그들이 아무도 할 수 없는 어려운 결정을 내릴 수 있다는 것이다. 하지만 직장에서 사이코패스와 함께 일해본 사람이라면 그 말에 곧바로 반대할 것이다. 사이코패스들은 혼란을 일으키고 엄청난 손해를 가져오며 사무실의 문화 전체를 망가뜨릴 수 있다. 그들은 아무런 잘못도 없는 듯 행동하고 타인에게 죄를 전가하면서 이런 일을 벌일 수 있다. 그들은 자신의 커리어를 위해 동료나 부하 직원의 삶을 거리낌 없이 파괴할 수 있다. 사실, 그들은 그런 상황을 즐긴다.

그리고 만약 두렵지 않다면 이 사람들이 권력과 돈, 범죄에 병적으로 끌린다는 점을 생각해보라. 로버트 헤어Robert Hare 박사의 글에서 우리는 교도소 수감자들 가운데 사이코패스가 매우 많다는 사실을 알게 되었다. 하지만 교도소에 갇히지 않은 사이코패스 대부분은 어떻게 될까?

월 스트리트에서 일할까? 워싱턴에서 일할까?

이런 곳은 뒤통수치기와 부정이 용인되는 정도가 아니라 기대되는 곳이다. 정치가들은 카리스마와 장밋빛 약속으로 권력을 얻지만, 그들이 자신의 위치를 이용해 정반대로 행동하는 것을 보면 화가 날 뿐이다. 이런 행동은 너무나 흔해져서 정치가들의 약속은 이제 개그의 소재밖에 되지 않는다. 하지만 이런 상황은 전혀 우습지 않다. 사실은 매우 무서운 일이다.

우리는 우리가 선출한 정치가들에게 늘 배신당하지만 이런 행동이 정상이라고 믿게 된다. 정치가들이 절대로 지킬 생각이 없는 약속을 하고, 정부가 지키기로 한 문서를 폐기하기 때문이다.

하지만 이것은 정상이 아니다. 이것은 정치 극장이 아니다. 이것은 과거에 훌륭했지만, 권력에 사로잡혀 부패하는 그런 과정이 아니다.

이것은 B군 인격 장애의 사례다.

이것은 이상주의자들과 꿈꾸는 사람들이 이룬 강력하고 성공적인 나라를 기생충이 갉아먹는 상황이다. 이것은 해로운 사람들이 권력에 이끌려 그것을 얻는 방법을 알게 될 때 일어나는 상황이다. 이것은 우리의 지도자들이 집행해야 하는 기준을 무시할 때 벌어지는 상황이다.

사이코패스들은 가는 곳마다 말썽을 일으킨다. 나를 괴롭히는 연인, 나쁜 일을 묵인하는 동료, 조종하는 부모, 심지어 병적인 지도자를 이해하려고 애쓰다 보면 우리는 모두 매우 비슷한 방법으로 자유를 찾게 된다. 우선 우리는 양심과 공감 능력이 전혀 없이 이 세상을 돌아다니는 사람이 있다는 사실을 이해해야 한다.

15퍼센트의 문제

언론에 자주 등장하는 거식증보다 소시오패스의 수가 더 많다. 소

시오패스는 정신분열증보다 4배 더 많고, 대장암과 같은 병으로 진단
받은 사람보다 100배 더 많다.

　　—《옆집의 소시오패스The Sociopath Next Door》, 마사 스타우트 박사

나는 숫자를 지루해하는 사람이지만, 이 수치는 살펴볼 가치가
있다고 생각한다.

국립보건원에 따르면,
- 전체 인구의 6퍼센트가 자기애 인격 장애를 갖고 있다.(NPD)
- 전체 인구의 5퍼센트가 경계선 인격 장애를 갖고 있다.(BPD)
- 전체 인구의 2퍼센트가 연기성 인격 장애를 갖고 있다.(HPD)

그리고 마사 스타우트 박사의 글에 따르면,
- 전체 인구의 4퍼센트가 반사회적 인격 장애(ASPD, 소시오패스
  또는 사이코패스)를 갖고 있다.

이것은 B군 인격 장애이며, 앞의 통계에 근거하면 7명 가운데
1명, 인구의 15퍼센트 이상이 이에 해당한다. 이런 사람들이 대부
분 높은 기능성을 지니고, 유폐되지 않았으며, 활동적인 사회 구성
원이라는 점을 생각해보자. 이 수치로 미루어볼 때, 당신은 하루에
도 몇 번씩 사람의 마음을 교묘하게 조종하는 이런 사람들을 모르
고 지나칠 가능성이 높다. 어쩌면 오늘도 그들이 당신에게 모닝커
피를 타주었을지도 모른다. 그렇다면 문제는 무엇인가?

문제는 일반 대중이 이처럼 만연한 인격 장애에 대해 거의 아무 것도 모른다는 것이다. 당신의 친구들에게 경계선 인격 장애가 무엇인지 물어본다면 그중 몇 명이나 답을 알고 있을까? 그리고 그중 몇 명이나 정확한 답을 알고 있을까?

마찬가지로 자기애 인격 장애를 갖고 있는 사람은 그저 거울을 너무 자주 보는 사람일 뿐일까? 그리고 연기성 인격 장애를 갖고 있는 사람은 그저 많은 관심을 원하는 사람일 뿐일까?

대부분의 사람들이 사이코패스라는 말을 들어보았을 것이지만, 연쇄살인이나 〈크리미널 마인드Criminal Minds〉 이외의 사이코패스에 대해서는 얼마나 알고 있을까? 다른 사람들의 삶에 매력을 느끼고 조작하려드는 훨씬 더 많은 사회적 포식자에 대해서는 어떤가? 아무것도 모르는 상대를 파괴하면서 아무 잘못도 없는 척하는 카멜레온에 대해서는 어떤가?

B군 장애는 감정과 양심, 공감 능력, 즉 가장 중요한 인간의 자질에 관한 장애다. 그렇다면 우리는 어째서 학교에서 이런 장애에 대해 배우지 않는 걸까? 어째서 그들에 대한 사회적 관심이 이토록 적은 것일까? 다시 말하지만, 우리 인구 가운데 15퍼센트는 심각하고 회복 불가능한 감정 장애를 가진 사람들로 이루어져 있다. 하지만 그들이 지닌 증상이 감추어져 있기 때문에 우리는 그들에 대해 거의 아무것도 모른다. 보통 누군가 인격 장애에 대해 배우기로 한다면, 그때는 이미 피해를 당한 이후다.

그렇다면 너무 늦기 전에 그들의 정체를 파악할 방법은 없을까?

B군 장애 4가지에는 여러 가지 증상이 포함되지만 한 가지 공통

점이 있다. 불건전하거나, 부적절하거나, 피상적이거나, 혹은 인간 적인 감정이 완전히 존재하지 않는다는 것이다. 이는 각 개인과 장애에 따라 서로 다르게 발현될 수 있지만, 그들에게 희생되는 사람들이 경험하는 바는 두 가지, 이상화와 평가절하로 동일하다. B군 장애를 지닌 사람들은 타인과 자연스러운 유대를 형성할 수 없으며, 따라서 '비열함과 상냥함'의 순환을 통해 (의도적이든 아니든) 이런 유대를 흉내 내고자 한다.

이 책은 이와 같은 사람들과 만나고 상처받은 사람들을 위해 쓴 것이다. 그들이 해답을 발견하고 제정신을 되찾도록 돕기 위한 책이다. 각 장애의 사소한 차이에 대해서는 집중하지 않으려고 한다. B군 장애를 가진 사람들이 우리에게 주는 영향은 혼란, 절망, 감정적 피폐 등으로 동일하기 때문이다.

우리들처럼 세상을 경험하지 못하는 사람들이 있다는 것을 이해하면 마침내 모든 것이 맞아 들어가기 시작한다. 우리의 양심과 타고난 선량함을 모든 사람들에게 투사하는 것을 멈추면, 이 불가해한 경험이 이해되기 시작한다. 우리들에게 이런 장애는 우리의 삶을 완전히 바꾸어놓은, 사라진 퍼즐 조각이다.

'30가지 위험 신호'에 추가로 4가지 장애에 대한 간략한 설명을 덧붙이고자 한다.

자기애 인격 장애

한 사람이 자기애 인격 장애로 진단을 받으려면, DSM-IV-TR(정신질환 진단 및 통계 편람—옮긴이)은 다음의 증상 가운데 5가지 이상의 항목에 부합해야 한다고 설명한다.

- 월등한 성과 없이도 월등하고 특별하다는 인정을 받기를 바란다.
- 계속해서 타인으로부터 관심과 선망, 긍정적인 강화強化를 받기를 바란다.
- 타인을 부러워하고 타인이 자신을 부러워한다고 믿는다.
- 큰 성공, 엄청난 매력, 권력, 지력에 대한 판타지에 몰두한다.
- 타인의 감정이나 욕구에 공감하는 능력이 없다.
- 태도와 행동에 거만하다.
- 비현실적인 특별 대우에 대한 기대가 있다.

그들의 대인 관계에서 이러한 증상들은 초기의 이상화 과정에서 당신을 그루밍해 끊임없이 긍정적인 에너지원으로 만든다. 다른 사람들을 매료시키고 통제함으로써 그들의 병적인 욕구를 잠시 충족시키는 것이다.

그들이 또한 무자비하고 기만적이기 때문에 당신은 곧 자신의 행복이 어디에도 존재하지 않는다는 것을 깨닫게 된다. 빠르게 변하는 그들의 기준을 충족시키지 못하면, 당신이 그들에게 아무것도 제공할 수 없을 때까지 평가절하와 비판을 당한다. 너무나 다른 이상화와 평가절하 사이에서 당신은 스스로 가치가 없는 사람이라고 느끼고, 상처입고, 혼란을 겪는다.

경계선 인격 장애

한 사람이 경계선 인격 장애로 진단을 받으려면, DSM-IV-TR은 다음의 증상 가운데 5가지 이상의 항목에 부합해야 한다고 설명한다.

- 실제로나 상상 속에서나 타인에게 버림받는 것을 피하려고 미친 듯이 애쓴다.
- 극단적인 이상화와 평가절하 사이를 오가는 불안하면서도 격렬한 대인 관계 패턴을 보인다.
- 자아상이나 자아인식이 현저히 불안정한 정체성 불안을 보인다.
- (소비, 섹스, 약물 남용, 난폭한 운전, 폭식 등) 자기 파괴적일 수 있는 충동을 2가지 이상 가진다.
- 반복적인 자살충동의 행동, 표현, 위협, 자해 등을 한다.
- 현저한 기분 변화로 인한 불안정을 겪는다. (강렬한 불쾌함, 짜증, 불안이 보통 몇 시간씩 지속되며, 며칠 이상 지속되는 경우는 드물다.)
- 고질적인 공허감을 겪는다.
- 부적절하게 강렬한 분노를 표출하고, 분노를 조절하지 못한다. (자주 화를 내거나, 계속해서 화를 내고, 싸움을 반복한다.)
- 스트레스와 관련한 편집증 또는 심각한 분열 증세를 보인다.

그들의 대인 관계에서 이러한 증상들은 초기의 이상화 과정에서 당신을 그루밍해 끊임없이 긍정적인 에너지원으로 만든다. 다른 사람들을 매료시키고 통제함으로써 그들의 병적인 욕구를 잠시 충족시키는 것이다. 그들이 또한 무자비하고 기만적이기 때문에 당신은 곧 자신의 행복이 어디에도 존재하지 않는다는 것을 깨닫게 된다. 빠르게 변하는 그들의 기준을 충족시키지 못하면, 당신이 그들에게 아무것도 제공할 수 없을 때까지 평가절하와 비판을 당한다. 너무나 다른 이상화와 평가절하 사이에서 당신은 스스로 가치가 없는 사람이라고 느끼고, 상처입고, 혼란을 겪는다.

연기성 인격 장애

한 사람이 연기성 인격 장애로 진단을 받으려면, DSM-IV-TR은 다음의 증상 가운데 5가지 이상의 항목에 부합해야 한다고 설명한다.

- 자신이 주목받지 못하는 상황에서는 불편해한다.
- 타인과의 상호 관계를 맺을 때 부적절한 성적인 유혹, 또는 도발적인 행동을 일삼는다.
- 감정 표현의 기복이 심하고 피상적이다.
- 자신에게 관심을 끌어들이기 위해 외모를 계속 이용한다.
- 지나치게 연기적이며 디테일이 없는 말투를 갖고 있다.
- 자신의 이야기를 드라마화하고, 연극성을 강조하며, 과장된 감정 표현을 한다.
- 타인이나 상황에 쉽게 영향을 받는다.

- 그들이 실제로 맺고 있는 것보다 더 친밀한 관계를 맺고 있다고 생각한다.

  그들의 대인 관계에서 이러한 증상들은 초기의 이상화 과정에서 당신을 그루밍해 끊임없이 긍정적인 에너지원으로 만든다. 다른 사람들을 매료시키고 통제함으로써 그들의 병적인 욕구를 잠시 충족시키는 것이다. 그들이 또한 무자비하고 기만적이기 때문에 당신은 곧 자신의 행복이 어디에도 존재하지 않는다는 것을 깨닫게 된다. 빠르게 변하는 그들의 기준을 충족시키지 못하면, 당신이 그들에게 아무것도 제공할 수 없을 때까지 평가절하와 비판을 당한다. 너무나 다른 이상화와 평가절하 사이에서 당신은 스스로 가치가 없는 사람이라고 느끼고, 상처 입고, 혼란을 겪는다. (이제 내가 무슨 말을 하려는지 이해하고 있는가?)

반사회적 인격 장애

  한 사람이 반사회적 인격 장애로 진단을 받으려면, DSM-IV-TR은 다음의 증상 가운데 3가지 이상의 항목에 부합해야 한다고 설명한다.

- 체포의 근거가 될 행동을 반복함으로써 법을 준수하는 사회 기준에 순응하지 못한다.
- 타인을 통제하거나 영향을 미치기 위해 빈번하게 속임수(목적을 이루기 위한 유혹, 매료, 번지르르한 말, 아첨)를 이용한다.

- 개인적인 이익이나 즐거움을 위해 반복적인 거짓말을 하고 가명을 이용한다.
- 충동적이고 미리 계획을 세우지 못한다.
- 반복적인 몸싸움이나 폭행을 일삼으며 화를 잘 내고 공격성을 보인다.
- 자신이나 타인의 안전에 지나치게 무관심하다.
- 계속해서 일하지 않고 금전적인 의무를 지키지 못하는 등 무책임하다.
- 상처를 주고, 부당한 대우를 하고, 남의 것을 훔치고도 무관심하거나 합리화하는 등 가책이 없다.

그들의 대인 관계에서 이러한 증상들은 초기의 이상화 과정에서 당신을 그루밍해 끊임없이 긍정적인 에너지원으로 만든다. 다른 사람들을 매료시키고 통제함으로써 그들의 병적인 욕구를 잠시 충족시키는 것이다. 그들이 또한 무자비하고 기만적이기 때문에 당신은 곧 자신의 행복이 어디에도 존재하지 않는다는 것을 깨닫게 된다. 빠르게 변하는 그들의 기준을 충족시키지 못하면, 당신이 그들에게 아무것도 제공할 수 없을 때까지 평가절하와 비판을 당한다. 너무나 다른 이상화와 평가절하 사이에서 당신은 스스로 가치가 없는 사람이라고 느끼고, 상처 입고, 혼란을 겪는다.

같은 말을 반복해서 미안하지만, 인구의 15퍼센트라면 이 말은 반복할 가치가 있다고 생각한다. 당신에 대한 누군가의 의견이 하늘로 치솟았다가 바닥으로 추락한다면 그것은 정상이 아니다. B군 인격 장애를 가진 사람을 처음 만났을 때, 당신은 마침내 모든 꿈이 이루어진 것처럼 느낄 것이다. 그들은 칭찬과 애정을 퍼부어주고, 모든 에너지를 당신에게 집중한다. 당신은 세상의 유일한 사람이 된 듯한 기분이 들기 시작한다.

하지만 앞에서 설명한 증상에서 알 수 있듯이 이런 이상화는 진심이 아니다. 그것은 존경을 위한 것이든, 공허함을 채우기 위한 것이든, 통제력을 얻기 위한 것이든, 무엇인가에 대한 병적인 욕구에 근거한 것이다. 즉, 이상화는 당신이 지닌 독특한 자질에 근거한 것이 아니다. B군 장애를 가진 사람들에게 당신은 감정을 지닌 인간으로 보이지 않기 때문이다. 당신은 장애로 인한 감정적인 결핍을 채워줄 수단으로 보일 뿐이다. 세뇌 작업과 마찬가지로, 이상화는 당신의 신뢰와 애정을 확보해 궁극적으로는 당신을 그들의 병적인 욕구를 위한 자양분의 원천으로 만들기 위한 인위적인 방법일 뿐이다.

그들의 실현 불가능하고 충동적인 요구에 당신이 부합하지 못하면, 꿈은 곧바로 악몽으로 변하고 당신은 끊임없는 불안에 시달리며 자신을 표현하지 못하게 된다. 동정심이나 공감을 끌어내려는 시도는 전혀 먹히지 않는다. 당신이 평소에 쓰던 대인 관계 전략은 아무 소용이 없다. 당신은 이 사람을 만나기 전까지 그런 느낌을 받아본 적이 없으면서도 진심으로 자신이 미쳐간다고 믿게 된다. 예전의 명랑한 자신은 급속히 사라지고 불안과 절망, 집착 덩어리만 남는다.

이것은 학대이자 파괴다. 나는 변화를 위한 무언가가 필요하다고 믿는다.

무엇이 변해야 하는지에 대해서는 저마다 다른 의견을 가지고 있다. B군 인격 장애에 대한 의식이 퍼져나가면서, 그들에게 피부색이나 성적 지향 문제와 같은 선택권이 없으므로 이런 인격 장애를 지닌 사람들이 차별받아서는 안 된다고 항의하는 것을 본다. 하지만 차이점이 있다면 피부색은 한 사람이 다른 사람의 정체성을 침해하도록 만들지 않는다는 것이다. 피부색이 다르다고 타인에게 해를 입힐 가능성이 높은 것은 아니다. 동성애자들이 그들의 상대를 조종하도록 되어 있는 것도 아니다.

이것이 B군 인격 장애를 이처럼 독특하고 예민한 주제로 만든다. 그 장애는 한 사람을 완벽하게 건강하고 다정하게 보이도록 만든다. 그 사람은 이런 정상적인 모습을 이용해 자기와 마주치는 운 나쁜 사람에게 해를 입힌다.

이는 다른 어떤 정신적, 육체적 질환도 가지지 않는 문제다.

어떤 사람들은 이들에게 '도움'이나 '치유'를 주고 싶어 한다. 이런 장애를 이해하고 치료하려고 열심히 일하는 심리학자와 과학자들이 있다. 하지만 현재 그것은 치료 불가능하고, 널리 퍼져 있다.

그러므로 당면한 문제에 비추어 우리는 스스로를 지키기 위해 무슨 일을 할 수 있는가?

나는 가장 먼저 교육이 필요하다고 생각한다. 알리는 것이다. 대부분의 사이코패스는 테드 번디Ted Bundy 같은 연쇄살인범이 아니라는 것을 사람들이 알도록 해야 한다. 남의 마음을 조종하는 행동이 무엇인지 알도록 하는 것이다. 계산된 아첨과 건전하고 진정한 사랑의 차이를 설명하는 것이다.

그 다음은 확인이다. 피해를 입은 사람들이 어둠 속을 빠져나오도록 도와주고 그들이 혼자가 아님을 알려주는 것이다. 서로 경험을 공유하고 우리가 어떻게 조종당했는지 이해하는 것이다. 처음에는 사적인 이야기를 말로 표현하기 어려울 수도 있다. 하지만 B군 인격 장애와의 조우는 항상 그렇다. 올바른 키워드와 분류법을 알면 갑자기 수백만 명의 사람들이 똑같은 악몽을 겪었음을 알게 될 것이다.

그 다음은 회복이다. 초점을 사이코패스에게서 그들의 괴롭힘을 받은 사람에게로 옮겨와야 한다. 이 경험으로부터 진정 상실한 것이 무엇인지 알아야 한다. 하지만 이보다 훨씬 더 중요한 것은 이 경험으로부터 얻을 수 있는 것이 무엇인지 이해하는 것이다. 건전한 한계선을 형성하고 자존감을 찾는 것이다. 자신의 불안과 약점을 살핌으로써 당신은 궁극적으로 더 행복하고 건전한 관계를 찾아낼 수 있을 것이다.

마지막 단계는 자유다. 일단 해로운 사람의 정체를 알고 알아볼 수 있게 되면, 그들과 관계를 맺어서는 아무것도 얻을 수 없다는 것을 알게 된다. 망가진 사람들을 고치려 하기보다는 소중한 에너지를 공감 능력이 있는 친구와 파트너에게 쓰게 된다. B군 인격 장애를 가진 사람들이 어떤 약속을 하든, 그들은 당신을 위해 바뀔 수 없고 바뀌지 않는다.

이 과정을 거치고 나면 커다란 문제를 차근차근 해결할 수 있게 된다. 우리들의 자유는 우리가 대인 관계의 위협으로부터 안전한 삶을 살아가도록 해준다. 하지만 한 걸음 물러나 더 큰 그림, 우리 사회와 기업, 문화를 본다면…… 15퍼센트의 사람들이 얼마나 큰 피해를 주었을까?

우리에게는 문제가 있다. 그것은 분명하다. 하지만 나는 낙관주의자다. 그리고 우리 낙관주의자들은 자기 문제에 해결책을 찾을 수 있다고 믿는다.

다음에는 어떤 일이 일어나는가?

비현실적으로 들릴지 모르지만, 언젠가는 사이코패스와의 만남이 더 이상 생각나지 않을 거라고 약속한다. 그때를 돌이켜보면 거의 비현실적으로 느껴지는 이상한 시기라고 생각할 것이다. 긴장하고 압도되는 대신, 그런 생각은 마음속의 안전한 곳에 자리를 잡고 점점 괜찮아질 것이다. 보통 이때가 되면 사람들은 모임에 작별 인사를 한다. 그때마다 나는 기쁘기도 하고 슬프기도 하다. 물론 친구가 떠나는 것을 보면 슬프지만, 그들이 새로운 삶을 찾으러 나서는 모습을 보면 훨씬 더 기쁘다.

사이코패스와의 만남으로부터 받은 상처가 치유된 이후, 모두가 다른 여정을 떠날 것이다. 어떤 이들은 계속해서 행복한 삶을 살아가며 다시는 인격 장애에 대해 듣지 않게 될 것이다. 어떤 이들은 계속 모임에 남아 어둠 속을 헤매는 사람들을 도울 것이다. 그리고 자신의 경험을 통해 공감 능력과 양심이 어떻게 우리 세계에 영향을 주는지 더욱 폭넓게 이해하는 사람들도 있다.

그것은 다시 15퍼센트의 문제로 되돌아간다.

이상화와 평가절하의 과정을 직접 경험한 뒤, 우리는 삶의 다양한 측면에서 그것을 알아볼 수 있게 된다. 상대를 학대하는 연인부터 회사에서 타인을 조종하는 사람들 그리고 이 세상을 움직이는 거짓말쟁이 정치가들까지. 타인을 해치고 통제하려고 적극적으로 노력하는 사람들과는 공존할 수 없다. 악은 더 이상 어떤 모호한 개념이 아니다. 거기에는 이름이 있다. 그리고 그 이름 덕분에 우리들 중 많은 수의 사람들은 이미 힘을 합쳐 이전에는 설명할 수 없었던 것을 설명해냈다.

하지만 인구의 15퍼센트라면, 통계적으로 보았을 때 우리가 해낸 일은 미미하기 짝이 없다. 수백 명의 사람들이 아직도 해답을 구하고 있다. 상냥하고, 친절하며, 선량한 사람들이 자신의 가장 중요한 자질에 의심을 품고 고민하고 있다. 꿈꾸는 사람들이 그 단어를 몰라 자유를 얻지 못하고, 평생을 좌우할 경험을 하지 못하고 있는 것이다.

처음부터 우리의 목표는 이런 사람들에게 다가가는 것이었다. 날마다 사이코패스의 조종으로 피해자가 되고 있는 훌륭한 사람들을 생각하면 슬퍼진다. 그리고 내가 할 수 있는 일은 아무것도 없다. 그렇다. 우리는 최선을 다해 홍보하고 있지만, 그것은 주로 소시오패스와 나르시시스트, 남의 마음을 조종하는 사람들을 검색해 볼 만큼 이미 많은 일을 겪은 사람들을 상대로 하는 것이다.

자신의 경험이 무엇인지 알지도 못하는 대다수의 사람들은 어떻게 해야 할까? 아직도 이상화와 평가절하의 악순환에 사로잡혀 있는 사람들은? 악몽에서 벗어나지 못하고, 여전히 그 속에서 헤매고 있는 사람들은? 애초에 자신이 해로운 관계를 맺고 있다는 것을 모르기 때문에, 그런 경험을 하고도 여전히 파괴적인 관계를 찾고 있는 사람들은? 심리적으로 호의를 되돌려 줄 수 없는 사람들에게 여전히 공감하고, 그들의 그런 행동을 이해해보려고 필사적으로 노력하는 사람들은?

지구상에는 약 70억 인구가 살고 있다. 이들 7명 중 1명이 남을 조종하고, 이용하고, 이상화하고, 평가절하하는 사람들이다. 나는 수학에는 소질이 없지만 적어도 10억 명이 B군 인격 장애를 겪고 있다는 것을 알 수 있다.

이제 그 10억 명이 계속 사람들을 사귀고, 직장을 갖고, 범죄를 저지르면서도 투옥되지 않고, 가차 없이 권력을 추구한다고 생각해보자. 그들은 끊임없이 새로운 피해자를 찾아서 옮겨 다닌다. 이 소수의 사람들이 숫자에 비해 엄청난 문제를 일으키고 있는 것이다.

그렇다면 우리는 어떻게 해야 할까?

내게 묻는다면, 나는 곧 전투가 벌어질 것이라고 생각한다. 총이나 폭탄을 가지고 싸우는 전투가 아니라, 인간의 양심을 가지고 벌이는 전투일 것이다. 역사적으로 사람들은 악당에 대해 이야기해왔다. 동화에서부터 대중음악, 동굴 벽화에 이르기까지 그들은 모두 사이코패스와 꿈꾸는 사람들 사이의 전투라는 똑같은 현상을 묘사해왔다.

우리는 피부색, 성적 지향, 젠더, 민족 등 인간의 거의 모든 자질을 놓고 싸워왔다. 인권 운동가들이 수십 년 동안 열심히 노력한 끝에 사람들은 마침내 어리석은 짓을 멈추고, 그런 것이 인간의 성품과 무관하다는 것을 이해하게 되었다. 그렇다면 우리는 도대체 어째서 쓸모없는 마녀 사냥에 시간을 허비하면서 10억 명의 사람들이 실제로 남을 해치고 있는데도 가만히 있는 것일까?

이는 매우 위험한 상황이다. 공감 능력, 동정심, 사랑의 미래가 걸린 일이다. 이런 자질은 장점인가, 약점인가? 인간의 양심은 인류의 발전인가, 이용하기 쉬운 약점인가?

나 역시 이 문제를 잊어버리고 '사이코패스'라는 말을 다시는 듣고 싶지 않을 때가 있다. 그리고 언젠가는 그렇게 되리라고 믿는다. 하지만 지금으로서는 이것이 우리 시대의 가장 중요한 문제라는 것을 알고 있다. 이 세상에 존재하는 숱한 아름다움과 마법은 싸워서 지킬 가치가 있다.

그다음에 일어나는 일은 우리에게 달려 있다.

변함없는 친구

참으로 대단한 모험이었다. 나는 지금 고양이 세 마리와 함께 커피 한 잔을 놓고 앉아서, 내가 고양이 이야기를 꺼내는 데 왜 이렇게 오래 걸렸을까 생각하고 있다. 가끔은 고양이들이 나의 변함없는 친구다. 가끔은 어머니가 변함없는 친구다. 가끔은 해변의 기억이 나의 변함없는 친구다. 가끔은 Psychopath Free 사이트의 회원들이 변함없는 친구다.

내 삶 속의 모두가 변함없는 친구가 된 것 같다.

고양이 이야기로 돌아가자. 나는 겨울에 그들과 눈 내린 숲을 산책하기 좋아한다. 그들은 마치 강아지처럼 내가 숲 속에 낸 발자국을 따라온다. 오늘 아침에도 우리는 그곳에서 한참 동안 함께 탐험하고 꿈꾸었다. 우리는 우주의 새로운 미지의 비밀을 발견했다. 우리는 성장과 사랑의 신뢰에 대해 다시 배웠다. 우리는 인간의 선량함에 희망을 찾았다. 우리는 빛과 어둠이 영원히 서로 싸우는 것을 보았다.

바로 그 순간 나는 깨달았다. 내가 바로 나의 변함없는 친구라는 것을. 나는 혼자서 보내는 조용한 시간이 좋다. 나는 이 알 수 없는 세상에 존재하는 것이 좋다. 나 자신보다 그토록 큰 무엇인가의 일부가 되는 것이 좋다. 그리고 이후에 어떤 일이 벌어질지 전혀 모르는 것도 좋다.

하지만 무엇보다도 이 세상에서 가장 놀라운 사람들을 내게 소개시켜준 역경을 사랑한다. 우리 모두를 하나로 연결해주는 무언가가 있다. 그리고 그들과의 우정 덕분에 나는 내가 겪은 일을 바꾸지 않을 것이다. 무슨 일이 있어도.

우리의 모험은 방금 시작되었다. 이제 마음이 치유되었으니 말썽을 좀 부려도 될 것 같다. 적어도 고양이들은 그렇게 말하고 있다.

감사의 글

사이코패스에 관한 책에 이름이 오르는 것을 진심으로 바랄 사람이 있는지 모르겠지만, 다음은 내 마음을 환하게 밝혀준 분들이다.

사이트 친구들

멋진 친구가 되어주고 처음부터 이 기묘한 길을 함께 걸어준 스미튼 키튼. Psychopath Free 사이트를 생각해내고 우리를 항상 웃게 해준 페루. 언제 어디서나 항상 동정심 많은 친구가 되어준 빅토리아. 아름다운 글과 우정, 그리고 매의 눈을 가진 힐링저니! 아이스 스케이트와 포옹을 선사해준 올드패션드 걸. 많은 가족들을 어둠에서 벗어나도록 도와준 아이리스. 세상을 바꾸기 위해 열심히 일해준 모닝애프터. 커피와 와인, 편집 작업과 웃음을 선물해준 리디아. 하루 종일 너무나 재미있게 채팅해준 럭키로라. 놀라운 직관과 유머 감각을 지닌 인디917. 세상의 가족들에게 희망과 자원을 제공해준 인디 맘. 여기서는 다 말할 수 없는 우스꽝스러운 이야기를 들려준 아웃오브디애시. 처음부터 용감하게 행동해주고 놀라운 창의력을 지닌 바버러블. 이 모든 과정을 겪는 동안 진정한 친구가 되어준 피닉스. 언젠가 함께 석양을 바라보며 한잔할 서칭 포선샤인. 함께 도전하고, 승리했던 경험을 사랑합니다. 모두에게 감사합니다.

출판계 여러분

이 프로젝트와 우리의 사명을 신뢰해준 나의 에이전트, 에마누엘 모건에게. 당신은 이 책에 꼭 알맞은 집을 찾아주었습니다. 당신과 더 많은 모험을 함께할 수 있기를 바랍니다! 이 책에 희망을 채워주고 사람들에게서 가장 좋은 점을 찾아주는 나의 편집자 데니스 실베스트로에게 감사드립니다.

행복한 사람들

세상에서 가장 큰 영감을 주고, 상냥한 마음씨를 가진 어머니께. 언제나 지치지 않고 지지해주고 자주성을 가르쳐주신 아버지께. 멋진 형제, 그리고 최고의 친구가 되어준 더그와 리디아에게. 호숫가 별장에서 만찬을 준비해주고 가장 행복한 기억을 만들어준 우리 가족 전체에게. 삶을 다시 아름답게 만들어준 타니아에게. 진정한 사랑을 가르쳐준 알렉스에게. 글쓰는 법을 알려준 브라이언에게. 생산성 넘치는 하루하루를 선사해준 라이언에게. 덕, 베키, 브라이언, 조, 에린, 에이미. 내가 제정신이 아닐 때도 항상 멋진 친구가 되어주어서 감사합니다.

고양이들

우리의 삶에 큰 기쁨을 선사해준 넝크와 모지에게. 게이 자긍심이 가득한 넬리에게. 내가 언제나 사랑할 사이코패스가 되어준 리틀 가이에게.

치유를 넘어서

언젠가부터 주위에 사이코패스가 가득하다. 기상천외하고 엽기적인 방식을 상상하고 실현해내는 연쇄살인범으로부터 스스로를 '고기능 소시오패스'로 소개하는 사립탐정에 이르기까지, 정서적, 감정적인 결함을 보충하는 초인적인 능력을 지닌 이들이 끊임없이 등장한다. 그들의 결코 이해할 수 없는 심리가 호기심을 자극하고, 배려나 예의와 같은 기본적인 사회의 요구로부터 자유로운 그들의 태도가 동경을 자아내기도 한다. 물론, 소설과 영화 같은 픽션의 경우다. 이야기 속에서 그들은 사회의 금기와 제약을 넘나드는 힘을 지닌 매혹적인 존재일 수 있다. 필연적인 파멸과 고독을 통해 정의를 구현하고 교훈을 남기기도 한다.

그러나 픽션 속에 '이상한' 사람들이 아무리 많이 등장해도, 그들이 오늘날 우리의 문화 담론에 중요한 키워드로 자리를 잡아도, 현실에서 그들을 만나고 인간관계를 맺는 것은 여전히 당혹스럽고 참담하며 이해하기 힘든 경험일 뿐이다. 그리고 그런 경험을 한 사람들을 위한 지침서인 이 책에서 저자는 사이코패스와의 관계가 얼마나 파괴적인지, 거기서 손쉬운 의미나 가치를 발견하기가 얼마나 불가능한지, 실제 경험을 바탕으로 설명한다. 맥켄지는 자신이 공동 운영하는 상담 사이트 PsychopathFree.com에서 여러 회원들이 공유한 내용을 체계적으로 정리하고 차근차근 제시함으로써 심리적으로, 신체적으로, 금전적으로 착취당한 피해자들이 자신의 경험이 어떤 것인지 이해하고 거기서 받은 상처에서 어떻게 벗어날 수 있는지 설명한다. 그리고 이 과정에서 특별한 점이 있다면, 저자가 결코 쉽게 화해나 용서, 심지어 이해에 내해서 밀하지 않는다는 것이다. 맥켄지는 선량한 사람들의 심리를 조종하고 이용하는 이들에 대해 어쩌면 냉담하다고 느껴질 정도로 비관적인 반응을 보인다. 그리고 이처럼 어떤 인간관계에서는 감상도 낭만도 기대할 수 없다는 것이 이 책이 전하는 가장 실질적인 메시지 가운데 하나일 것이다.

이렇게 《연인인가 사이코패스인가》는 사이코패스와의 관계를 바로잡을 수 없다고 냉정하고 현실적인 조언을 하지만, 이는 관계로부터 받은 상처를 온전히 치유하기 위한 것이다. 저자는 상처받은 사람들의 혼란을 이해하고 공감한다. 그는 친밀한 어조로 타인과 자신에 대한 신뢰와 자긍심을 완전히 박탈당하는 경험을 한 것이 혼자가 아니라고 다독여주고, 독자와 함께 분노하고 슬퍼한다. 그뿐만 아니다. 맥켄지는 전문지식과 정보를 적절히 제공함으로써 그 경험을 객관화하고, 상처를 치유할 뿐 아니라 종래에는 거기서 의미를 찾는 과정을 '변함없는 친구'처럼 안내한다.

그리고 맥켄지는 이 모든 과정이 타인에게 공감할 줄 알고, 관계에서 상처받을 수 있는 연약한 사람들이 인간의 본질에 대해 선한 믿음을 되찾는 여정임을 보여준다. 사이코패스와 몇몇 정신 질환에 관한 논의는 가장 사람다운 사람이 어떤 존재인지, 진정한 인간관계는 무엇이며, 나는 누구인지 묻는 질문으로 귀결된다. 따라서 《연인인가 사이코패스인가》는 내 주위의 해로운 사람들의 정체를 파악하고, 그들과의 관계를 끊고, 그들에게서 받은 상처를 치유하는 과정을 함께할 뿐 아니라, 인간관계로부터 상실한 '나'를 회복하도록 이끈다. 우리가 타인의 감정에 공명하고 자신을 사랑할 줄 아는 사람임을 확인하는 과정은, 그 자체로 가장 큰 위로이고 이 책이 선사하는 가장 큰 '힐링'이며 통찰이다.

스스로 공부할 때는 정보의 흐름이 필수적이다. 이제 지식과 서적, 비디오에서 정보를 최대한 얻어야 한다. 마음에 드는 것도, 들지 않는 것도 있을 것이다. 중요한 것은 정보를 많이 찾아내는 것이다. 시간이 지나면 몇 가지 좋아하는 자료로 만족하게 될 테지만, 지금은 모든 것을 살펴볼 때다.

Psychopath Free 사이트에서 우리의 목표는 당신이 가장 좋은 방식으로 치유되도록 돕는 것이다. 그것은 이 책이나 우리의 사이트를 이용하는 방법일 수도 있고, 수백 가지 다른 자료를 이용하는 방법일 수도 있다. 여기서는 이 주제에 대해 구할 수 있는 정보를 재빨리 검색할 수 있는 방법을 알려주고자 한다.

검색 용어

'사이코패스' 이외에도 몇 가지 매우 도움이 되는 자료를 검색할 수 있는 용어가 많이 있다. 검색 시에 도움이 되는 단어들은 다음과 같다.

사이코패스Psychopath

소시오패스Sociopath

나르시시스트Narcissist

자기애 인격 장애Narcissistic Personality Disorder(NPD)

반사회적 인격 장애Anti-Social Personality Disorder(ASPD)

경계선 인격 장애Borderline Personality Disorder(BPD)

감정적인 학대Emotional Abuse

심리적인 학대Psychological Abuse, Psychological Maltreatment

감정적인 폭력Emotional Rape

은밀한 학대Covert Abuse

감정적인 조종자Emotional Manipulator

B군 인격 장애Cluster B Personality Disorders

정신병리학Psychopathology

정서적 뱀파이어Emotional Vampire

웹사이트

다음의 웹사이트나 블로그를 우리가 반드시 지지하는 것은 아니지만, 누구나 모든 자료에 접근할 수 있어야 한다고 생각한다. 치유의 과정에 어떤 것이 도움이 되고, 어떤 것이 도움이 되지 않는지는 각자 선택해야 한다.

PsychopathFree.com (기사 및 회복 관련 게시판)

PsychopathyAwareness.wordpress.com (블로그 및 기사)

LoveFraud.com (블로그, 기사, 회복 관련 게시판)

DiscardedIndieMom.com (블로그, 기사)

NarcissismFree.com (기사)

SaferelationshipsMagazine.com (기사)

AlexandraNouri.com (기사)

DaughtersOfNarcissisticMothers.com (기사)

TheAbilityToLove.wordpress.com (기사)

페이스북 그룹

페이스북은 다른 경험자들과 사귀고 경험을 확인하기 좋은 수단이다! 다음의 몇 곳 이외에도 아주 큰 커뮤니티를 찾을 수 있을 것이다.

After Narcissistic Abuse—There is Light, Life, and Love

Narcissistic Abuse Recovery Central

Respite from Sociopathic Behavior

Psychopath Free

The Empathy Trap Book

서적

사이코패스를 주제로 쓴 책은 많이 있다. 우리가 가장 선호하는 책과 가장 인기 있는 책은 다음과 같다. 단, 모든 자료가 자신에게 맞지는 않는다는 점을 기억해야 한다.

《위험한 관계Dangerous Liaisons》, 클로디아 모스코비치 지음

《유혹자The Seducer》, 클로디아 모스코비치 지음

《옆집의 소시오패스The Sociopath Next Door》, 마사 스타우트 지음

《양의 탈을 쓰고In Sheep's Clothing》, 조지 사이먼 지음

《사이코패스를 사랑한 여인들Women Who Love Psychopaths》, 샌드라
브라운 지음

《위험한 남자를 알아보는 법How to Spot a Dangerous Man》, 샌드라 브
라운 지음

《양심 부재Without Conscience》, 로버트 해어 지음

《버림받은 사람Discarded》, 인디 맘 지음

《살아남은 자의 모험The Survivor's Quest》, 힐링저니 지음

《공감 능력의 덫The Empathy Trap》, 제인 맥그리거와 팀 맥그리거
공저

《아침 식탁의 소시오패스The Sociopath at the Breakfast Table》, 제인 맥
그리거, 팀 맥그리거 공저

《안개에서 벗어나Out of the FOG》, 게리 월터스 지음

《똑똑한 여성의 자기 관리 가이드The Smart Girl's Guide to Self-Care》,
샤히다 애러비 지음

《그는 왜 그럴까? : 남을 통제하는 남자들의 머릿속Why Does He
Do That?: Inside the Minds of Angry and Controlling Men》, 런디 밴크로프트
지음

《슈트를 입은 독사Snakes in Suits》, 폴 배비악 지음

《나르시시스트 연인Narcissistic Lovers》, 신시아 재인 지음

《오즈의 마법사와 그 밖의 나르시시스트들The Wizard of Oz and Other

Narcissists》, 엘리노어 페이슨 지음

《도와주세요! 나르시시스트와 사랑에 빠졌어요Help! I'm in Love with a Narcissist》, 스티븐 카터 지음

《나르시시스트의 약점What Makes Narcissists Tick》, 케이시 크래지코 지음

《악의적인 자기애Malignant Self-Love》, 샘 배크닌 지음

《연애 사기Love Fraud》, 도나 앤더슨 지음

기사

링크, 기사, 비디오를 검색하려면 우리 사이트의 다음 목록을 참조하라. 추가할 내용이 있으면 언제든지 알려주기 바란다.

Resources.PsychopathFree.com

사이코패스 테스트 ●●─────────────

사이코패스는 그들의 관계에서 특정한 패턴을 보여준다. 이 13문항 테스트는 당신이 사이코패스와 사귀는 것은 아닌지 확인하는 데 도움을 줄 수 있다.

각 질문에 대해 해당하는 답의 번호를 총점에 더한다. 가령, A문항의 답이 1이고 B문항의 답이 4라면 거기까지 5점을 얻은 셈이다. 그리고 총점이 해당하는 점수 범위를 확인하라. 나처럼 수학을 잘 못하는 경우에는 Test.PsychopathFree.com에서 온라인 테스트를 하면 총점이 자동으로 계산된다!

A. 상대가 약속을 지키는가?

1. 물론이다. 나의 상대는 약속을 하면 끝까지 지킬 거라고 확신할 수 있다.
2. 그렇다. 나의 상대는 보통 약속을 지키고 행동이 말과 거의 일치한다.
3. 가끔 지킨다. 아주 신뢰할 만하지는 않지만, 이따금 약속을 지킨다.

4. 아니다. 행동이 말과 일치하는 법이 없다. 나는 그 점을 지적하지 않게 되었다. 그렇지 않으면 내가 예민하고 제정신이 아닌 사람으로 보이니까.

B. 상대가 당신의 감정을 이해하는 것처럼 보이는가?

1. 나의 상대는 공감 능력이 매우 뛰어나고 동정심이 강하다! 내가 왜 그런 행동을 하는지 항상 이해하는 것 같다. 내가 걱정을 말하면 나의 상대는 경청해주고 이해해줄 것이다.

2. 사실 그렇지 않지만, 항상 이런 식이었다. 사귀기 시작했을 때도 나의 상대는 별로 다정하지 않았다. 그 사람은 좀 자기중심적이었지만, 도움이 정말 필요할 때는 주로 옆에 있어 주었다.

3. 충분히 이해해주지만, 나는 더 이상 필요한 것이 없다.

4. 이제는 이해해주지 않는다. 나는 입장을 바꾸었을 때 상대가 어떤 감정을 느끼게 될지 설명하려고 노력하지만, 짜증만 내는 것 같다. 아니면 아무 말도 하지 않는다. 미칠 것 같다.

C. 상대가 위선적일 때가 있는가?

1. 위선적인 행동을 한 적이 없고, 나의 실수를 가지고 비판하지 않는다. 나의 상대는 인간관계의 규칙을 지킨다.

2. 위선적으로 행동한다 해도, 나는 알아차리지 못했다. 우리는 모두 인간이니까.

3. 가끔 그렇다. 하지만 내가 지적하면 잘못을 인정할 줄 안다.

4. 나의 상대는 내게 기대치가 매우 높지만 자신에게는 그 기준이 적용되지 않는 것처럼 행동한다.

D. 상대가 거짓말을 하는가?

1. 절대 거짓말을 하지 않는다.

2. 다른 사람들과 비슷하다. 가끔 선의의 거짓말은 한다.

3. 가끔 거짓말을 하지만, 악의적이거나 의도적인 것 같지는 않다. 들키면 나의 상대는 부끄러워하며 불편해한다.

4. 거짓말을 한다. 하지만 자기 잘못이라고 생각하지 않는 것 같다. 항상 모든 일에는 변명거리가 있다. 변명할 필요가 없는 경우에도 그렇다.

E. 상대가 당신을 밀어내거나 애정을 표현하지 않을 때가 있는가?

1. 그렇지 않다. 나의 상대는 우리 관계에서 이런 전략을 절대 쓰지 않는다. 문제가 있으면 우리는 이야기를 나눈다. 서로를 무시하거나 누군가가 교착상태를 끝내주기를 기다리지 않는다.

2. 그렇지 않다. 나의 상대가 나를 밀어내거나 피하려는 느낌을 받지 않는다. 말다툼을 하다가 입을 다물기는 하지만, 그 정도가 전부다.

3. 가끔 그렇다. 하지만 사귀기 시작한 이후로 항상 그랬다. 상대로부터 일관된 반응을 얻는다면 좋겠지만, 하루 정도 연락이 없어도 상관없다.

4. 그렇다. 우리가 사귀기 시작했을 때 나의 상대가 내게 얼마나

관심을 가졌는지 생각하면 사실 혼란스럽다. 상대가 내게 연락을 못하거나 시간을 함께 보내지 못하는 이유를 늘 변명하는 것 같다.

F. 연애관계에서 당신의 감정은?

1. 침착하고, 평온하며, 안전한 느낌이다. 처음부터 내내 그랬다.
2. 대체로 행복하며, 걱정거리가 있을 때 나의 상대와 대화할 수 있다고 생각한다.
3. 많이 행복하지는 않지만 나의 의견이나 불만을 여전히 편안하게 표현할 수 있다.
4. 나 자신이 전에는 참 편한 사람이었지만 지금은 질투하고, 필사적이며, 요구가 많은 사람 같다.

G. 이 상대를 잃을까 두려운가?

1. 내 상대를 잃을까 왜 두려워하는가? 우리의 사랑은 상호적이고 우리의 관계는 건전하다. 그런 생각은 해본 적도 없다.
2. 두렵지 않다. 우리는 함께 있을 때 즐겁고 서로에 대해 비슷한 감정을 공유한다.
3. 100퍼센트 자신하지는 않지만, 상대가 나를 떠날 것이라고는 생각하지 않는다.
4. 그렇다. 처음에는 나를 열렬히 칭찬하던 상대가 갑자기 혼자 있고 싶어 하고 흥미를 잃은 것 같다. 어떤 싸움이라도 우리의 끝이 될 것만 같아서 걱정된다.

H. 상대를 신뢰하는가?

1. 물론이다. 내 생명을 걸고 신뢰한다.

2. 그렇다. 나의 상대는 내가 신뢰하지 못할 일을 하지 않는다.

3. 사실 그렇지는 않다. 상대는 시간이 지날수록 다른 사람이 된 것 같아서 앞으로 어떻게 될지 알 수 없다.

4. 그렇지 않다. 이유를 설명할 수는 없지만, 나는 종종 탐정 노릇을 하면서 상대의 주장이 맞는지 확인한다.

I. 두 사람 사이에 드라마 같은 상황이 있는가?

1. 우리는 서로의 감정을 자연스럽게 이해하기 때문에 싸우는 일이 없다. 서로 질투하게 만들거나 불필요한 긴장감을 만들려고 하지 않는다. 우리는 서로 신뢰를 쌓기 위해 노력한다.

2. 어떤 연애관계에서도 있을 만한 정도다. 다른 상대와 경험해보지 못했던 일은 없다.

3. 말다툼을 자주 하지만 같은 문제가 반복적으로 나타나지는 않는다. 하지만 덜 싸우고 사귈 수 있기를 바라기는 한다.

4. 나의 상대는 드라마 같은 상황이 싫다고 하지만, 우리 사이에는 그런 상황이 너무나 많다. 우리는 항상 같은 일로 다툰다. 나의 상대가 드라마 같은 상황을 만들고 거기 반응한다고 나를 비판하는 것 같다.

J. 상대는 지루한 상황에 어떻게 대처하는가?

1. 나의 상대는 결코 지루해하지 않는다. 혼자만의 시간을 즐긴다.

2. 나의 상대는 일상적인 일을 할 때 지루해하지만, 우리 모두
   그렇지 않은가?
3. 쉽게 지루해하는 편이지만, 혼자서 지내는 시간을 싫어하지
   는 않는다.
4. 항상 지루해하고 끊임없이 타인의 관심을 구한다.

K. 상대의 예전 연인은 어떤가?

1. 나의 상대는 예전 연인에 대해 말하지 않고 우리가 사귀는 동
   안 그 이야기를 해본 적도 없다.
2. 예전 상대와 나쁜 사이는 아니지만, 서로 많이 대화를 하지는
   않는다. 그래서 우리 사이에 문제가 되지 않는다.
3. 예전 상대와 친구 사이이며 그래서 나는 마음이 불편하다. 하
   지만 그들은 항상 친구 사이였으니 내가 뭐라고 할 입장은 아
   니다.
4. 예전 상대가 '미쳤으며' 우리를 질투한다고 하면서 나는 염려
   할 것이 없다고 하지만, 어째서인지 그들이 여전히 연락하며
   지내는 것 같다. 나는 항상 내 상대의 관심을 놓고 다른 사람
   들과 경쟁하는 기분이다.

L. 처음에는 두 사람 사이가 어땠는가?

1. 우리는 사이좋은 친구였다. 관계가 빨리 진척되지는 않았지
   만, 우리는 만나면 즐거웠다. 내 친구들과 가족 모두가 상대를
   좋아했고, 그 후로 우리는 항상 행복하다.

2. 다른 사람들과 마찬가지다. 우리는 서로 알게 되었고 공통점이 많았다. 그 후로 좀 맥이 빠지기는 했지만, 우리는 여전히 서로 좋아한다. 허니문 단계가 있기는 했지만, 그것 때문에 내 삶이 온통 뒤바뀌지는 않았다.

3. 처음에는 별로 특별할 것 없었다. 몇 차례 데이트를 하고 (웨이터에게 무례하게 대하는 것 등) 마음에 들지 않는 점도 발견했지만, 전체적으로 괜찮다고 생각되었다. 서로 알면 알수록 점점 편해진다.

4. 굉장했다! 이전에 사귄 사람들보다 훨씬 더 많은 관심을 주었다. 나의 상대는 나와 공통점이 많았고 우리가 서로에게 꼭 맞는 상대라는 느낌이었다. 끊임없이 내게 메시지를 보냈고 내가 지닌 모든 것에 반한 것 같았다.

M. 상대가 당신을 어떻게 대하는가?

1. 나의 상대는 나의 감정에 귀 기울이고 나의 상태를 이해하기 위해 최선을 다한다. 나는 항상 존중받는 느낌이다. 내가 걱정거리를 이야기하면 나의 상대는 항상 거기에 대해 이야기하고 자신의 행동을 바꾸어 도움이 되도록 한다.

2. 다른 사람들이 나를 대하는 태도와 똑같다. 농담도 하고, 재미있는 시간을 보내며, 함께 있을 때 즐겁다. 우리는 서로를 어른스럽게 대한다.

3. 나의 상대는 보통 그렇게 친절하지는 않지만 항상 그랬다. 나는 애정이나 오글거리는 상냥함을 원하지 않으므로 상관없다.

4. 이제는 잘 모르겠다. 처음 사귀기 시작할 때처럼 좋을 때도 있다. 하지만 보통은 잘난 체하고 비판적이거나 나를 무시한다. 그 사람의 행동에 상처를 받을 때마다 내가 너무 예민하거나 제정신이 아닌 것처럼 느껴진다.

결과 ●●

13~20: 정말 좋은 사람과 사귀고 있다!

반가운 소식이다! 당신의 상대는 사이코패스와 정반대인 것 같다. 그들은 공감 능력이 있고, 따뜻하며, 애정이 넘친다. 그들의 의도는 항상 진심이며 행동이 그것을 반영한다. 오래오래 행복하게 사귀기를 바란다!

21~30: 사이코패스는 아니다.

좋은 소식이다! 이 사람은 사이코패스처럼 보이지 않는다. 좋을 때도 있고 나쁠 때도 있지만, 그것은 정상적인 관계다. 당신이 행복하기만 하다면 그 정도는 건전한 관계다.

31~41: 사이코패스를 사귀고 있을지도 모른다.

조심하라! 이 사람에 대해서는 위험 신호가 몇 가지 있다. 그들은 사이코패스일 수도 있고 아닐 수도 있지만, 요점은 당신을 행복하게 해주는 상대와 사귀어야 한다는 것이다. 공감 능력이 있고,

상냥하며, 동정심 있는 사람. 이 사람이 그런 자질을 갖고 있는가?

42~52: 분명히 사이코패스다.

경계하라! 이 사람은 사이코패스의 특징을 거의 다 가지고 있다. 그들 주위에서 항상 불안한가? 기분이 들뜨고 기쁘다가도 불안하고 미칠 것 같아지는가? 그들이 당신과 예전 연인 또는 다른 사람 사이에서 삼각관계를 만드는가? 당신은 전보다 더 많이 사과하고 울고 있는가? 이 사람과 사귄 이후로 자아를 완전히 상실한 느낌이 드는가? 건강하고 애정이 있는 파트너는 당신이 스스로에 대해 나쁜 감정을 느끼지 않도록 해야 한다. 하지만 사이코패스의 경우에는 이런 괴롭힘이 항상 나타난다.

PsychopathFree.com 경험자 조사 응답

30가지 위험 신호를 발표한 이후, 그 내용이 인터넷에서 여러 차례 공유되었다. 그 자료의 인기가 치솟자 각각의 위험 신호가 정확하고 모든 경험자들이 동의할 수 있는 내용이 되어야 한다는 생각이 들었다.

그래서 나는 각각의 위험 신호에 대해 '강한 반대'에서 '강한 동의'까지, 1에서 5점을 매기도록 하는 무기명 조사를 실시했다. 여기에 시간을 들여 나의 생각을 바로잡아줄 응답자가 몇 명은 있으리라 생각했다.

천 명의 경험자들이 피드백을 제공해주었을 때 나는 깜짝 놀라고 말았다. 모든 위험 신호가 대체로 '강한 동의'를 얻어 나는 매우 놀랐다. 하지만 몇 가지는 다른 것보다 약간 낮은 점수를 받았고 그래서 그것을 다시 살펴보고 수정하기로 했다. 이 책에서 수정한 위험 신호는 전 세계의 경험자 전 녕이 가장 많이 언급한 내용을 기초로 작성했다. 그리고 내가 쓰는 모든 글이 그렇듯이 이 역시 미완성이므로 여러분의 피드백과 비판을 Survey.PsychopathFree. com에 나누어주기를 바란다.

결과:

강한 동의＝5, 강한 반대＝1

X축: 중간＝3 (위험 신호 중에서 어떤 것도 3.5점 이하를 받지는 않았다.)

모든 위험 신호는 대체로 '강한 동의'라는 응답을 얻었다.

전체 분포를 살펴보면, 강한 동의: 59퍼센트, 동의: 22퍼센트, 중간: 11퍼센트, 반대: 5퍼센트, 강한 반대: 3퍼센트로 구성되어 있다.

자유 응답에서 공통적으로 나온 표현들 ●●───

- 나의 한계선을 잠식했다.
- 나는 그들의 잘못임에도 용서를 구했다.
- 카멜레온은 어떤 상황에도 적응할 수 있다.
- 드라마 같은 상황을 만들었다.
- 학대가 미묘하고 은밀했다.

- 내가 최악의 상황일 때 즐거워했다.

- 나는 그들 때문에 애원했다.

- 내가 상처 입었을 때 그저 멍한 표정으로 쳐다보았다.

- 내 인생이 혼란과 혼돈 상태가 되었다.

- 어린 시절에 대해 말해주지 않았다.

- 아버지가 그들을 무시했다.

- 어머니와의 관계에 문제가 있었다.

- 끝이라는 느낌이 없는, 갑작스러운 이별 통보를 했다.

- 나에 대해서 험담하고 다녔다.

- 최면과 신경 언어적인 프로그래밍에 의한 통제를 했다.

- 모든 사람에게 집적거리고 삼각관계를 만들었다.

- 그들은 내 인생의 전부가 되었고 나는 고립되었다.

- 동정심과 공감을 일으켰다.

- 이해할 수 없는 주장을 했다.

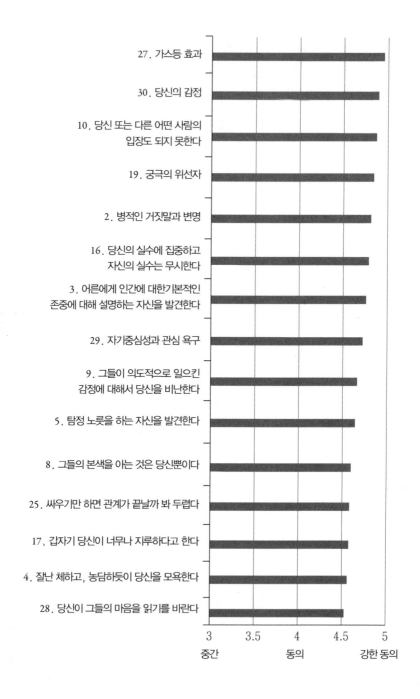

27. 가스등 효과	
30. 당신의 감정	
10. 당신 또는 다른 어떤 사람의 입장도 되지 못한다	
19. 궁극의 위선자	
2. 병적인 거짓말과 변명	
16. 당신의 실수에 집중하고 자신의 실수는 무시한다	
3. 어른에게 인간에 대한 기본적인 존중에 대해 설명하는 자신을 발견한다	
29. 자기중심성과 관심 욕구	
9. 그들이 의도적으로 일으킨 감정에 대해서 당신을 비난한다	
5. 탐정 노릇을 하는 자신을 발견한다	
8. 그들의 본색을 아는 것은 당신뿐이다	
25. 싸우기만 하면 관계가 끝날까 봐 두렵다	
17. 갑자기 당신이 너무나 지루하다고 한다	
4. 잘난 체하고, 농담하듯이 당신을 모욕한다	
28. 당신이 그들의 마음을 읽기를 바란다	

```
      3        3.5        4        4.5        5
     중간                 동의              강한 동의
```

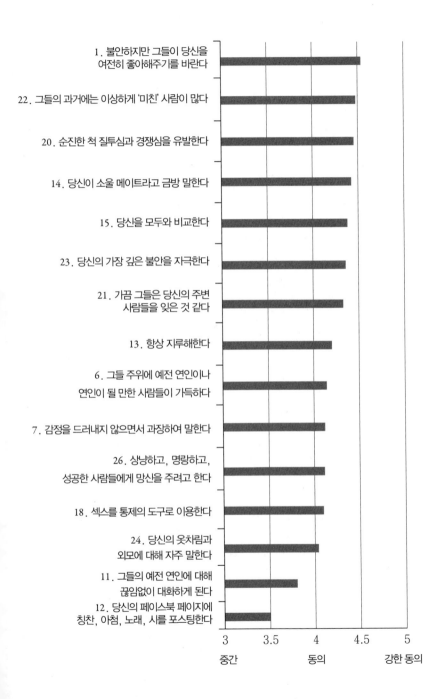

1. 불안하지만 그들이 당신을 여전히 좋아해주기를 바란다	
22. 그들의 과거에는 이상하게 '미친' 사람이 많다	
20. 순진한 척 질투심과 경쟁심을 유발한다	
14. 당신이 소울 메이트라고 금방 말한다	
15. 당신을 모두와 비교한다	
23. 당신의 가장 깊은 불안을 자극한다	
21. 가끔 그들은 당신의 주변 사람들을 잊은 것 같다	
13. 항상 지루해한다	
6. 그들 주위에 예전 연인이나 연인이 될 만한 사람들이 가득하다	
7. 감정을 드러내지 않으면서 과장하여 말한다	
26. 상냥하고, 명랑하고, 성공한 사람들에게 망신을 주려고 한다	
18. 섹스를 통제의 도구로 이용한다	
24. 당신의 옷차림과 외모에 대해 자주 말한다	
11. 그들의 예전 연인에 대해 끊임없이 대화하게 된다	
12. 당신의 페이스북 페이지에 칭찬, 아첨, 노래, 시를 포스팅한다	

3   3.5   4   4.5   5

중간   동의   강한 동의

옮긴이_이나경

이화여자대학교 물리학과를 졸업하고, 서울대학교 영어영문학과에서 박사학위를 받았
다. 옮긴 책으로는 《비포 아이 고》, 《박스트롤》, 《라스트 런어웨이》, 《샤이닝》, 《딱 90일
만 더 살아볼까》, 《피버 피치》, 《모히칸 족의 최후》, 《더 게이트》, 《주석달린 안데르센
동화집》, 《백악관의 사생활》 등이 있다.

연인인가
사이코패스인가

1판 1쇄 인쇄 | 2017년 10월 25일
1판 1쇄 발행 | 2017년 11월 7일

지은이 | 잭슨 맥켄지
옮긴이 | 이나경

펴낸이 | 임지현
펴낸곳 | (주)문학사상
주소 | 서울특별시 송파구 중대로 38길 17 (05720)
등록 | 1973년 3월 21일 제1-137호
전화 | 02)3401-8540
팩스 | 02)3401-8741
홈페이지 | www.munsa.co.kr
이메일 | munsa@munsa.co.kr

ISBN 978-89-7012-961-7   03330

이 도서의 국립중앙도서관 출판예정도서목록(CIP)은 서지정보유통지원시스템 홈페이지
(http://seoji.nl.go.kr)와 국가자료공동목록시스템(http://www.nl.go.kr/kolisnet)에서
이용하실 수 있습니다. (CIP제어번호 : CIP2017025847)